Josef Lettl

DURCH'S JAHR HINDURCH

Ein bayerisches Hausbuch

Mit Illustrationen von
Peter Loeffler

Verlag Friedrich Pustet
Regensburg

CIP-Titelaufnahme der Deutschen Bibliothek

Lettl, Josef:
Durch's Jahr hindurch : e. bayer. Hausbuch / Josef Lettl. Mit Ill. von Peter Loeffler. – Regensburg : Pustet, 1988
ISBN 3-7917-1185-7

ISBN 3-7917-1185-7

Umschlag: Peter Loeffler, Regensburg
Gesamtherstellung: Friedrich Pustet, Regensburg
Printed in Germany 1988

Kinder, wie die Zeit vergeht,
und die Welt sich schnelle dreht!
Heitre Stunden eilen,
schwere oft verweilen!
Wir erinnern uns zurück,
an bunter Tage bescheidnes Glück.

INHALT

DER HERBST

Zum Geleit

In den vergangenen Jahren lebte das Interesse für Heimatgeschichte und Brauchtum in der Bevölkerung erfreulicherweise wieder auf. Zahlreiche Bücher über Sitten, Gebräuche, Feste und Feiern unserer Vorfahren kamen auf den Markt. Häufig wurden dabei alte Quellen überarbeitet und dem neuesten Stand der Forschung angepaßt.
Anders bei Josef Lettl. Mit seinem neuen Buch „Durch's Jahr hindurch“ überreicht er uns ein Lesebuch mit Geschichten aus seiner Kinder- und Jugendzeit und seiner Zeit als junger Lehrer nach dem 2. Weltkrieg. Im Rottal, in Niederbayern aufgewachsen und als Junglehrer ebenfalls dort tätig, hat er das, was er uns schildert, selbst erlebt, in Gesprächen mit alten Menschen aus seiner Heimat erfahren oder am Wirtshaustisch „erluust“. Es sind Geschichten aus dem Leben, von Herzen kommend und zu Herzen gehend erzählt. Man fühlt sich beim Lesen unwillkürlich zurückversetzt in die „Hoagarten-Stubn“ zu Urgroßmutters Zeiten.
Als seinen Schulrat und durch die Volksmusik verbundenen Freund freut es mich besonders, daß der erfahrene und bei Kindern und Eltern beliebte Lehrer uns mit diesem Buch ein für Schule und Elternhaus gleichermaßen wertvolles Geschenk macht.
Die Lehrpläne der Schulen erachten es für wichtig, daß regionales und mundartliches Lesegut im Unterricht gebührend berücksichtigt wird. Die Geschichten dieses Buches eignen sich ausgezeichnet als Lesestoff, sind aber auch eine Fundgrube für den Heimat- und Sachkundeunterricht in den Grundschulen.
In unserer betriebsamen und reizüberfluteten Zeit sind gerade die kleinen und alltäglichen Dinge, von denen erzählt wird, geeignet, Kinder und Erwachsene zum Nachdenken anzuregen und zu innerlicher Ruhe und Beschaulichkeit zu führen.
Die „Liebe zur bayerischen Heimat“, die als oberstes Bildungsziel in unserer Verfassung verankert ist, erwächst wesentlich auch aus der Auseinandersetzung der Jugend mit der Kultur und Lebensweise unserer Vorfahren. Der Mensch ist es, der Kultur und Lebensweise geprägt und gestaltet hat. Von den Menschen, ihrem Tun, ihrer Arbeit,

ihren Sorgen und Nöten, Freuden und Leiden berichtet uns Josef Lettl. Damit gibt er einem Stück Geschichte Leben und macht uns Heimat „liebenswert“.

Erwin Jäschke

Zu diesem Buch

Liebe Leserin, lieber Leser, trittst Du in ein fremdes Haus, betrachte die Haustüre, sie kann viel aussagen über den Geschmack der Leute, welche im Haus wohnen. – Willst Du Dich in ein neues Buch hineinlesen, überblättere das Vorwort nicht, es gibt „eingehend" Auskunft über das, was Dich erwartet.
Nach den Bücheln „In d'Mühl fahr'n" und „Nach altem Brauch" gab der Verlag die Chance zu diesem dritten. „Aller guten Dinge sind drei!" Aber der Schreiber will nicht überheblich sein, doch freuen würde es ihn schon, wenn die Gschichteln ankommen würden.
Gschichteln, bunt von Inhalt her und Länge, „erluust" und erlebt, mal heiter, etwa gar zum Lachen, mal besinnlich, vielleicht zum Nachdenken, mal ernst, aber nicht zum Weinen, so sind sie hier aufgeschrieben und gereiht nach dem Jahreslauf.
Sie möchten in unserer so hastig sich fortentwickelnden Zeit eine Spanne beleuchten und dokumentieren, die bald ein Lebensalter zurückliegt. Sie wollen aber keineswegs in nostalgischer Weise in einer „guten alten Zeit" schwelgen, die es nicht gegeben hat. Auf „beleuchten", nicht auf „dokumentieren" liegt der Akzent. Ob es *genau* so gewesen ist oder so gewesen sein könnte, ist das so wichtig? Erinnerungen sind meist nicht wissenschaftlich exakt.
Der Vergleich „heute-früher" drängt sich auf.
Gewiß, die meisten Menschen haben einst länger und härter arbeiten müssen, sich auch geschunden. Doch der Arbeitsrhythmus vor einem halben Jahrhundert war von weniger Hektik bestimmt, nicht wie heutzutage von gestoppter Zeit. Viele besaßen damals überhaupt keine Uhr. Die Bedürfnisse waren geringer, und man lebte zufriedener. Heute werden sie geweckt von Werbung und überfüllten Warenhäusern, und können meist auch befriedigt werden. Und doch steigt die Unzufriedenheit der Menschen, und Zukunftsangst sitzt im Nacken.
Die Feste, eingebettet in den Ablauf der Natur und des Arbeitsjahres und die kirchlichen Hochfeste waren früher die Höhepunkte im Jahreslauf. In unserer Zeit reiht sich Fest an Fest: Volksfeste, Hoffeste, Bürgerfeste, Straßenfeste, Vereinsfeste u. a. mehr. Wir sind Weltmei-

ster im Festefeiern geworden. Die einst „geschlossenen Zeiten“ wie der Advent und die Fastenzeit sind am dichtesten besetzt mit Veranstaltungen, – Inflation, Sinnentleerung, Abwertung der Feste!
Materiell, leiblich gesehen, ist es der Masse der Menschen in unserem Land kaum einmal besser ergangen als in der Jetztzeit. Aber macht das allein den Menschen aus?
Der Mensch, hat er das „Geschick“, in einem Palast geboren zu sein, so wird er bestimmt im Rampenlicht der Medien stehen und fast täglich wird bis zu unbedeutsamen Dingen hin von ihm berichtet. Hat er das „Mißgeschick“ in „einfachen“ Verhältnissen aufzuwachsen, da wird er arg strampeln müssen, wenn er unbedingt ins helle Licht will. Die nachfolgenden Geschichten befassen sich mit eben diesen einfachen Leuten und ihren Schicksalen. Sind sie deshalb von minderem Wert?
Je höher die Zahl der Lebensjahre steigt, um so eiliger scheinen sie es zu haben. Je weiter wir uns von den Tagen der Kindheit entfernen, desto lieber und öfter kehren unsere Gedanken dorthin zurück und wir sinnieren ihnen nach. Manchmal drängt es, davon zu erzählen, und doch gilt es, eine Hemmschwelle vor der Veröffentlichung zu überwinden. Ich habe es gewagt und es wäre schön, wenn nachfolgende Geschichten gerade dem Menschen unserer Zeit bekömmliche Kost für sein Gemüt sein könnten!

Josef Lettl

JAHRESLAUF

Es war eine Mutter, die hatte vier Kinder,
den Frühling, den Sommer, den Herbst und den Winter.

Der Frühling bringt Blumen, der Sommer den Klee,
der Herbst, der bringt Trauben, der Winter den Schnee.

Und wie sie sich schwingen in lustigen Reihn,
so tanzen und singen wir fröhlich darein.

Winterlied.

Allegretto. Singer.

1. Das Feld ist weiß, so blank und rein, ver-
2. Der Licht-strahl spal - tet sich im Eis, er
3. Von Rei - fen - duft be - fie - dert sind die
4. Tief sinkt der brau - ne Tan - nen - ast und

1. gol - det von der Son - ne Schein. Die blau - e Luft ist
2. schim-mert blau und rot und weiß und wech-selt sei - ne
3. Zwei - ge rings, die sanf - te Wind' im Son-nenstrahl be-
4. dro - het mit der Schne - es - last den Wand-rer zu be-

1. stil - le, die blau - e Luft ist stil - le, hell
2. Far - be und wech - selt sei - ne Far - be. Aus
3. we - gen, im Son - nen-strahl be - we - gen. Dort
4. schüt - ten, den Wand-rer zu be - schüt - ten. Vom

1. wie Kri - stall blickt ü - ber - all der Flu - ren
2. Schnee her-aus ragt nackt und kraus des Dorn - ge-
3. stäubt vom Baum der Flok - ken-flaum wie leich - ter
4. Frost der Nacht ge - här - tet, kracht der Weg von

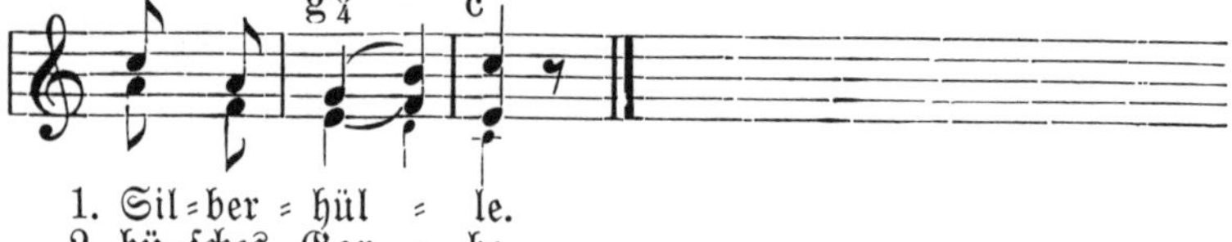

1. Sil - ber - hül - le.
2. bü - sches Gar - be.
3. Blü-ten - re - gen.
4. sei - nen Trit - ten.

DER WINTER

Winter, auf den ausrastenden Feldern und Wiesen liegt der Schnee, weiß, aber nicht als Leichentuch, sondern als warme Zudecke. Jedes Dachel, jeder Zaunsprießling (Sprossen) trägt ein Häubchen, alle Bäume sind wie überzuckert vom Reim (Rauhreif), und durch Nebelschwaden dringende Sonnenstrahlen verwandeln die Landschaft in ein Winterparadies.

Ist der Schnee flockig, und der Wind pfeift um die Hausecken, so trägt er ihn zusammen zu Gwaden (Wehen) und füllt die Hohlwege und Krempen. Schwerer Weg für die Schulkinder, harter Gang für Kirchenbesucher, für Postboten, Brotträger, Rauchfangkehrer und Leichenbitterin!

Wenn eisiger Ostwind Weiher und Altwasser erstarren läßt, dann können sich die Mannerleut an Sonn- und Feiertagen nachmittags beim Eisstockschießen vergnügen, und für Wirts- und Bräukeller wächst das Eis. Haben aber Regen- oder Tauwetter den Schnee genäßt, und es zieht wieder an (wird kälter), so verharscht er und trägt, und die Leute können „über ecks" ihrem Ziel zustreben. Dann aber droht den Saaten darunter Lebensgefahr, und Auswinterung des Getreides fürchten die Landleute.

Für den Bauernmenschen bedeutet der Winter eine etwas geruhsamere Zeit. Es schlaunt nicht mehr so wie in den Tagen, in welchen die Unbilden des Wetters bei Saat- und Erntearbeiten zur Eile treiben. Die Mannerleut werkeln in der Machlkammer, erneuern Sensenknittel, Gabelstiele und Rechenzähne, sie binden im Stallgang die Birkenreisigbesen oder sie sägen und klieben auf der windgeschützten Holzstatt zwischen Stadel und Schnupfen. Die Weiberleut richten Gwand und Wäsche zusammen, flicken, besetzen, stopfen und stricken oder schleißen Gänsefedern. Für die Stallarbeit, die dreimal tägliche, hat man mehr Zeit, und Striegel und Bürste bekommen die Viecher jetzt häufiger wohltuend zu spüren. Strohstalltüren wehren die arge Kälte ab. Ja, für Haustiere kann der Mensch sorgen.

Dem Wild im Wald bereitet der Jäger jetzt als Heger Futterplätze, und doch treibt oft der Hunger Rehe und Hasen bei Nacht zu den menschlichen Behausungen. Das klagende Rufen ziehender Krähen ist zu hören, und wer jetzt nicht unbedingt ins Freie muß, der bleibt lieber in der Stube am Kachelofen.
Winterkälte konserviert das Fleisch; so ist das Schweinabstechen hauptsächlich dieser Jahreszeit vorbehalten. Frisches Fleisch, Surfleisch, zuletzt Geselchtes, so ist die Speisenfolge. Auf den Brotzeittisch kommt eine Pfanne mit Gremmeln (Krieben), Preßsack oder Haxlsulze. Wann es nachher ins Holz hinausgeht und den ganzen Tag Axt oder „Hi-ha-Säge" (große Wiegensäge zum Baumfällen) zu führen sind, da braucht es kräftige Kost und ein schönes Stück fettdurchwachsenes Schweinernes aus der Bratreine, das hält schon Kälte ab.
Winter ist vor allem auch Hoagartenzeit. Leute, welche Begebenheiten aus vergangener Zeit zu erzählen wissen, sind gefragt.

JANUAR

Hartung – Schnee- oder Eismond

Der Januar von Norden die Erde zerspalt',
der Winter wird kräftig, das Wasser wird kalt.

Jänner warm, daß Gott erbarm!

Januar muß vor Kälte knacken,
wenn die Ernte soll gut sacken.

Tanzen im Januar die Mucken,
muß der Bauer nach dem Futter gucken.

Strahlt Neujahr im Sonnenschein,
wird das Jahr wohl fruchtbar sein.

Fabian – Sebastian treibt den Saft im Baum hinan.

Bringt Sankt Vincenz Sonnenschein,
bringt er auch viel Korn und Wein.

An dem Tag von Pauls Bekehr,
ist's halb Winter hin, halb her.

„Die Heiligen Drei König san hochgeborn ...“

Die Heiligen Drei König san hochgeborn;
Sie reiten daher mit Stiefel und Sporn;
Sie reiten vorbei an Herodes seim Haus.
Herodes schaut eben zum Fenster heraus.

Mit diesem Sprücherl ziehen in den Tagen von Neujahr bis Dreikönig die Ministrierbuben von Haus zu Haus, dem vorangetragenen Stern folgend. Sie räuchern in den Hausflur hinein und schreiben auf die Tür zwischen die Jahreszahlen die Initialen der drei heiligen Könige: K-aspar + M-elchior + B-althasar. Diese Anfangsbuchstaben werden auch dem altchristlichen Segensspruch „Kristus Mansionem Benedicat“ – Christus segne dieses Haus – zugeschrieben. Und wer möchte nicht Segen erheischen in diesen finsteren Rauhnächten? Der Holzweber Kaspar, er war einer Maß bayerischem Lebenselexier zu keiner Tages- und Jahreszeit abhold, er meinte, das Christkindl frage ihn: „K-aspar M-agst a B-ier?“
Die Weisen der Weihnacht sind verklungen, die Silvesterböller verknallt. Der Schlüsslöder hat am Alten Jahr (letzten Tag des Jahres) etliche tannerne Stöcke gesprengt, weil das neue Jahr einfach angeschossen gehört, wie er glaubte. Zwischen Neujahr und Dreikönig ziehen die Sternsinger durchs Land. Weil man vom 1. bis 6. Januar die Neujahrswünsche darbringen kann, darum sind in ihren Liedern und Sprüchlein oft solche eingewoben. Das „Neujahrabgewinnen“ ist natürlich dem frühen Neujahrsmorgen vorbehalten. Am 5. Januar endet die Reise der Sternsinger, und die Nacht zum Dreikönigstag ist die eigentliche Rauhnacht und die letzte der zwölf ab Weihnachten. Rauh-, Rauch-, Losnächte werden sie im Volksmund genannt, oder auch „die Heiligen Zwölf“.
Im ländlichen Arbeitsleben war es eine ruhige Zeit zwischen den beiden Hochfesten. Nur die nötigsten Arbeiten, wie die im Stall, wurden gemacht. Meist waren Wege und Fahrstraßen vereist, und Felder und Saaten ruhten unter der wärmenden Schneedecke. Jede Tätigkeit, die eine Drehbewegung erforderte, war verboten. Also

standen Spule, Spindel und Spinnradl still. Und die Drohung unserer Großmutter, wenn draußen der Wind den Schnee vor sich herstöberte und dabei sein eisiges Lied um die Hausecken pfiff: „Bleibst fein ja herinn' nachm Gebetläutn, sonst nimmt enk das Nachtgjaid mit!“, sie zeigt, wie eng manchmal Glaube und Aberglaube, Christliches und Heidnisches miteinander versponnen sind.

Am Rauhnachtstag in aller Frühe machten wir Buben uns auf den fünfviertelstündigen Weg zur Pfarrkirche ins Christamt. Es waren so viele Engelämter bestellt worden, daß der Pfarrer bis Heiligdreikönig anstückeln mußte. In der Rocktasche hatten wir eine Flasche und ein Stranitzl (Tüte) mit Salz und vom Untern Krämer ein Packerl Weihrauch mit Kreide erstanden. Nach der „Dreikönigsweich“, im Anschluß an den Gottesdienst, gings im geweihten Raum etwas unheilig zu. Mannerleut und wir Buben drängten zum Zuber mit Dreikönigswasser, wollte doch jeder von der Oberschicht schöpfen, weil diese die stärkste „Weich“ mitbekommen hatte. Und wie beim Osterfeuer mußte da unser Mesner, der Schachtnerschmid, mit seinen kräftigen Armen Luft schaffen.

Eilends ging es nach der Kirche heimzu, wir wußten, daß uns dort Genüsse erwarteten. Seit der Frühe war der Krapfenteig geschlagen worden und die Backbretter hergerichtet. Die Mutter stand mit gerötetem Kopf vor der Schmalzpfanne. Im Kuchlofen brannte resches Feuer. Der Duft im ganzen Haus! Eine Rauhnachtsnudel, goldgelb und frisch aus der Pfanne, das war ein rarer und darum ein beachtlicher Gaumengenuß, und er war von uns Kirchgängern wohl verdient.

Vom seitlichen Stubenfenster, das zur Geh- und Fahrstraße ging, wurde nun Ausschau gehalten nach den Heiligen Drei Königen. Bald tauchten die ersten im Nebel und Schneeflockenwirbel auf. Nachher standen sie vor unserer Haustür, der Kaspar, der Melchior und der schwarze Balthasar in sternbehangenen Nachthemden, mit goldenen Pappkronen auf dem Haupt, sagten ihr Sprüchl auf und bekamen von der Mutter Rauhnachtsküchl und etliche Nickel (Geldmünzen). Kinder aus ärmlichen Verhältnissen waren es, welche mit diesem Heischebrauch zu einem etwas freudigeren Dreikönigsfest kommen wollten. Die Heiligen Drei bedankten sich recht fleißig und machten sich weiter auf die Reise, und wir Kinder schauten ihnen nach, bis sie in der winterlichen Düsternis draußen verschwanden.

Mit dem Einbruch der Rauhnacht ging es ans „Räuchern". Mit Kachelofenglut im Kohlebügeleisen, geschwungen wie das Rauchfaßl in der Kirche, mit Dreikönigswasser in einem irdenen Haferl und mit der Kreide wurde losgezogen von Gebäude zu Gebäude, von Raum zu Raum bis ins letzte Stüberl. Unter lautem Beten wurde „gefötzt" (Dreikönigswasser gesprengt), Jahreszahl und Kreuzl geschrieben und damit Schutz gegen alles Böse und Segen erfleht für Haus und Hof und die Menschen darin. Das Vieh im Stall bekam Brot mit Weihwasser benetzt und geweihtem Salz darauf. Max, unser Waglrappe, blähte zum Gruß seine Nüstern und wieherte, als wir in den Stall traten mit Weihrauch und Wasser. Die Zugochsen „Max" und „Moritz" äugten uns groß an. Die Leute verrichteten zeitig die Abendstallarbeit, und nach dem Gebetläuten versammelten sich alle zur Nachtsuppe in der warmen Stube.
Draußen waren jetzt nur noch die Rauhnachtssänger unterwegs, und wir freuten uns, wenn ihr Singen auf der Gred vor der Haustür zu vernehmen war. Das Nudelbrett, extra von der Mutter für die Sänger mit Krapfen aufgeschichtet, es leerte sich schnell im Laufe des Rauhnachtsabends. Und dafür sorgte auch der Spruch:

Heut is d'Rauhnacht, wer hats aufbracht?
An öida Mann, is über d'Stieagn oabagföin,
hat sich drei Boandl brocha!
Krapfen heraus, Krapfen heraus,
oder ich bohr enk a Loch ins Haus!

Die Rauhnacht wich dem Dreikönigsmorgen, und alle mobilen Leut im Haus machten sich auf den Gang zum hochfestlichen Gottesdienst. Sie vernahmen den Text der frohen Botschaft: „Als Jesus zu Bethlehem in Juda geboren war, siehe, da kamen Weise aus dem Morgenland nach Jerusalem ...".
Zu den armen Hirten, welche als erste dem Christkindl ins „Weisat" (Heimsuchen des Neugeborenen) gehen durften, gesellten sich nun die Weisen, die Könige und die Heiden zum Beweis dafür, daß Christus für uns alle Mensch geworden ist. Die orientalische Karawane war nun auch im Kripperl aufgestellt, weihnachtlicher Lichterglanz erstrahlte noch einmal im Gotteshaus, und von der Orgelempore und im Kirchenraum erklangen Weihnachtslieder.

Die zwölf dunklen Nächte waren überstanden, der Tag begann zu wachsen:
Neujahr um an Hahnatritt, Heiligdreikönig um an Mannaschritt, Sebastiani um an Hirschensprung und Lichtmeß um a ganze Stund.
Am 7. Januar steht St. Valentin, der Patron der Diözese Passau, auf dem Kalenderblatt. *Sankt Valentin, hand d'Feiertag hin!* sagt der Volksmund. Und: *Erhardus mit der Hack'* (8. Januar) *steckt d'Feiertag in den Sack!*

Die Obere Stube

Mein Elternhaus war ein niederbayerisches Bauernhaus, ganz aus Holz gebaut. Holzhäuser sind trocken – Biohäuser, so sagt man heutzutage –, Kälte und Hitze können ihnen nicht an. Und doch wurde zur Winterszeit mit Strohtüren und Zusatzfenstern, dazwischen Moos, und an heißen Sommertagen durch Wischen der Schlafkammerböden mit frischem Brunnenwasser versucht, zu klimatisieren.
Meine Großeltern hatten sich die Obere Stube, den Raum über der geräumigen Wohnstube also, ausgetragen. Da sie in der Familie lebten und am gemeinsamen Tisch aßen, diente sie eigentlich nur als Schlafkammer. Vier Fenster ließen Licht hinein, es waren nicht mehr die ganz kleinen, wie sie beim Bau vor etwa zweihundert Jahren eingezimmert wurden, sondern schon etwas erweiterte, aber Bauernhausfenster mit Fensterkreuz und zwei Eisenstangen davor. Zwei Fenster schauten nach Süden, doch nur schräge Wintersonnenstrahlen konnten einfallen, die steilen des Sommers wurden vom weit vorschießenden, flachen Dach abgehalten. Zwei Fenster lagen auf der nach Osten gerichteten Gesichtsseite des Hauses mit den drei Türen übereinander, der gleichmäßigen Fensteranordnung zu beiden Seiten, den zwei Schroten und den vorstehenden Dachbalken mit den Zierbrettern am Kopf.
Freundlich schaute so ein Bauernhaus einen an. Draußen verlief der lange Schrot mit der Wäschestange, sommers mit Blumenkästen geschmückt, und der Holzbrücke für die Bienenstöcke. Starke Bienenvölker hatten zwei oder gar drei Untersätze unter dem geflochtenen Strohkorb.
Drei Betten, ein Ehebett und eines an der Wand, standen in der Oberen Stube. Hohe Gestelle waren es (ein Herausfallen wäre nicht ratsam gewesen), breit, aber nicht sehr lang, die Strohsäcke mit Kornstroh alljährlich frisch gefüllt. In der Südostecke stand Großmutters Kommode mit dem Glaskastenaufsatz, unten die Wäsche darinnen, oben Krüge, Gläser und die Versehgarnitur. Jedes Großelternteil hatte seinen Gewandkasten. Der vom Großvater war eintürig, seine Sonn- und Festtagsmonturen hingen drin, und auf dem oberen Querbrettfach waren Raritäten aufgehoben: das Schwarzpulverfäßlein, Behälter für

Zündkapseln, Schrote und Kugeln. Zwischen Kasten und Wand lehnten die beiden Vorderladergewehre, und am Deckenbrettn hing das Terzerol.
Mein Großvater, 1864 geboren, hatte zwar seinen Militärdienst in Passau abgeleistet, aber das Glück, daß er sowohl dem Siebziger Krieg wie den Weltkriegen auskam. Auf seine erworbene Schießkunst war er aber schon ein wenig stolz. Einmal schoß er zur Kirschenzeit eine Krähe und hing sie als Scheuche auf den Baum mit gepelzten Früchten.
Ein anderes Mal hantierte er auf der Gredbank heraußen mit einem Hausgewehr, und der Scheimer Sepp, unser Eiermann aus Emmersdorf, kam daher und frotzelte: „Geh, alter Halsbeck [unser Hausname], du triffst ja doch nichts mehr!“ Die Antwort meines Großvaters: „Stell dich auf hundert Schritt da in den Obstgarten hinein und reck dein Hinterteil her, nachher zeig ich's dir!“ Er hatte eine Schrotladung im Lauf.
Zur damaligen Zeit konnte man noch häufig im Frühjahr, wenn es schon aper war, Wiesel im weißen Fell erspähen. Der Großvater schoß eines, zog ihm den Balg ab, trocknete ihn und zerschnitt ihn ganz fein. In der Bauzeit im Auswärts und Herbst kamen dann Bauern um eine

Portion „Wieslbalgö", ein Mittel für Ochsen, welche sich „rar" gegangen hatten [wahrscheinlich ein Muskelkater]. Und weil das Eingeben von „Wieslbalgö" die Ochsen sofort wieder „gängig" machte, kamen sie immer wieder. Auch diese begehrte Tiermedizin war im Kasten aufgehoben.

Die Zeit der Arbeitslosigkeit um 1930 war auch auf dem Lande eine recht unsichere. Bettler gaben sich die Tür in die Hand, nahmen manchmal mit, was sie erwischen konnten, Einbrüche und sogar Raubüberfälle kamen vor. Da gaben stets geladene Hausgewehre, auch in Vaters Schlafkammer hing eines, gewisse Sicherheit.

Auf Großmutters Schrank lagerten im Winter die „Palmbaumäpfel" in Reih und Glied. Die Tatsache, daß sie bis zum Palmsonntag hielten und den Boschen zieren durften, gab ihnen den Namen.

Nach reicher Nußernte, zwei mächtige Nußbäume überschatteten damals unseren Hof, wurde die Plunze mit den begehrten Früchten in der Oberen Stube aufbewahrt. Es gab Freude, wenn der Großvater zur Brotzeit im Winter oder beim abendlichen Hoagarten einen Hut voll Nüsse auf den Stubentisch schüttete.

Als die Großmutter mit ihrem Gehwerk zu tun bekam und der Großvater vom Asthma geplagt wurde und auch er manchmal „liegerhaftig" war, erhielt die Obere Stube allerhand neue Einrichtungen. Eine Zugglocke wurde in die elterliche Schlafkammer nebenan über der Küche eingebaut. Am Bretten über seinem Bett befestigte der Großvater einen „Klobm" (Strick mit Handhabe), um sich hochziehen zu können. Dabei hatte er bestimmt noch kein modernes Krankenhausbett mit dieser so praktischen Vorrichtung gesehen. – Weil alten und kränkelnden Leuten bei Nacht oftmals die Zeit lange wird, hing an einer Schnur die Weckeruhr, mit einer anderen konnte er den Lichtzugschalter bedienen – wir hatten seit 1925 elektrisches Licht –, um zu schauen.

Die Obere Stube war im Winter vom Stubenkachelofen etwas mitgewärmt, nur ein Bretterboden trennte ja von der Wohnstube unten. Doch in sehr grimmigen Winterzeiten ging bei Nacht der Stubenofen zu früh aus und damit auch die Wärme. Menschen werden mit zunehmendem Alter kälteempfindlicher. Da wurde bekannt, daß der Zauner in Oberpfaffing, ein Spengler, ganz kommode Sägspänöfen baute. Bald stand auch in der Oberen Stube einer. Der Vater holte eine

Bretterwagenfuhre Sägspäne vom Müllner Paul in Emmersdorf. Es war an einem eisigen Dezembertag. Die Blechtrommel wurde mit Sägemehl vollgestopft, ein Holzrundling in der Mitte, welcher hernach herausgezogen wurde, sorgte für den Zugkanal. Sie wurde in den mit Silberbronze gestrichenen Ofen gestellt, und der Deckel kam darauf. Von einem Schubtürl am Boden aus erfolgte die Entzündung. Die ganze Familie wollte am Abend die „Premierenheizung" miterleben. Erst bubberte er angsterregend, der Sägmehlofen, dann brannte er zügig dahin, und der Deckel oben fing an, glutrot zu werden. Mit dem Schubtürl ließ sich der Brand regulieren. Schnell bachelte es in der Oberen Stube, Zufriedenheit lag auf den Gesichtern, besonders bei den Großeltern. Zwei Zusatzeinrichtungen brauchte der Großvater nun noch: seinen Hacklstecken, um vom Bett aus das Ofenlädl bedienen zu können und eine Schnur an der Türklinke, um sie aufzuziehen, wenn der Ofen zu arge Wärme ausspieh.

Selige Tage, besser eigentlich Nächte, waren es für meine Schwester und mich, die wir schon in die Schule gingen, wenn wir in den Weihnachtsferien in der Oberen Stube, die Schwester bei der Großmutter und ich im dritten freien Bett, schlafen durften. Meine beiden Brüder waren noch kleiner, sie lagen in Bettstätteln in der Schlafstube der Eltern. Das beruhigende Wissen, am Morgen in aller Frühe nicht in die dunkle Winternacht hinauszumüssen auf einen gut einstündigen Weg zur Schule, welche von 8–11 und 12–3 Uhr dauerte, noch dazu bei einem sehr strengen, gefürchteten Lehrer, schon das machte selig. Nachher die bachelnde Wärme in der Stube, und draußen pfiff der Schneesturm ums Hauseck und fegte Schneewehen vom Dach ... Und herrliche Zeit so ein Morgen, wenn draußen die Hoflampe brannte, die großen Leute schon in den Ställen waren, um das Vieh zu versorgen, wir aber im warmen Strohsacknest liegen und uns auf einen winterlichen Ferientag mit Schlittenbahn und abendlichen Hoagarten freuen durften.

In den meisten Bauernhäusern war die Obere Stube die „Schöne", das Paradezimmer, wo der Schmuckkammerwagen der Bäuerin aufgestellt war. Der Stroblöder hatte sogar neue Wagenräder und noch unbenutzte Pferdegeschirre in der Oberen Stube aufgehoben. – Bei uns daheim standen die schönen Möbel der Mutter, ihr Vater war Schreinermeister gewesen und hatte die Tochter gut ausstaffiert, in einer anderen Kammer, in der „Vorderen Stube".

Die Irrwurzn

Als die Leute noch hauptsächlich zu Fuß unterwegs waren und die Straßen sandig und nicht geteert und markiert, da kam es vor, daß einer sich „verging". Er war über eine Irrwurzn gegangen, wie man sagte.
Ludwig, unser ältester Bruder, war bei den Großeltern im Pfarrdorf aufgewachsen und hatte sich damit die Strapazen eines Schulweges von fünfviertel Stunden, den wir, seine vier Geschwister, zu bewältigen hatten, erspart. Aus der Schule gekommen, brachten die Großeltern ihn zu uns. In der Schreinerei des Großvaters hatte es bestimmt viel zu beobachten gegeben, auf einem Bauernhof mit all seinem „Gevieche" war auch zu staunen und zu erleben. So hatte er sich bald eingelebt. Weil man zur damaligen Zeit kaum über die Kirchturmschau hinauskam, mußte er die neue Umgegend erkunden.
Zum Christfest war die Tante aus München mit Fritzl, ihrem einzigen Buben, unserem Vetter also, zu Besuch bei uns. Es waren heitere Wintertage in der für Schulkinder und Erwachsene geruhsamen Zeit. Nach Neujahr mußte die Tante, sie war Kriegerwitwe, wieder zurück in die Stadt. Der 5. Januar, Vortag vom Dreikönigsfest und Rauhnacht, war Reisetag. Eine Fahrt von uns nach München, das war schon eine Reise damals: Über eine Wegstunde zum Endbahnhof Kröhstorf, weiter nach Aufhausen, umsteigen nach Landau und dann in den Zug nach München.
Ein rauchiger, nicht zu kalter Jännertag war es, mit nicht allzuviel Schnee, Straßen und Wege verharscht und eisig. So blieb Max, unser Waglrappe, im Stall, und Tante und Fritzl machten sich auf Mittag hin zu Fuß auf zum Bahnhof. Zwei Koffer waren zu schleppen; ein Rankerl Gselchtes, eine Kugel Butter und ein Kübelchen Schweineschmalz von der Mettensau hatten das Gepäck noch schwerer gemacht. Wenn die Tante diese Naturalien auch nicht nötig hatte, – weil sie von daheim kamen und von unserer Mutter gerne gegeben wurden, drum waren sie willkommen. Ludwig, schon ein kräftiger Bursche, erbot sich, den schwereren Koffer wenigstens einenTeil der Stundenstrecke zu tragen. Die beiden Reisenden erleichterte es, und den Gepäckträger erwartete ein gutes Trinkgeld. Nach herzlicher Verabschiedung und

Wiedersehenswünschen bis zur Sommervakanz zogen sie los. Ludwig trug seine Last an einem Hacklstecken über der Schulter, und er hatte seine nagelneuen Holzschuhe an. Bis gut nach dem Mittagessen wollte er wieder daheim sein.

Nach zwei Stunden wurde unsere Mutter unruhig. Sie wußte von den Übereckswegen durch das große Aretinsche Holz. Ludwig war noch wenig kundig, und selbst Kundige waren schon über eine Irrwurzn gegangen, so etwa beim Schwammerlsuchen, sie waren stundenlang in den Wäldern, die meinen Heimatweiler „Moserholz" umkränzten, herumgeirrt und nachher irgendwo herausgekommen, wo sie sich nicht auskannten.

Gegen drei Uhr packte auch den Vater die Unruhe. Er nahm seinen Hacklstecken und machte sich auf, durchs Haidenburger Holz in Richtung Hüttenmann, einem Anwesen am Waldrand. Dort zweigte der Waldweg von der Kröhstorfer Landstraße nach Moserholz ab. „Hoffentlich", so meinte er, „hat ihn der Ludwig nicht übersehen!"

Als nach etwa einer Stunde der Vater allein zurückkam, wuchs die Aufregung im Haus. Unsere Nachbarn wurden verständigt. Wieser, Ziegler, Loher, Gerbauer und der Schneiderbauer kamen. Die Lagebesprechung fand im Hof draußen statt, sodann wurde aufgebrochen. Dunkel war es bereits und die Rauhnacht hereingebrochen, da kamen die Sucher ohne Erfolg zurück. Ernste Gesichter sah man, und die Mutter jammere und wehklagte.

Gegen acht Uhr abends war unsere Stube voller Leute. Hoffnungsvolle und verzagte Mutmaßungen waren zu vernehmen: „Der Ludwig wird bestimmt schon in der warmen Stube eines Hauses sein" – „Verlaufen, und das in einer Winter-, in der Rauhnacht!"

Mit Laternen und Decken machten sie sich noch einmal auf den Weg. Unsere Großeltern und wir vier Geschwister im Alter von 2 bis 10 Jahren blieben zurück; wir Kinder konnten die Tragweite des Falles kaum ermessen. Die Großmutter saß in ihrem Lehnstuhl und betete leise vor sich hin, der Großvater saß auf dem Kanapee beim Kachelofen und hatte sein Gesicht in den aufgestützten Händen vergraben. Meine Schwester und wir drei Brüder waren auf Bänken und dem Sofa schon eingeschlafen, als gegen Mitternacht die Leute erneut unverrichteter Dinge zurückkamen und sich dann nach Hause aufmachten. Wir hörten noch die Mutter weinen und wurden schlaftrunken in unsere Betten gebracht.

In aller Herrgottsfrühe des Dreikönigstages, dunkel war es noch draußen, da weckte uns der wütende Anschlag von Mendo, unserem Hofhund. Als wir aus dem Fenster der Oberen Stube in den Hof hinunterschauten, sahen wir im Schein der Hoflampe eine Menge Menschen, alle ausgerüstet für eine weitere Suchaktion. Auch der Wirt von Habach war dabei. Bei ihm war die öffentliche Telefonstelle, eine viertel Stunde von uns weg. Er hatte eine befreiende Botschaft gebracht: Unser Ludwig sei wohlbehalten beim Schöfbauern in Aidenbach. Der Gendarmerie-Kommissär aus Roßbach habe dies telefonisch eben übermittelt. Der Schöfbauer habe zwar schon gestern abends in Roßbach bei der Gendarmerie angerufen, die telefonische Weitergabe nach Habach aber habe nicht geklappt! Die Überbringung der erlösenden Nachricht per Fußmarsch auf vereisten Wegen in finsterer Nacht von Roßbach nach Moserholz war von dem Gendarm sicher zuviel verlangt, sie hätte aber vor allem den Eltern eine leidvolle und den mitsuchenden Nachbarn eine strapazenreiche Nacht erspart.

Die große Frage war nun, wie konnte unser Ludwig vom Heimweg aus Richtung Kröhstorf bis nach Schöfbach – in gerade entgegengesetzter Richtung – fast zwei Wegstunden entfernt gekommen sein? Doch diese konnte nur der Irrgegangene allein beantworten.

Schöfbach, ich erinnerte mich, das liegt beim Markt Aidenbach. Ich war einmal mit dem Vater auf einer Fuhre Brockäpfel dorthin gefahren. Da kommt zuerst Emmersdorf, wo unser Schmid war, dann Haidenburg mit dem Schloß auf steiler Höhe, der Postbote kam von dort zu uns, und nachher der Schöfbacher Wald. Eine halbe Stunde braucht man hindurch vorbei an einigen Marterln, welche von Umgebrachten Kunde geben. Der Schöfbauernhof liegt gleich hinter dem Holz, und von dort geht der Blick hinab zum Aidenbacher Markt. Die unheilvolle Bauernschlacht 1706 hat von hier den Ausgang genommen, sie endete mit 4000 erschlagenen niederbayerischen Bauern. So hatte mein Vater auf der Fahrt mir erzählt gehabt.

Meine Eltern bedankten sich recht fleißig bei den Leuten, die sich nun heimzu begaben. Sie konnten noch zum Dreikönigsgottesdienst in der Pfarrkirche zurechtkommen. Mein Vater aß die Morgensuppe und machte sich sogleich auf, um den verlorenen Sohn heimzuholen. Er nahm dem Ludwig ein Paar feste Schuhe mit, das war richtig überlegt, denn die neuen Holzschuhe waren fast bis auf die Fußsohlen hin durchgelaufen, wie sich herausstellen sollte.

Beim Mittagstisch saß unser Ludwig wieder an seinem Platz, die Mutter hatte alle Kochkunst aufgeboten für Schweinsbratl, Knödel, Sauerkraut und Erdäpfelsalat, und das schönste Stück Fleisch lag auf dem Teller vom Ludwig. Aber weder sein Hunger noch sein Drang zum Erzählen waren groß. Das Geschehene lag wohl noch zu lastig auf ihm. Zweimal war er Leute um Auskunft angegangen, viele waren ja nicht auf den Wegen am Rauhnachtstag. Beim Schöfbauern hatte es zu nächteln angefangen, er konnte nicht mehr, begann, an das Hoftor hingelehnt, zu weinen. So hatte ihn die Schöfbäuerin gefunden und hineingeholt.
„Wer über eine Irrwurzn gegangen ist, der muß irre gehen", hat die Schneiderbauer Nanni gesagt.

Draußn im Holz

An Wintertagen, nicht zu kalt und nicht zu viel Schnee, da konnte man in den Wäldern den Axtschlag und das Sägekreischen hören. Heutzutage ist's Motorengeheule. Das „Wia – Hoat- und Wistha – Schreien" der Fuhrknechte oder des Bamas ist abgelöst vom „Kauezen" eines Bulldogs.

Waldarbeit in würziger Luft ist gesund, aber gewiß nicht immer leicht, obwohl in unserer Zeit die Maschine auch hier wesentliche Erleichterung brachte, und Gefahren lauerten dabei einst und jetzt. Waldpflege und Holzernte müssen sein und sie verlangen Hacke und Säge.

Zu meiner Kinderzeit erlebte ich einen Kahlschlag. Mein Vater war Holzaufseher für die Eder-Waldung, diese war kaum fünf Minuten von unserem Anwesen entfernt, der Ederhof aber über eine Wegstunde.

Ende der Dreißigerjahre waren vier Tagwerk Nadelwald, in der Hauptsache Fichten und Tannen, erntereif. Mein Vater machte sich daran, mit dem Großn-Wig, unserm Knecht, die Fläche in Parzellen aufzuteilen. Sie wurden an Häusler und Besitzer kleinerer Anwesen verlost und damit das Recht, die Waldstreu zu rechen. (Weil damals das Stroh zum Teil verfüttert wurde, war Waldstreu gefragt als Viehlager und hernach als Dünger.) Wenige Tage darauf war der Waldboden wie ausgekehrt. Nun kamen die Holzarbeiter, und wochenlang war das Fallen der schweren Stämme zu hören. Der Waldkranz, welcher unseren Heimatweiler umzog, hatte eine breite Lücke bekommen. In mehreren Gassen war geschlagen, auf der einen Seite die Wiedhaufen, auf der anderen Scheiterstöße mit „braunem" (morschem) Holz und den Krotznstücken, in der Mitte die Stämme, in einer Richtung liegend. Das Langholz wurde zum Schepsen (Rinde schälen), die Scheiter und das Reisig zum Verkauf vergeben. Die Schepser mit Stoßeisen und Drehring waren nun am Werk, bis alle Stämme sauber entrindet waren. Der Kramer Alfons übernahm mit seinen zwei PS, ein Paar strammen Füchsen, das Herausschleifen der glatten Stämme zur Straße. Nachher belebte sich die Kahlschlagfläche mit Küh-, Ochsen und Pferdegespan-

nen. Scheiter, Wied und Schepsschoaten (Rindenstücke) wurden heimgefahren. Noch einmal mußte der Vater in Aktion treten und die Stöcke vergeben.
Inzwischen war es aper geworden, der Boden aber noch hart gefroren. Kolosse von Lanz-Bulldogs mit gummibereiften Holzwägen bellten über den Ederberg herauf. Seilwinden zogen die gewichtigen Rundlinge über die Wagenkipfen auf die Ladeflächen. In hohen Fuhren wurden sie abtransportiert.
So früh waren wir kaum einmal von der Schule heimgekommen, wir Buben; für das aufgewärmte Mittagsessen hatten wir keine Zeit, und schon standen wir auf dem Holzverladeplatz. Und da gab es zu staunen!
Der Nachahmungstrieb der Kinder, Erwachsenenarbeit im Spiel zu tätigen, regte sich. Da hatte unsere Tante aus München, die in der damaligen „Stadt der Bewegung“ wohl auch selbst ein wenig bewegt worden war, uns Buben zum Christkindl einen Spielzeug-Panzer mitgebracht. Mein Vater, der vom damaligen Zeitgeist überhaupt nicht erfaßt war und mit einer Gasvergiftung aus dem Weltkrieg heimgekommen war, sah dieses Weihnachtsgeschenk nicht gern, er wollte aber seine Schwester, mit der er sich sonst gut verstand, nicht verärgern. Uns Buben aber kam eine Idee: Der Oberbau des Panzers wurde abmontiert, es blieb das Fahrgestell mit Federmotor, unser Holz-Bulldog war fertig. Gerne half uns der Vater, in der Machlkammer einen Holzwagen zu basteln. Die Reisigburdprügel waren die Baumstämme, Holzschlag und Abtransport der Stämme vollzog sich spielerisch in der geräumigen Stube. Weil es zu dieser Zeit draußen wetterte, war die Mutter froh, daß wir herinnen blieben.
Reges Leben gab es im Auswärts auf der Waldblöße. Die Ausstocker rückten an. Daß so ein Stock, wenn es einer ist von einer Dreimetertanne mit Kernwurzel, dreimal warm macht, das ist bekannt: beim Ausstocken, beim Klieben und im Kachelofen. Eine Schinderei war es, das Ausstocken! Eine Hausfrau aus Ruhstorf erzählte mir das Schicksal ihres ersten Mannes: Er hatte Jahre um die Hälfte ausgestockt, halb für den Waldbesitzer, halb für sich, dann Ziegel geschlagen und mit dem Stockholz gebrannt, wieder halb für sich, halb zum Verkauf, nachher sein Haus damit gebaut. Als dies fertig war, war es auch er, und nur noch kurze Zeit konnte er sich seines mit soviel Mühe erarbeiteten Heimes freuen.

Zu Ostern sah die Kahlschlagfläche dann wie ein gepflügter Acker aus, in Reih und Glied wurden neue Fichten-, Tannen- und Lärchenpflanzen gesetzt.
Moderne Waldwirtschaftler verdammen sicher eine derartige Bodenausbeutung. Trotzdem, betrachtet man heute manchen Wald: Haben nicht Wind- und Schneebrüche, Borkenkäferbefall und Umweltschäden dafür gesorgt, daß er ausschaut dünn und löcherig wie des Bettelmanns Rock? Und so hat es der Mühlhiasl vorausgesehen.

Doch heiter soll das Gschichtl aufhören: Dämmerig war es noch in der Winterfrühe, da sind die Ederrosse schon bei uns vorbeigestampft. Der Vorgeher brachte einen Rucksack in die Stube, ein halber Brotlaib und ein Mordsstück Schweinernes darinnen. Die Mutter hat gerne und gut gekocht, das Krautfaß in der Speise war noch hübsch voll und Erdäpfel genug im Keller. Gegen Mittag sind sie angerückt, die ederischen Holzarbeiter: Vorgeher, Nachgeher, Bama und etliche Mägde dabei. Die schwere Axt führen, die lange Säge ziehen in der eisigen Holzluft: das hatte Hunger und Durst gemacht. Und von draußen in die bachelwarme Stube hin zum gedeckten Tisch mit Schweinsbratl, Brotknödel, Kraut und Erdäpfelsalat, wer täte sich da nicht freuen. Der Bama spießte ein Fleischstückel auf, ein Knödelbröckel dazu, schön mit Kraut umwickelt, das gab die rechte Mischung für den Magen. Den Kartoffelsalat hat er übergangen: „d'Erdäpfel sind eh im Schweinern drin", hat er gemeint.
Nach dem Essen zündete er seine Pfeife an, und der Vater brachte einen Krug Most. Den Nachgeher, ein etwas geringes Mandl, hatten die schweren Bäume „derbröselt". Er hatte sich auf dem Stubenkanapee ausgestreckt, und gleich darauf hörte man ein Schnarchen. Die Sophie, eine noch ledige Schwester vom Vater, immer zum Gspaß aufgelegt, kam mit Nadel und langem Faden und nähte die Hose des Nachgehers am Kanapeestoff fest. Bald darauf mahnte der Vorgeher zum Aufbruch. Eine Hetz hat es gegeben, alles hat gelacht und gekudert, der geweckte Nachgeher aber hat geschimpft und lamentiert. Als ihn jedoch die Übeltäterin befreit hatte mit der Schere, lachte auch er und meinte:
„Eigentlich wäre ich gerne angenäht geblieben bis auf d'Nacht!"

Wintersfreud und Wintersleid

Draußn hats a Schneewal geschniebm,
dö Kinder, dö hats außitriebm.
Schneemannbaun und Schlittnfahrn,
schliefatzn auf da Eisstockbahn!
Dö oana bringt da Schnee vui Freud,
für andanö is er a Wintersleid.

„Jeggal, unsern Nachbarn ent hats eingeschneibt!" hat der Wimpeißinger geschrien, wie er in der Frühe zum Fenster hinausgeschaut hat. – Weiße Winterpracht erfreut um diese Zeit groß und klein. Der Schnee liegt ja nicht wie ein Leichentuch auf der Landschaft, sondern als Zudecke, unter der Gräser, Blumen und Saaten schon dem Auswärts entgegenträumen. Jedes Dachl, jeder Zaunsprossen, jedes Astl hat ein Häubel, und wenn gar noch Reim (Rauhreif) alles überzuckert, wenn nachher auf Mittag zu die Sonne sich durch den frostigen Nebel rauft und die Schneekristalle zum Funkeln bringt, da muß man hinaus in die Natur, hinein in den Wald, wo man zwar keinen Vogel hört, weil sie alle fort sind oder die Nähe der menschlichen Behausungen aufgesucht haben, wo man jetzt kein Eichkätzel springen sieht, weil es im ausgepolsterten Kobel Winterruhe hält, wo es so still ist, und wo du grad deine frischen Spuren hineintrittst in den pulverigen Schnee.
Es schneibt und wöchöt und wachöt ois zua, neamd koa mehr kemma, da han i mei Ruah! Ein Schnadderhüpfel, welches der Waldler oder Einödbewohner im Winter singen kann.
„Allzuviel ist ungesund!" das gilt auch beim Schnee. Wer dächte nicht zurück an Schneekatastrophen vergangener Jahre, bei denen selbst modernste Räumfahrzeuge auf der Strecke blieben.
Leute, welche früher über Land mußten, die haben sie gefürchtet, die schneereichen Winter, so der Postbote, der Rauchfangkehrer, der Brottrager, der Doktor, die Hebamme, die Leichenbitterin, der Polizeidiener. Freilich hat man auch damals versucht, mit Roß und Schneepflug Bahnen zu reißen, aber wenn der Sturm meterhohe Schneequaden (Verwehungen) zusammentrug, war es aus damit. Kolonnen von Schneeschauflern sind dann ausgerückt. Wir Schulkinder haben uns

gefreut, wenn der hohe Schnee eine eisige Kruste hatte und trug; da konnten wir ganz „über ecks“ unsern mehr als einstündigen Weg zur Schule und nach Hause gehen.
Mehr als den Schnee haben die Fuhrleute das Eis auf den Fahrstraßen gefürchtet – Streusalz war unbekannt –, obwohl die Pferde vom Schmied Stollen auf die Hufeisen bekommen hatten.
Zuviel der weißen Pracht kann Mensch und Tier in Not bringen. Rehe, Hasen, Rebhühner und Fasane suchen zum Bauernhof, ob sie nicht ein Bäuschel Heu oder einige Körner finden. Vögel betteln am Fenster, und wer würde ihnen nicht gerne zuschauen von der warmen Stube aus, wenn sie im Futterhäuschen streiten und sich zanken um die besseren und größeren Futtersamen, die Goldammern, Meisen, Finken und Spatzen. Auch der Gimpel und sogar der Grünspecht getrauen sich in Wintersnot herbei. Ja, in der aufgeheizten Stube drinnen, da ist es schon angenehm um diese Zeit. Damit aber genug Holzvorrat dagewesen ist, haben die Mannerleut auf der Holzstatt, einem windgeschützten Platz zwischen Stadel und Schnupfe, fleißig Holz klieben (spalten) müssen.
Für uns Kinder galt, wenn endlich die weiße Unterlage beschert war: „Kinder schauts grad außi heut, die ganze Welt dö ist zuageschneibt! Her mitm Schlittn und aufi an Berg, und nacher gehts oabi über zwerch!“
Ich denke zurück, der Großvater hatte uns Kindern den ersten Schlitten zusammengezimmert: zwei feste Brettl zu Kufen geschnitten, mit Stecken zusammengezapft und den Sitz mit gedrehten Strohbändern umwickelt und ausgepolstert. Den zweiten, einen Dreisitzer – wir waren vier Geschwister –, den hatte der Wagner in Pörndorf konstruiert. Über seiner Werkstatt konnte man lesen: „Hier machens die Wagen und Schlitten zum Fahren, da können die Leute das Gehen ersparen!“ – Der Schmied hat ihn beschlagen. Von unserem Hof aus ist es steil über den Loherberg hinuntergegangen. Ein ganzes Schübel Kinder war beieinander, da war bald eine Bahn ausgefahren, und nun hat's geheißen: „Aus der Bahn, wer an Glaubeangott nicht kann!“ Die Schlitten wurden zum Zug zusammengehängt, und dabei ist oftmals der vorderste Schlitten vor dem hintersten unten angekommen. Eine Hetze war's, und „Bockstürzel“ (Purzelbäume) hat's gegeben, aber im weichen Schnee, da tut's nicht weh! – Bis in die Dämmerung hat die Winterfreude angedauert, die Mutter hatte schon etliche Male gerufen,

nachher dem Vater seine energische Stimme. Da wurde aufgebrochen, und „gell, morgen fahr ma wieder!“ hat's geheißen. Erst beim Ausziehen in der warmen Stube sind die eiskalten Zehen, Finger und die blauen Flecken zum Vorschein gekommen. Kachelofenwärme und heißer Tee haben aber die Winterkälte bald vergessen lassen.

An einem sonnigen Januartag nach Dreikönig erlebten wir Kinder den ersten Skifahrer. Vom Stubenfenster aus haben wir ihn über den Schmiedhuberberg heruntergleiten sehen. Ein Zeitl darauf ein Bretterschlagen draußen auf der Gred, und nachher ist er vor uns gestanden, der Schießl Franz, ein Bursche schon aus der Werktagsschule, der erste Skifahrer. Zwei fichtene Brettl, vorne etwas aufgebogen und gespitzt, Lederriemchen dran, ein Paar Haselnußstecken, unten Nagelspitzen drin. Er hat uns eine Schußfahrt vorgeführt über den Loherberg hinunter, und wir haben Augen und Mund offen gehabt.

Bald darauf hat mein Onkel, ein Schreiner mit gut eingerichteter Werkstatt, mir zwei Spielbaumbrettl (Esche) hergeschnitten, der Sattler hat vier Riemchen von einem alten Roßgeschirr spendiert, ein Paar gespitzte Kleebockstecken (Gerüst zum Kleeheu trocknen) dazu. Eingefettete Schnürstiefel, schafwollne Socken, Fäustlinge, eine Zipfelhaube auf dem Kopf und einen Stutzer an – ausstaffiert war der Brettlrutscher, stolz und glücklich.

Ob heutzutage eine supermoderne, vielleicht manchmal sündteure Skiausrüstung größere Freude bereiten kann?

Brennen tut's!

In der Nacht zum 30. Januar 1939 war es, gegen ein Uhr. Unser Großvater saß im Bett und hatte mit Asthma zu kämpfen. Da fiel durch die beiden Südfenster der Oberen Stube roter Schein. Er weckte die Großmutter und diese über einen Glockenzug die Eltern in ihrer Schlafstube. Bald war das ganze Haus wach, auch wir Kinder. „Brennen tuts gegen Habach zu!“ „Wird doch nicht bei der Sophie sein!“ jammerte die Großmutter. Die Sophie, ihre jüngste Tochter, unsere Tante, war in Habach mit einem Landwirt verheiratet. Sofort machte sich mein Vater auf. Einem Brandleider beizustehen, ist Christenpflicht!

Ich wäre gerne mit, aber einem Elfjährigen und bei dieser Kälte, das wurde nicht erlaubt. Nach etwa eineinhalb Stunden kam der Vater zurück, hart erwartet, besonders von der Großmutter. „Der Zeuninger ist abgebrannt!“ berichtete er.

Das Zeuninger Anwesen kannten wir Kinder wohl. Wenn wir zum Kramer einkaufen gingen, kamen wir daran vorbei. Es war dreiseitig – Haus, Stall, Stadel – alles aus Holz gebaut. Wir sahen hie und da auch den Zeuninger, wenn er mit seinem hölzernen Stelzfuß hinter seinen zwei Kühen und dem Pflug herging. Durch einen Arbeitsunfall hatte er das eine Bein verloren. Gewiß hatte er fleißig zu rackern gehabt, um auf seinem Zeugl sich und die Familie durchzufretten.

Und jetzt stand er da im Schnee mit einem Fuß bar, die Prothese hatte er in der Feuersnot nicht mehr anschnallen können, und sah hin auf die rauchenden Trümmer seines Anwesens.

Die Feuerwehren aus Habach und Emmersdorf haben nichts mehr retten können. Wir Kinder haben am nächsten Tag die Brandstätte angeschaut und mit Schaudern die Kadaver der zwei Kühe erblickt.

Altes Holz und ein schneidender Wind hatten das Feuer sich in solcher Eile ausbreiten lassen, daß die vierköpfige Familie gerade noch das nackte Leben retten konnte. Im Stall hatte es zu brennen angefangen. Weil aber da drinnen weder offenes Licht noch elektrische Leitungen waren, stellte sich die Frage: „Wie hat das Feuer auskommen können?“ Auch die Gendarmen und Kriminaler überlegten das.

Die Lohmann Nanni, heute 88 Jahre, unsere ehemalige Kramerin, Störnäherin und Wirtin und Nachbarin des Zeuningers, sie hat mir die Geschichte weitererzählt nach fünfzig Jahren. „Wie heute erinnere ich mich noch daran“, bekräftigte sie: „Bei uns im Wirthaus waren an diesem Vorabend des 30. Januars noch einige Bierdümpfel gesessen. Erst nach Mitternacht hatten sie endlich genug und machten sich auf den Heimweg. Der alte Wirt, mein Schwiegervater, hatte ihnen Gesellschaft geleistet, er konnte ja in der Frühe im Bett liegen bleiben. Kaum war die Haustür verriegelt, da vernahm er laute Männerstimmen. Er glaubte, die Frühheimkehrer wären wohl noch in Streit geraten, und er entriegelte die Tür nochmals. Da wußte er es, beim Nachbarn, beim Zeuninger, brennt es! Weil in der Nacht, da die Emmersdorfer Feuerwehr ausgerückt war, ein Bursche am Fenster des Hauses eines ebenfalls sich im Einsatz befindlichen Wehrmannes gesehen worden war, und dieser in keinem guten Ruf stand, wurde er verhaftet. Auf ihn fiel der Verdacht, er habe oben auf der Habacher Höhe das hölzerne Anwesen angezündet, um nachher, wenn die Männer fort waren, um dem Brandleider beizustehen, in Emmersdorf einzubrechen und zu rauben.“

Besonders gut erinnert sich die Nanni an den Lokaltermin damals: „Ein warmer, sonniger Tag ist es gewesen, und an die vierzig Männer waren beieinander. Des schönen Wetters wegen hat der Staatsanwalt vorgeschlagen, die Vernehmungen draußen unter dem Kösslingbaum (Kastanie) – dort standen ja die Biergartentische – vorzunehmen. Der Verdächtige, welcher schon längere Zeit in Untersuchungshaft gesessen hatte, wurde in Handschellen von sechs Gendarmen vorgeführt, zwei voran, links und rechts einer, hinten zwei. Der Hauptlehrer, bei dem der Beschuldigte in die Schule gegangen war, die Zeuningerleute, die Nachbarn und Feuerwehrleute sind vernommen worden. Ein zuständiger Gendarm aus Johanniskirchen berichtete, daß der Angeklagte bei Nacht viel ‚um die Wege gewesen‘ sei. Dieser darauf: ‚Bist ein schöner Schandarm, wenn du das gewußt und mich doch nie erwischt hast!‘ Als alle lachen mußten, hat der Staatsanwalt zur Ordnung gemahnt. Die Wegstrecke von Emmersdorf bis zur Brandstelle ist abgegangen und gelaufen worden, um zu testen, ob die Zeit des Brandausbruches und die des Auftauchens des Verdächtigen im Dorf übereinstimmte. Auf einmal hat man Motorbrummen am Himmel vernommen. Das wäre heute gewiß keines Blickes wert, aber

damals! Alles ist aus dem Baumschatten herausgerannt und hat hinaufgestarrt zum Zeppelin-Luftschiff, das erschienen ist.
Um zum Ende zu kommen: Dem Verdächtigen konnte nichts nachgewiesen werden, er ist freigelassen worden, und die Brandstiftung, wenn es eine gewesen ist, blieb ungesühnt. Die Zeuninger Leute haben ihr Anwesen auf der anderen Straßenseite wieder aufgebaut und sie ruhen heute beide längst im Friedhof zu Emmersdorf. Die Kinder, fünf an der Zahl, drei kamen nach dem Brand noch dazu, sie haben sich verstreut."

So hat die Nanni erzählt, und damit die Erinnerung an das Geschehnis bleibt, ist es hier aufgeschrieben worden.

FEBRUAR

Hornung – Taumond

Der Februar, der bringt uns die Fastnacht heraus,
da halten wir all einen fröhlichen Schmaus.

Im Februar müssen die Stürme fackeln,
daß dem Ochsn d'Hörner wackeln!

Der Februar hat oft seine Mucken,
baut aus Eis noch feste Brucken.

Läßt der Februar Wasser fallen, läßt's der März gefrieren!

Wenn's der Hornung gnädig macht,
bringt der Lenz den Frost bei Nacht!

Sankt Agath', die Gottesbraut,
macht, daß Schnee und Eis gern taut.

Sankt Mathias hab' ich lieb,
denn er gibt dem Baum den Trieb.

Ist Romanus hell und klar,
deutet's an ein gutes Jahr.

Lichtmeß: D'Loher Line

Wenns um Lichtmeß stürmt und schneibt,
ist der Auswärts nimmer weit!
Ist's an Lichtmeß klar und hell,
kommt er aber nicht so schnell!

2. Februar, Fest Mariä Reinigung (Lichtmeß) steht auf dem Kalenderblatt. Nach dem Meßbuch ist dieser Tag weniger ein Fest der Gottesmutter, vielmehr Christe, des Lichtkönigs, der in „Seine Stadt Sion" einzieht und vom greisen Simeon begrüßt wird: „Du Licht zur Erleuchtung der Heiden!" Das gläubige Volk wird aufgefordert: „Laßts heut' die Wachsstöck weihn nach altem Brauch und zündets an das Licht, daß bald der helle Tag anbricht!"
Schon um eine Stund ist er bereits gewachsen, der Tag. Mit Licht sparen, das ist ein häusliches Gebot gewesen, und die Sparsamkeit von den Weiberleuten ist daran gemessen worden. Die Kienspanleuchten und die rußenden Ölfunsel haben an den nächtelnden Wintertagen die niedrige Bauernstube mit den Guckfenstern kaum richtig ausgeleuchtet, und die Stubenarbeiten in den zwielichten Stunden sind im „Greifen" verrichtet worden. Während der abendlichen Stallarbeit begnügten sich die Kinder in der Stube mit dem Glutlicht aus der Ofentürspalte.
Wichtig war dem Bauern das Kerzenlicht zu den festlichen Zeiten und Anlässen des Jahres. Drum hat er den Wachsproduzenten, den Impenstock (Bienenstock) am Lichtmeßtag in der Frühe gemahnt: „Imp, Lichtmeß is da!"
Lichtmeß ist Zahltag für den Bauern und Goldtag für die Ehehalten gewesen.
Für manchen Burschen und manches Mädchen hat an Lichtmeß der Ernst des Lebens begonnen. Wenn das häusliche Zeugl klein, die Kinderschar aber zahlreich war, wenn viele Löffl die Suppenschüssel eher leerten, als alle Mägen gesättigt waren, wenn mehr Augen in den Weidling schauten als Fettaugen heraus, da hieß es: „Mußt dir dein Brot selber verdienen!" Oder der alte Peisl erzählt, daß sein Vater,

welcher Störschneider war und eine kleine Landwirtschaft besaß, ihn vor die Entscheidung stellte: „Entweder du greifts an mit Nadel und Faden" – was ihn absolut nicht freute – „oder du mußt zu den Bauern hinaus und wirst ein Mistgabelhengst!" Leicht war es bestimmt nicht, in der Fremde zu sein, und der Weg vom Stallbuben hinauf zum „Bama" (Baumann), von der „Kindsdirn" (Kindermagd) bis zur Oberdirn war meist weit und hart. Freilich, viel hing davon ab, ob der Brotherr ein ehrbarer Mann, die Bäuerin eine gute Haut und die Dienstboten echte „Ehehalten" waren. Es konnte aber auch anders sein.

Ein Arbeitsleben von zeitiger Jugend an bis ins zusammengerackerte Alter, dienend auf fremden Feldern und Wiesen, in Ställen mit Vieh, das nicht eigen war, von Sonnenaufgang bis zum Nachteinbruch, jahraus-jahrein, ohne Urlaub, ohne Gratifikation und ohne Aufbegehr, wäre das nicht eines Verdienstkreuzes wert gewesen?

Da fällt mir die Loher Line (Lina) ein. In ärmlichen Verhältnissen ist sie aufgewachsen und mußte zeitig hinaus zum „Dienen", und sie ist zeitlebens ledig und Dienstbote geblieben. Ich lernte sie als Bub kennen, als sie wohl schon den Siebziger auf dem Buckel hatte. Nicht groß von Wuchs, Last des Lebens und der Arbeit hatten sie zusammengedrückt, so daß sie nur mehr leicht vorgebeugt ging und einem großen Erwachsenen kaum über die Hüfte reichte. Sie lebte sozusagen im Dienstbotenaustrag mit Gnadenbrot beim Stroblöder, einem Bauernhof, auf welchem sie viele Jahre gearbeitet hatte. Aber ihre von schwerer Arbeit geprägten Hände ruhten auch jetzt noch nicht. Das Butterfaß rühren, auf die kleinen Kinder aufschauen und sie in Schlaf wiegen, die Stube auskehren, und andere Handgriffe verrichten, das konnte sie immer noch und tat es auch gerne. So brauchte sie sich nicht überflüssig zu fühlen. Hie und da besuchte sie an Feiernachmittagen unsern Nachbarn, den Loher, zu dem sie, wie der Name zeigt, verwandt war. Da aber die näheren Verwandten nicht mehr lebten und die andern mit der ausgemergelten Frau vielleicht nicht viel wollten, stieg sie den Loher-Berg zu uns herauf. Meine Mutter freute sich über den Besuch, wir Kinder auch. Sie setzte sich auf die Bank an der Wand und die Mutter brachte ihr ein Haferl Kaffee, ein Ofenweckerl oder eine Rohrnudel dazu, was eben gerade da war. Die Lina nahm ihr „Böhmtuch" (Kopftuch) ab – es kamen ihr von tiefen Furchen geprägtes Gesicht mit den gutmütigen Augen und die ergrauten Haare zum Vorschein –, sie legte das Tüchl fein säuberlich zusammen und ließ es sich schmecken. Anschließend setzte sie die Kopfbedeckung wieder auf. Meine Mutter dischkurierte mit ihr, die Line erzählte wenig von sich, antwortete halt auf Fragen, und nach ihrem Ergehen erkundigt, war stets die Antwort: „Mir geht's gut, ich bin zfriem (zufrieden), in Gotts Nam."

Als ich einmal im Herbst zu Kartoffelferien heimkam, war die Line bei uns. Die Mutter hatte ihr zugeredet, einige Tage zu bleiben. Sie fühlte sich ganz wohl, meinte aber, sie müsse unbedingt da und dort zugreifen. Nach etlichen Tagen trieb es sie heim nach Stroblöd. „Sie werden mich ja brauchen", sagte sie und ließ sich nicht mehr halten. – Als ich später wieder in die Ferien nach Hause kam und nach der Loher Line fragte, berichtete meine Mutter: „D'Line ist gestorben, sie ist friedlich eingeschlafen, still gegangen wie sie gelebt."

Die „Holzmutter“

Zu Mariä Lichtmeß endet der Weihnachtsfestkreis, und die Christbäume werden aus den Kirchen entfernt. Auch ich nahm vor etlichen Tagen den weihnachtlichen Strauß aus der Wohnstube. Es tat mir etwas leid um ihn, und drum hatte ich es immer wieder verschoben. Die tannenen Zweige, mit Misteln dekoriert, stammten von der „Holzmutter“ im gräflichen Wald. An einem nebligen Adventstag war ich hinaufmarschiert nach Gschaid; der Forstwart hatte mir gesagt, daß dort die Holzarbeiter am Werk seien. Tannenzweige sind heutzutage eine Rarität, sie nadeln nicht so schnell wie die fichtenen, und sie duften halt echt nach Tannenbaum mit ihren silberigen Nadeln.
Auf meinem Gang dachte ich daran, was der Schwinghammer Hans, ein Holzarbeiter – heut schon weit im Siebziger drin –, mir vor einiger Zeit erzählt hatte. Fünfzig Jahre hat er im Wald Dienst getan.
„Um fünf bin ich auf im Winter, hab das Vieh meines Anwesens versorgt und bin nach der Frühsuppe um Sechse losgezogen. Unser Werkzeug, die lange Hi-ha-Säge, die Hacke, Keile und den Drehring, hatten wir beim Holzschlag versteckt. Von 7 Uhr früh bis 5 Uhr abends, vom Tagwerden bis zum Nächteln haben wir gewerkt. Zu Mittag wurde ein Feuerl gemacht, wir haben uns daran aufgewärmt, das mitgebrachte Brot und das Fleisch gegessen und Tee dazu getrunken. Hart war sie, die Arbeit, bis zu einer Stunde dauerte es, bis so ein Baumriese durchgesägt war, und zwei Tüchtige mußten an der Säge ziehen. Entästet wurde mit der Hacke, scharfe Schneid war gefragt. Wenn die Bäume zu saften begannen, wurde von den gefällten Stämmen die Rinde abgezogen und zu Lohehütten aufgerichtet. Der Gerber in Reisbach brauchte die Lohe (Rinde), vor allem die von Eichen. Gutes Schuhwerk war nötig, Lederschuhe mit Dachsfett eingerieben, dazu lederne Gamaschen. Für dauerhaftes Leder brauchte der Gerber unsere Lohe.“
„Wie hat's mit dem Verdienst ausgeschaut damals in den dreißiger Jahren?“ wollte ich wissen. „28 bis 35 Pfennig die Stunde“, war die Antwort.
Mit dem Zurücksinnieren kam ich auf der Gschaider Höhe an. An der

Waldeinfahrt standen ein Traktor und ein Auto, und ich hörte das Kreischen einer Motorsäge. Ich begrüßte den Forstwart, den Schwinghammer Franz und sah den Frischhut Paul und den Weiß Heri bei der Holzarbeit. Eine Gasse war hinuntergeschlagen über den Hang, unten im Grund stand die „Holzmutter“, eine mächtige Tanne. An die dreißig Meter hoch reckte sie die Krone in den Himmel. „140 Jahre ist sie bestimmt alt“, taxierte der Förster. „Holzmutter“, das ist der rechte Name, wie viele Samen wird sie im langen Leben gestreut haben?
Auch ihr Keimling ist wohl einem Samen entsprossen, der vom Wind in schraubendem Fluge zum Standort getragen worden war. In einem Anflugsdickicht hat sie sich in der Jugend behaupten müssen. Ich kannte ein solches in meiner Heimat; die Gredwische zum Fußabstreifen und die Zweige für die Backofenbesen haben wir dort geholt, und auf allen vieren mußten wir uns im Herbst hindurcharbeiten, um zu den Steinpilznestern zu kommen.
Generationen von Menschen sind gekommen und gegangen in der Lebenszeit der tannenen Holzmutter. Friedenszeiten und Kriegsjahre haben gewechselt, feindliche Flieger mit Bombenlast sah sie Kondenzstreifen ziehen, zuvor auch das silbern glänzende Luftschiff. „Ehehalten vom Gschaider Bauernhof haben sich eine Schaukel an ihr aufgehängt“, so erzählt der Schwinghammer.
Laue Auswärtstage und Kuckucksruf hat sie erlebt, die Holzmutter, sengende Hochsommertage, tosenden Herbststürmen hat sie Stand gehalten mit der tiefreichenden Kernwurzel, klirrende Winterkälte ließ sie erstarren. Die Drossel kam geflogen, wetzte den Schnabel, mit dem sie zuvor einige Mistelperlen gepickt hatte und legte den Keim für diese Halbschmarotzerpflanze. Viel hätte sie zu erzählen, die Holzmutter, könnte sie nur reden. –
Doch jetzt warf der Paul die Motorsäge an, die Fallrichtung des Baumes war schon ausgemacht. Anschwellendes Knattern – Sägespäne sprühten– die Fallkerbe war geschnitten. Der Paul setzte sich hinein und visierte nochmals die Richtung, denn es ist Holzfällers Ehrgeiz, den Baum in genau vorbestimmter Richtung zu werfen. Eine Auskerbung nach rechts brauchte es noch. Nun wurde die Sägekette an der Gegenseite des Stammes angesetzt, der Motor ratterte auf Hochtouren. Der Heri trieb einen Keil in die Schnittkerbe, der mächtige Stamm erzitterte, der Krotzn (Wipfel) begann zu wanken. Ein letztes Aufheulen der Säge, die Holzmutter ging in Neigung, die zwei Männer

sprangen zur Seite, ein gewaltiges Rauschen, die Äste gleich Fahnen gegen die Fallrichtung flatternd, ein donnernder Aufschlag. „Geraten hats!“ stellte der Paul fest. Der Schnittdurchmesser beinahe ein Meter, wer wollte die Jahresringe alle zählen! „Sechs Kubikmeter wird sie messen“, schätzte der Forstwart, „ein schöner Lattenbaum!“

Ein ganzes Bündel buschiges Geäst mit silbrigen Nadeln brach ich mir ab – eine noch gesunde Tanne, trotz landesweitem Tannensterben –, ein paar Mistelbäumchen nahm ich auch noch mit. Sie würden den Weihnachtsstrauß bestimmt verschönern. Mir fiel der Schneiderbauern Franz in meiner Kinderzeit ein, der zusammen mit dem Haider mit Steigeisen die Bayerwald-Tannen erkraxelte und die begehrte Heilpflanze herunterholte, den Zentner zu 6 RM. Wenn sie keine Sprüchbeutel waren, dann haben sie sich wie die Eichkätzel an den Gipfelästen der Tannen von einem Baum zum andern gezogen.

Aufwärtsstehende Stiele von Tannenzapfen fand ich an den Zweigen. Die Samen waren bereits entflogen, die „Holzmutter“ hatte zu Lebzeiten dafür gesorgt, daß ihre Art weiterleben wird. Mit diesem eigentlich tröstlichen Gedanken machte ich mich auf den Heimweg, nachdem ich noch einen Blick auf den tannenen Stock geworfen hatte. Er wird nicht dreimal warm machen wie einstmals beim Ausstocken, sondern fruchtbaren Boden liefern. Das Tannenbündel auf dem Rücken, den harzigen, würzigen Duft in der Nase, so zog ich los. –

Von der Zimmerwärme ausgedorrt, so habe ich nun die Weihnachtszweige in den Ofen gesteckt. Qualmender Rauch und knisterndes Feuer in der Schüre, im Raum herber Duft, er erinnerte an den Backofenbesen meiner Mutter, wenn sie damit die glutheißen Backofensteine vor dem Broteinschießen fegte.

Zu fällen einen schönen Baum
brauchts eine halbe Stunde kaum.
Zu wachsen, bis man ihn bewundert,
braucht er, bedenk' es, ein Jahrhundert!
(Eugen Roth)

Hurra, Kohlenferien!

Im strengen Kriegswinter 1942 war es. Wir zogen vom Internat durch die enge Altstadtgasse zum Gymnasium. Der mächtige Bau mit seinen dachlosen Fassaden, ein ehemaliges Jesuitenkolleg mit anschließender Studienkirche Sankt Michael, er steht quer und schließt die Gasse ab. Der Gang hin, mit Schulbücherschwere belastet, mit Angst vor Schulaufgaben in Latein, Griechisch oder Mathe, nie sicher vor Extemporalien, vor Abfrage-Sechsern, der Rückweg, beschwert mit Hausaufgaben, mit der Sorge um die Note der geschriebenen Probe, so ging es von Montag bis Samstag.
Auch an diesem schneidend kalten Spätfebruar-Montag durchschritten wir das breite Portal, kamen vorbei an der Wohnung des Pedells, erstiegen die breiten steinernen Treppen, wandelten den marmorbelegten Gang entlang, vorbei an den tiefen Fensternischen zum Innenhof hinaus an der einen und den breiten Klaßzimmerportalen an der anderen Seite, an den Wänden fast lebensgroße Porträts einstiger Potentaten. Wir erreichten unseren Unterrichtsraum. Frostige Kälte schlug uns entgegen. Die Heizkörper unter den steinernen Fensterbänken waren alle kalt. Wir mutmaßten, die Heizung könnte kaputt sein und setzten uns mit den Mänteln auf unsere Plätze. Der Lateinlehrer – Benesch mit Spitznamen (nach dem tschechischen Staatspräsidenten Beneš) – ein gefürchteter Mann mit hoher Statur und dicker Brille im Gesicht, betrat das Klassenzimmer. Das Abfragen der erlernten Vokabeln begann. Doch bald störte Freudengeschrei von außerhalb den strengen Unterricht. In gleichmäßigen Abständen rückte dieses näher. Da klopfte es an unsere Tür. Der Klassenprimus öffnete, draußen stand der Pedell, wie wir den Hausmeister mit Schnurr- und Spitzbart nannten. Er reichte ein Zirkular des Direktors herein. Der Benesch las den Text vor: Im Kampf des deutschen Volkes um den Endsieg sei es nötig, daß Kohlen in erster Linie für den Transport von Soldaten und Kriegsmaterial verwendet würden – die Züge wurden zur damaligen Zeit fast ausschließlich von Dampfloks gezogen –, der Kohlevorrat der Schule sei aufgebraucht. Sie müsse deshalb vorerst für eine Woche geschlossen werden. Die Schüler sollten zu Hause eifrig repetieren und

sich präparieren, die ausgefallene Schulzeit werde von der Sommervakanz abgezogen und der Unterricht nachgeholt.
In unserer jugendlichen Kurzsichtigkeit wäre uns auch zum Jubeln gewesen, wir verkniffen es uns aber in Anwesenheit des Benesch, denn dieser hatte eine verärgerte Miene aufgesetzt. Ob sie echt war und wirklich von der Sorge um das Schuljahresziel getragen, konnten wir nicht ergründen.
Kohlenferien, freie Tage mitten im Trimester, waren uns Schülern recht willkommen, und wer dachte schon daran, daß der Jahresstoff trotzdem bewältigt und die Tage nachgeholt werden mußten, und daß eine sich anbahnende Tragödie Verursacherin war.
Wir verließen geordnet den Raum, aber gleich draußen brach Freude los. Schnell war im Internat gepackt, und es ging zum Bahnhof. Kalt und verlassen stand das Schulgebäude da. Und dann saß ich im Zug, der, eine rußende Dampf- und Rauchwolke ziehend, durchs Donautal aufwärts pustete, vorbei an verschneiten Gehöften und Dörfern.
Obwohl schon das dritte Kriegsjahr angebrochen war und zu Lande, auf den Weltmeeren und in der Luft die Kämpfe immer heftiger wurden, in der niederbayerischen Heimat ging es noch verhältnismäßig friedlich zu. Freilich hatte der „Heldentod" schon in einigen Familien Lücken gerissen. Die Versorgung der Menschen mit dem Lebensnotwendigen war noch gewährleistet, der Unterricht gehörte scheinbar nicht unbedingt dazu. Siegesmeldungen hatte es bisher aus Zeitung und Radio gegeben, der Wendepunkt des Krieges war noch nicht erreicht. Mein Vater hatte den Polenfeldzug mitmachen müssen, war aber unversehrt heimgekehrt und seines Alters wegen entlassen worden. – Diese Überlegungen gingen mir auf der Fahrt durch den Kopf.
Osterhofen war für mich Endstation, ich begab mich zur Post, wo das Postauto für die Strecke zu meinem Pfarrdorf bereit stand.
Der Breinbauer, ein mir längst bekannter Postautolenker, hatte gerade das Wagendach erklommen und füllte einen Sack Stöckelholz in den Holzgasofen. Das Postauto war gut besetzt, auch einige Leute aus der Heimatpfarrei waren darunter, sie wollten von mir den Grund meiner Heimfahrt wissen. Der rote Postwagen brachte uns vom Donau- ins Vils- und Kollbachtal. Die Landstraße war vereist und holperig. Gegen vier Uhr nachmittags hielten wir vor dem Postwirt im Pfarrdorf. Ich nahm meinen Koffer und machte mich auf den gut einstündigen

Kirchen- und Schulweg heimzu. Die Freude, wieder nach Hause zu kommen, ließ die zunehmende Kälte kaum spüren. Vom Schmiedhuberberg aus sah ich es liegen, mein Daheim, schon etwas in Hornungnebel gehüllt – jeder Hornung-Nebel bringt in hundert Tagen einen Wetterregen. Obwohl ich die letzte Anhöhe hinauf meinen Koffer mehrmals von der einen Hand in die andere wechseln mußte, kam Müdigkeit nicht auf. Und nachher stand ich in der heimeligen Stube mit der niederen Balkendecke. Es gab freudige, überraschte und neugierige Begrüßung von der Mutter und meinen Geschwistern. Der Vater kam bald darauf in Überjoppe und Filzstiefeln aus Emmersdorf zurück. Er hatte dort Besorgungen gemacht und trug auf dem Rücken am Hacklstecken ein neues Pflugrad. Sicher freute auch er sich über meine unverhoffte Heimkehr, aber seine Freude war überschattet von der sorgenden Frage: Was wird uns dieser Krieg noch alles bringen?
Die Mutter werkelte in der Kuchl draußen, um dem unverhofften Heimkehrer Pfannkuchen herauszubacken. Der Großvater hatte sich schon in der Oberen Stube zu Bett begeben und durch die Balkendecke meine Heimkehr mitbekommen. So klopfte er bald mit seinem Hacklstecken. Ich ging zu ihm hinauf. Der Sägmehlofen glühte, und es war bachelwarm in der Austragsstube. Die Großmutter lebte nicht mehr, und die Leute im Haus hatten wenig Zeit, so plagten Langeweile und Sehnen nach Unterhaltung den Großvater. Ich erzählte von meiner Studienstadt Passau und seine Augen leuchteten auf, hatte er doch einst dort in der Nikola-Kaserne seine Militärzeit abgedient.
Kohlenferien, gemütliche Tage, obwohl der Vater streng darauf drängte, daß vormittags die Bücher zur Hand genommen und Vokabeln gebüffelt wurden, meine beiden Brüder mußten ja auch zur Schule gehen. Es blieben nachmittags noch einige Stunden, um mit ihnen am Schlittenberg herumzutollen. Und erst die Hoagartenabende in der Stube beim wärmestrahlenden Kachelofen!
Die Großmutter hatte uns früher einmal die Geschichte vom Untergang des Schlosses Guteneck erzählt. Ich hatte im Internat bei der Theatergruppe mitgespielt und so hinter die Kulissen schauen können. Das Stückl in Kurzfassung war bald geschrieben. Auf großem Packpapierbogen entstand mit bunten Kreiden die Schloßansicht. Mit Geschwistern und einigen Nachbarsbuben wurde inszeniert. Die Küche war der Bühnenraum, der Türrahmen der Durchblick, eine Tischdecke der Vorhang und die Stube der Zuschauerraum. Die Zuschauer, die

Leute unseres Hauses und einige Nachbarn, waren nicht verwöhnt, und der Burgbrand – entzündete Zeitungen auf der blechernen Kehrschaufel vor der Anricht – recht imposant.
Viel zu schnell verging die Kohlenferienwoche, der Reisekoffer wurde wieder gepackt, und die Mutter verstaute darinnen einen Kuchen, den sie unter Aufbieten ihrer ganzen Kochkunst gebacken hatte. Das mittägliche Abschiedsmahl – Geselchtes mit Kraut und Brotknödeln – sonst ein Schmankerl für meinen Gaumen, es mundete nicht mehr recht. Da kam der Wirtslöisl von der öffentlichen Telefonstation Habach herein und überbrachte die Nachricht, die Kohlennotvakanz sei noch einige Tage verlängert worden. Der Kuchen wurde ausgepackt und als Nachspeise angeboten. War mein Appetit zuvor durch Abschiedsstimmung beeinträchtigt, so überließ ich jetzt meinen Anteil vor lauter Freude gerne den Geschwistern.
Am Aschermittwoch war es aber dann soweit. Zusammen mit meinem Vater und unserm Nachbarn, dem Ziegler, stapften wir in aller Herrgottsfrühe los und gingen querfeldein in Richtung Bahnstation Aldersbach. Es war ein finsterer, rauhreifiger Wintermorgen – meiner Stimmung angepaßt. Die beiden Männer fuhren mit der Eisenbahn zum Aschermittwoch-Viehmarkt nach Vilshofen mit. Da ich dort Aufenthalt hatte, ging ich mit zur Donaulände: Reihenweis standen sie da, Rinder und Waldler-Ochsen und warteten auf einen Käufer und neuen Stallplatz. „Nötig“ hatten es die Händler. Ja, wie sich manches so ändert auf der Welt! Aschermittwoch in Vilshofen, einst Viehauftrieb, später Stelldichein der Politiker ...
Gegen Mittag zu kehrten wir bei der Postwirtin ein und aßen einen Teller „Züngerl“. Wie hätte mir das in anderer Situation geschmeckt! Der Zug aus Regensburg brachte mich sodann nach Passau: Winterdüstere Gassen, schmutzige Schneehaufen an den Rändern! Harte Schultage folgten, und für die Kohlenferienfreude mußte jetzt mit noch mehr Lernen bezahlt werden. Was kostet nicht seinen Preis auf dieser Welt?

’s Strickemachen

Hausen und Sparen, das war einst ein wichtiges Gebot, als der Landwirt noch Selbstversorger war, vieles selber „machelte“ und nur wenig zu kaufen brauchte. Die Einnahmen waren, besonders bei den kleineren Anwesen, ja meist gering.
Vor etwa fünfzig Jahren kam zur Dreschgarnitur, bestehend aus Dampfmaschine und Dreschwagen, die Strohpresse. Damit wurde die Arbeit im „Rauchloch“, die alle Drescher „schichen“, abgelöst. Die Rüttler des Dreschwagens beutelten das ausgedroschene Stroh in die mit Treibriemen angeschlossene Presse, diese bündelte, band und schob es hoch. Der staubigste Arbeitsplatz war damit von der Maschine ersetzt, und einige Drescher wurden eingespart.
Wenn wir nach dem Einbringen der Ernte den „Dampf“ heranpfeifen hörten, jeden Tag ein Stück näher, so besorgte mein Vater beim Seiler in Arnstorf die Preßgarnknäuel. Die handlichen Preßstrohbündel brauchten nur noch aufgeschnitten werden und das Vieh im Stall bekam sein Lager. Die Garnstücke wurden gesammelt und an einem Haken in der Strohscheune aufgehängt.
Ich weiß nicht, woher die Idee kam: Der Loher Sepp, unser „gewandter“ Zimmerer, hatte wohl dem Seiler bei der Arbeit über die Schulter geschaut und aus Holz zwei Seilermaschinen gebaut. Die erste war ein fahrbares Holzgestell mit einer Kurbel und Haken daran. Die zweite bestand aus einer Art „Fürbank“ mit stehendem Brett in der Mitte. Darin konnten vier Kurbeln mit Haken, gekoppelt mit einem vierlöcherigen Brett, gleichzeitig gedreht werden. Der eine „Seiler“ stand, der andere konnte seine Arbeit im Sitzen verrichten. Die „Strickmaschinen“ waren fertig. Im Winter, wenn es keine Feldarbeit gab und Verrichtungen in der Stube wie Besenbinden und Säckeflicken gefragt waren, gingen die Strickmaschinen von Haus zu Haus wie im Herbst der Krauthobel.
Der Bedarf an Stricken war groß in einer Zeit, in welcher noch Pferde, Ochsen oder Kühe eingespannt wurden. Mußten die Stricke bisher beim Seiler gekauft werden – manche tauschten Hanfknäuel dafür –, jetzt konnten sie selber fabriziert werden.

Im Winter, wenn es draußen grisgramte und wetterte, wurde zur Vorbereitung das Preßgarn gebunden. Einer schnitt die Knoten ab, ein anderer verband die Stücke mit dem Weberknoten, der dritte wickelte zum Knäuel auf.

Es war an einem Schlankltag im Februar: Die zwei Strickmaschinen standen in unserer Stube. Unsere Nachbarn, der Ziegler und der Wieser, waren je mit einem Sack voller Schnurknäuel zu uns gekommen, und auch wir hatten etliche hergerichtet. So stand heute Stubenarbeit an und zugleich ein winterlicher Hoagarten. Ein Krug Birnenmost auf dem Tisch fehlte nicht. Je nachdem ob es ein Maulkorbstrick, ein Kälberstrick, ein Zugseil (für Ochsengeschirr) oder ein „Woarer" (Leitseil) werden sollte, mußten die beiden Maschinen in den nötigen Abstand gebracht werden. Der Vater spannte das Garn über die Haken von der Bank zur Stehmaschine. Die Stärke des Strickes regelte er mit der Zahl der Garnlängen. Jetzt drehte der eine „Seiler", der Ziegler, auf der Sitzbank an der Viererkurbel, dabei spannen sich vier Schnüre. Mein Vater prüfte die Festigkeit und gab sodann dem zweiten „Seiler", dem Wieser, das Kommando. Er drehte entgegengesetzt seine einzige Kurbel. Die vier Schnüre verspannen sich jetzt zum Strick, der Vater bremste mit einem vierfach eingekerbten Holz, auf daß der Strick ja fest wurde. Der Abstand der beiden Maschinen verkürzte sich dabei etwas, und der Wieser wurde auf den kleinen Holzrädern in Richtung Ziegler gezogen. Nachbarliches Zusammenarbeiten, nachbarliches Zusammenkommen! Mit einer brennenden Kerze durften wir Kinder die abstehenden Sisalfasern abbrennen, der Vater nahm den Strick ab, band die Schlaufe am Ende und fertig war ein selbsterzeugtes Produkt. Die Knäuel wurden schnell kleiner, der Strickehaufen am Boden größer. Akkordarbeit war es aber bestimmt nicht. Immer wieder wußte einer etwas zu erzählen, die Kurbeln standen still und wir Kinder horchten eifrig zu. Der Vater aber forderte die „Seiler" auf: „Trinkts wieder amal!", was fleißig befolgt wurde.

Frühzeitig brach die Dämmerung und damit die Stallgehzeit herein. Mit Preßschnurknäuel waren sie gekommen, mit einem Pack Stricke zogen sie ab, unsere Nachbarn. „Stricke grad genug und stark genug, auch zum Aufhängen, wenn es sein müßte!" lachte der Ziegler bei der Tür hinaus. Ich erinnere mich, unsere „Seiler" schreckten auch nicht davor zurück, Heuseile von sechs und acht Metern Länge und einer entsprechenden Stärke zu fabrizieren.

Mit der Technisierung in der Landwirtschaft kamen die Traktoren, die Zugtiere verschwanden, Stricke, Zugseile, Leitseile, sie werden nicht mehr gebraucht, und die Strickmaschinen sind längst verheizt. Auch der Beruf des Seilers ist ausgestorben, er hat sich wohl um andere Arbeit und andere Geschäfte umgeschaut. An meiner Kellertreppe aber hängt als Handlauf noch ein Heuseil aus der Strickemacherzeit.

Die Seuche im Stall

„Gott segne Ackerbau und Viehzucht!“ war auf unseren Getreidesäkken aufgedruckt, in denen Roggen und Weizen zur Emmersdorfer Mühle und schwarzes und weißes Mehl heimzu gefahren wurde. Mein Vater, ein Landwirt mit Leib und Seele, war sich bewußt, daß gut gemästetes Vieh entsprechenden Preis kostete, aber er war auch ein großer Tierfreund. Oft sahen wir ihn mit dem Futterkörbel oder dem Trankeimer gehen. Er gab dem Rappen noch einige Handvoll Hafer, „klaubte“ einer Kälberkuh mit Getreideschrot „zu“, oder steckte den abgenommenen Kälbern würziges Heu auf. Einmal „weiste“ er sogar ein besonders prächtig geratenes, bunt geflecktes Kuhkalb in die Stube, um es seiner Mutter, unserer Großmutter, welche gehbehindert im Sessel saß, vorzuführen, zum Entsetzen meiner Mutter. Ich beobachtete auch, wie er im Stall Kälbchen streichelte und um den Hals nahm. Mochte es noch so pressant mit der Arbeit draußen sein, das Striegeln und Bürsten der Rinder war regelmäßige Pflicht. Und sicher mit gewissem Stolz zeigte er sein Vieh verwandtschaftlichem Besuch, welcher mit „Glück im Stall“ eintrat. Und weil er wußte, was es für „Malizen“ geben konnte, bedankte er sich mit einem „Vergelts Gott“.
Es war im Februar. Der Vater hatte den Futterboden gefüllt und öffnete das Absperrgitter. Gegen alle Gewohnheiten kamen die Rinder nur allmählich hervor, rochen am Futter herum und verschmähten. Als gar noch Schaum aus den Mäulern der Kühe hervorkam, eilte mein Vater zum öffentlichen Telefon nach Habach und rief in böser Vorahnung unseren Tierarzt in Eichendorf an. Dieser kam bald darauf mit seinem Auto – für uns Kinder ein Erlebnis – und stellte fest: Maul- und Klauenseuche! Der Vater schrak zusammen, die Mutter jammerte: „Warum muß gerade uns das Unglück treffen, wo weit und breit kein Seuchenfall bekannt ist?“ Noch vor dem Abend traf der Bezirkstierarzt aus Eggenfelden ein, impfte die Tiere und ordnete strenge Schutzmaßnahmen an. So waren an den Zufahrten zum Hof Warnschilder anzubringen „Vorsicht, Maul- und Klauenseuche, Sperrgebiet!“. Der Vater erhielt veterinärmedizinische Anweisungen für die Behandlung und Fütterung der Tiere. Meine Schwester, der Bruder und ich, alle

drei Schüler der Volksschule Pörndorf, bekamen für zwei Wochen Schulgehverbot. Am nächsten Morgen wartete ich an der Straße bei der Kapelle auf meinen Schulfreund, den Wieser Hansl, und übergab ihm auf einem desinfizierten Teller das Schreiben des Amtstierarztes an den Hauptlehrer. Der Hansl war etwas traurig, vielleicht auch ein wenig neidisch auf uns Nachbarskinder.

Unser Hof und alle Inwohner darin waren nicht wie manchmal durch Schneewehen im strengen Winter, sondern durch amtliche Quarantäne von der Umwelt abgeschnitten. Gerade gut, daß wir Selbstversorger waren. Nur der Ziegler, Nachbar und treuer Hoagartengast, er rumpelte eines Abends an die Haustüre. Der Vater öffnete. Als er den Gast sah, wechselten auf seinem Gesicht Erschrecken und Freude. „Ich hab keine Angst, sehen tät ich die Viecher gern", meinte der Ziegler. Der Vater gab ihm vorsichtshalber nicht die Hand und öffnete die Tür. Der Rinderstall lag ja im Haus und war durch die Flöz zu erreichen. Nach einem Zeitl kamen beide in die Stube, es wurde ein wenig dischkuriert, dann wollte der Hoagartengast, für den nachbarliche Freundschaft höher stand als amtliche Verbote, wieder heimzu. Die Mutter brachte Desinfektionslösung, er wusch darin seine Hände und die Holzschuhe, mit welchen er den Stall betreten hatte. Keines der Nachbaranwesen wurde von der Seuche erfaßt, auch nicht der Hof des Zieglers, die nachbarlichen Bande zu ihm aber waren noch fester geworden.

Viel Zeit wurde in den Tagen der Seuche im Stall aufgewendet. Die Tiere bekamen jedmögliche Pflege, bestes Futter wurde ihnen zugesteckt. Auch wir Kinder waren dabei, suchten besonders weiche Heubüschel zusammen und steckten sie den Kühen ins Maul und allmählich kam bei ihnen wieder die Freßlust. Auch die entzündeten Klauenansätze heilten ab. Keines der Tiere verendete. Sie wurden an die frische Luft geführt, hinein in frisch gefallenen Schnee. Der Loher hat, wie wir später erfuhren, darüber gemurrt. Fürchtete er doch, bei der Schneeschmelze könnte die Seuche zu seinem Anwesen, das unterhalb von unserm lag, hinabrinnen. Es ist aber nicht passiert.

Nach einigen Wochen kam der Amtstierarzt noch einmal und gab Entwarnung. Wir mußten wieder zur Schule stapfen, Postbote und Brotträger durften unser Haus betreten, und allmählich kamen auch die Nachbarn zum Hoagarten, der Ziegler als erster.

Mattheis bricht's Eis

Mattheis bricht's Eis, hat er keins, so macht er eins!

So verheißt und droht zugleich die Bauernregel am 24. Februar.
Die Kalenderstelle seines Namenstages, Ende des Monats Februar, und die Erfahrungen der Bauern haben dem heiligen Matthias diesen Spruch eingebracht.
Eis, Natureis, das war einmal wichtig für den Menschen, bevor die Kühlhäuser, Kühltruhen, Kühlwägen und Kunsteisbahnen erfunden wurden.
Wollten die Wirte an heißen Sommertagen kühles Bier ausschenken, so mußten sie an grimmigen Winterzeiten das Eis ernten und in den Eiskeller bringen, wo es zerstampft wurde und zu einem Klotz gefror, der bis zur nächsten Ernte herhalten sollte. Ich denke zurück, daß in Jahren, in denen der Winter recht lasch sein Regiment führte, Eisfuhren aus dem Bayerischen Wald geholt werden mußten. Dann kam es aber auch vor, daß wochenlang selbst schwerste Fahrzeuge über die zugefrorene Donau fahren konnten.
Der damals wohl einzige Wintersport der Bauernmannerleute an den Schlankltagen war das Eisstockschießen auf den zugefrorenen Weihern und Altwässern. Und man konnte sich ein Jahr lang darauf freuen, weil es ja die Asphalt-Dauerbahnen von heute noch nicht gab.
Freilich, alte, gebrechliche Leute hofften mit dem Mattheis-Sprüchlein. Und das taten bestimmt auch die Fuhrleute. Obwohl die Pferde für eisige Winterstraßen spitzige Stollen an die Hufeisen bekamen, konnte es vorkommen, daß ein Pferd stürzte. Bei Emmersdorf habe ich das als Bub einmal gesehen. Der Baumann redete dem auf dem Eis liegenden Roß gut zu und streichelte es. Dieses versuchte auch immer wieder hochzukommen, aber ohne Erfolg. Ganz verängstigt war es. Da brachte ein Bauer, welcher in der Nähe seinen Hof hatte, einige Strohbündel. Die Straße wurde damit ausgelegt, und das Tier, damit vielleicht an das Stallager erinnert, kam mit einem Schwung hoch. Baumann und Pferd schnauften auf.

Wenn ich heutzutage sehe, was in Fachgeschäften für den Eissport an Kleidung und Ausrüstung angeboten wird, so erinnere ich mich, wie armselig es da ausgeschaut hat in meiner Kinderzeit. Und doch sind wir auch selig gewesen, wir Schulkinder in der großen Mittagspause an einem Hochwintertag. Das Herbsthochwasser hatte die „Schindergrube", eine Vertiefung in den Kollbachwiesen draußen, welche von einer ehemaligen Abdeckerei stammte, randvoll mit Wasser gefüllt gehabt und schneidiger Hornung-Ostwind eine spiegelglatte Eisdecke darübergezogen. Unsere Schlittschuhe, das waren neue Holzschuhe mit einigen Parasolstangeln auf den Sohlen. Um die Wette ist es gegangen beim „Schliefatzn" (auf dem Eise schleifen).
„Aus da Bahn, wer an Glaubeangott nöt kann!" hat der Dannerbauern Luggi gschrien. Jeder wollte der schnellste sein, um am weitesten zu kommen. Stürze und blaue Flecke hat es gegeben, und beinahe hätten wir den Dreiviertelzwölfschlag der Kirchturmuhr überhört. Im letzten Augenblick sind wir zur Schulstubentür hineingeschlüpft. Der Hauptlehrer ist schon dagestanden und hat grantig geschaut. Wir aber haben uns auf die nächste Mittagspause gefreut.
Wurde bei winterlichen Hoagarten von tragischen Begebenheiten erzählt, so kam auch das Unglück mit dem Dambeck Wigg auf den Tisch: Die Pörndorfer Wirte hatten am Wehr der Mühle ihr Eis geerntet. Der gestaute Bach war aber schon wieder mit einer, wenn auch dünnen Eisdecke überzogen. Die Schulbuben waren in der Mittagspause draußen bei der Kollbach. Welche Schüler wollten sich nach mehrstündigem Sitzen auf der Schulbank nicht austoben! So geschah es auch. Einer zog dem Dambeck Wigg die Wollhaube vom Kopf und warf sie auf das Kollbacheis. Ganz spontan wollte dieser sie holen, und lief auf das Eis. Einige Schritte, und er brach ein und versank in dem eisigen, tiefen Wehrsee. Starr vor Schrecken standen die Schulbuben da. „Hilfe" wurde geschrien und nach den Müllner Knechten gerufen. Mit Stangen holten diese den Buben heraus. Hilfe gab es nicht mehr.
Noch heute steht es in den Lehrplänen: Warnung vor dem Eis auf zugefrorenen Bächen, Weihern und Seen!

Frühlingslied.

Leicht bewegt. Volksweise.

DER FRÜHLING

An Kunigund werds warm von unt! sagt die Bauernregel. War zu Lichtmeß der Tag schon um eine Stunde gewachsen, so ist zu Frühlingsbeginn Tag- und Nachtgleiche, und die Zunahme des Tages erkennt man besonders auf die Nacht zu.

Pflanzen, Tiere und der Mensch, sie streben auswärts zu, hoffen einem fruchtbaren Jahr entgegen. Die Südhänge sind die ersten, welche die Auswärtssonne abtrocknet.

Und an Benedikt acht wohl, daß man den Hafer säen soll! Die ausgerasteten Felder warten auf die Frühjahrssaat, im Hausgarten sät die Bäuerin Radieschen, und die Salatpflänzchen im Mistbeet kommen hervor unter der Märzensonne.

Lerchen steigen aus den Kornfeldern und trillern zum blauen Himmel empor. Der Kater schleicht der Kätzin nach, und wer sich am ersten oder letzten Märztag foppen läßt, der wird als „Märzenkater" verspottet. Der Schäferer treibt über die abgeaperten Wiesen, und Schaflämmchen – erst etliche Tage alt – springen und schreien der Mutter nach.

Zu Mariä Verkündigung kehren die Schwalben um. „Muttergottesvögel" werden sie benannt, kommen sie doch an einem Frauentag und sie verlassen uns zu Mariä Geburt.

Im oft recht launischen April wird der Erdäpfel- und Rübenacker bestellt.

Die Wiesen beginnen zu grünen, am steinigen Weg leuchten die Sterne des Huflattichs. Am Bach unter den noch unbelaubten Sträuchern blühen Schlüsselblumen, und die Buschwindröschen wiegen sich im lauen Frühlingslüfterl. Der Haselnußstrauch hat längst gestäubt, und die Palmkätzchen sind schon Ende Februar aus der schützenden Hülle geschlüpft. Sie überziehen sich jetzt mit gelbem Blütenstaub. Die Buben haben zuvor den Palmbuschen für den Palmsonntag geschnitten.

Das Osterfeuer weiht die Erde, und die Kinder probieren das Barfußlaufen. Ihre Fußsohlen, den ganzen Winter in Strümpfen oder Socken gesteckt, sie müssen sich erst wieder an die rauhen Wege gewöhnen.

Auswärts, die Natur ist kaum mehr zu bremsen, und sie strebt mit der steigenden Sonne einem neuen Wachstumsjahr entgegen.
Die Knospen an den Bäumen schwellen, der Wald stäubt, Blüten brechen auf. Auch der kranke Mensch schöpft Hoffnung, und alles feiert zu Ostern mit Christus Auferstehung.

MÄRZ

Lenzing – Frühlingsmond

Märzenschnee tut den Saaten weh!
Märzenstaub bringt Gras und Laub.

So viel Nebel im Märzen steigen,
so viel Wetter im Sommer sich zeigen.

Ein richtiger März soll kommen wie ein Löwe
und gehen wie ein Lamm!

Ein heiterer März erfreut des Bauern Herz!

Märzen-Ferkel und Märzen-Fohlen,
haben alle Bauern wollen.

Wenn es Kunigunden friert,
sie's noch vierzig Nächte spürt.

Gregor zeigt dem Bauern an,
daß im Feld er säen kann.

Sonniger Gertrudentag
Freud dem Gärtner bringen mag.

An St. Benedikt acht wohl,
daß man Hafer säen soll.

Honigernte

Im Monat März ist Tag- und Nachtgleiche und Frühlingsbeginn, der Lenz hält seinen Einzug. Der Star ist zurückgekommen, er hat die Winterquartierler, ein Spatzenpaar, aus seinem Haus geworfen. Jetzt sitzt er auf dem Stangel, läßt sich von der Märzsonne bescheinen, und sein Gefieder schillert in vielen Farben.
Das Dirndl meidet die Sonnenstrahlen, es möchte ja keine „Märzenscheckerl“ (Sommersprossen) im Gesicht bekommen.
Frühlingsblütler wie Schneeglöckchen, Huflattich und Gänseblümchen räkeln sich in der Wärme. Die geschlüpften Palmkätzchen setzen gelben Blütenstaubflaum an, und die Bienen machen den ersten Ausflug zu ihnen.
Der Bauer lebte einst unter einem Dach mit den „Impen“ (Bienen). Auf dem langen Schrot des Obergeschosses unter dem weit vorgezogenen und schützenden Vordach standen die Bienenstöcke. Die aus Stroh kunstgerecht geflochtenen „Fassl“ mit Flugloch und die aus Brettern gezimmerten Untersätze – bei großen Völkern bis zu drei – waren die Behausung. Zu Lichtmeß wurde der Korb gerückt: „Imp, Lichtmeß is!“ Der Spender von Wachs und Honig hatte hohen Rang.
So schrieb ich im Aufnahmeprüfungs-Aufsatz für das Gymnasium zu Passau mit dem Thema „EinTier, das ich liebe“ über dieses Insekt, welches auch bei uns daheim auf dem Schrot Quartier hatte.
An einem windstillen Märztag dachte der Imker damals an Ernte, obwohl sonst Zeit der Saat war. Es ging ans „Impenbrechen“. Auf der Waschbank wurden die Untersätze und Körbe vorsichtig gestürzt, mit „Heusamrauch“ wurden die daheimgebliebenen Bienen zurückgetrieben und die mit Honig gefüllten und abgedeckelten Waben mit Messer und einer Spezialzange „herausgebrochen“. Dabei handelte es sich um Überschuß des Wintervorrates, welchen die Impen im Jahr zuvor mit Fleiß gesammelt hatten. Der Vorräte beraubt, sollten sie sich jetzt im Frühjahr gleich wieder an die Arbeit machen. Mit Imkerei nach heutiger Methode hat das bestimmt wenig zu tun. Doch auch damals gab es reiche und magere Honigernten. Auf dem Küchenherd wurden bei zahmem Feuer die Honigwaben ausgelassen, Honig und Wachs

voneinander getrennt. Wir Kinder haben uns gefreut auf das Impenbrechen. Ein rarer Genuß war es, eine Honigwabe „auszuzutzeln", und eine Scheibe frisches Bauernbrot mit Butter und Honig darauf, das war auch eine geschätzte Köstlichkeit.
„Honig läßt das Blut wachsen!" hieß es. Die Wöchnerin bekam zum „Weisat" und der Kranke beim „Heimsuchen" ein Glasl Honig.
Die Honigernte fiel in die Fast- und Osterbeichtzeit. Obwohl die Christen sich damals streng enthielten in diesen Tagen nach der Reinigung in der Osterbeichte, gegorenen Honigsaft, den Met, in den man eine frische Semmel eintunkte, gewährte man sich schon. Für das Bienenwachs wurden beim Lebzelter Kerzen und Wachsstöckel eingetauscht. Nach dem Impenbrechen blieben die Bienen unbehelligt. Und, „die Impn in Ruhe lassen!" ist ein wichtiges Gebot, meinte der Hecht, ein alter Bienenvater.

Ein Bienenschwarm im Mai ist wert ein Fuder Heu.
Ein Bienenschwarm im Jun' ist wert ein fettes Huhn.
Ein Bienenschwarm im Jul' ist wert ein Federspul.

Kraxentrager und Scherenschleifer

Kraxentrager – Scharenschleifer, hand natürli öizamt do!
Bürstnbinder – d'Lumpnsammler gehngan a nöt oa!
(Aus dem Lied „die böhmisch Musi")

Wenn der Auswärts die „aufgehenden Wege und Straßen" abgetrocknet und wieder gangbar und befahrbar gemacht hatte, so zogen sie los, die Wandergewerbler, und brachten bis in die abgelegenste Einöde alles, was man so zum Leben brauchte.

„Dö frühen Wetter und die Bettelleut kommen neunmal am Tag!" hat man gesagt. Und neunmal klopfte es manchmal an einem Tag an die Stubentür. Das heißt, der „betad Sepp", der hat sich so zweimal im Jahr zu uns daheim hingerieben – meist zur Mittagszeit –, er hat in der Flöz draußen gleich angefangen „Vater unser, der du bist ...", laut genug, daß die Leute in der Stube drinnen es hören konnten. Die Mutter hat ihm ein Überbleibsel vom Mittagessen hinausgebracht. Auf dem Wassergranddeckel oben hat er es sich schmecken lassen, hat ihr etliche Packerl Gewürz verkauft und ein handgeschriebenes Gebet überreicht – ein Gebet bei Viehkrankheiten und Unglück in Haus und Hof, das ganz besonders angreife, da er den Zettel zur Muttergottes von Vilsbiburg hineingetragen hätte, in eine Kirche mit einer besonders hohen Weihe.

Das Angebot von der Sager Franzl ist weniger mit Segen verbunden gewesen, dafür um so reichhaltiger. Die brave und nicht aufdringliche Hausiererin ist etliche Male im Jahr mit Koffer und Schachteln in unsere Stube gekommen und hat sogleich damit angefangen, ihre Waren auf dem Tisch auszubreiten: Kernseife und Haarpomade, Lauskämme, Sterndlzwirn, Druck- und Patentknöpfe, Mottenkugeln, Russenpulver und Hennenringe, Haarwasser und Kampfergeist, Schuhbänder und Spagat, Fürtuchbänder, Spitzen und Hosenträger und sonstiges „Graffelzeug". Wir Kinder, um die Tischplatte postiert, haben auf die Mundharmonien, die Flötenpfeiferl und auf die Schnappmesserl gelurt. Weil aber die Hühner gerade nicht recht gelegt hatten und die Kälberkühe bei der Zeit waren, spürte unsere Mutter keine große Kauflust. „Um an Hauskreuzer wird scho epps oabgehen!“ hat die Franzl gemeint, und so ist es auch gekommen.

Gewartet hat man oftmals schon auf den Thandorfer Kramer. Endlich ist er dahergeschoben mit seinem Fahrradel, hinten und vorne je ein schweres Bündel aufgeladen. Er hat diese – sie waren zum Schutz vor Regen mit Wachsleinwand überzogen – hineingeschleppt und ausgepackt: Fürtuch- und Kittelzeug, Gratl (Inlett) und Polsterüberzüge, Blusenstoff und „pelzbigödan Hemadzeug“ (aufgerauhter Stoff), Sacktücheln und „Schmieserlkrägen“. Er hat angefeilt, die Mutter gehandelt, er nachgelassen, und das Geschäft war gemacht. Nachdem der Kramer seine Waren wieder zusammengepackt hatte, setzte er sich noch ein Zeitl aufs Kanapee und unterhielt sich mit meiner Mutter, die aus der Pfarrei Thanndorf stammte und dort mit ihm zur Schule gegangen war. Zum Schluß zog er seine Schnupftabakdose heraus, nahm eine Prise und sagte dazu seinen Leibspruch auf:

„Wer nicht schnupft und wer nicht raucht und hie und da ein Weiberl braucht, das ist ein Depp, solang er lebt!“

„Brot ist ein guter Gefährte!“ sagt das Sprichwort. Alle vierzehn Tage – drei Wochen hat uns die Mutter eine Brotbacht von zwölf bis vierzehn Laibe beschert. Und doch freuten wir uns auf den Brotträger. Hatten wir Kinder uns einmal von der Sonnenseite gezeigt, fleißig Wasser geschöpft, Holz hineingetragen, auf dem Heustock oder gar unter der Stadelbrücke ein Nest voller Eier entdeckt, so hat die Mutter verheißen: „Ihr kriegt schon epps, wann nächste Woche wieder der Brotträger kommt!“ Und dann ist er endlich bei uns eingekehrt, der Brotmann mit seiner Kirm auf dem Buckel. Nach seinem „Grüß Gott beieinander!“ hat er den Brotbuckelkorb auf den Tisch gestellt, das wachsleinene Schutztuch herunter und die Schachtel mit den Zuckerbrezeln, und Duft ist aufgestiegen: Doppelsemmeln, Spitzel, Laugenbrezen, Salzstangerl – das Wasser ist uns Kindern im Mund zusammengelaufen. Die Mutter hat ihr Versprechen gehalten, und für uns war Festtag.

Vor Dreschtagen, dem Kirta und anderen Festen hat der Brotmann aus Emmersdorf gute Geschäfte gemacht bei seinen Bäuerinnen. Mein Vater, hie und da zum Spaß aufgelegt, hat dem Brottrager nach einer Hausschlachtung ein Stück Fleisch geschenkt mit der Bemerkung: „Da, Brottrager, es ist zwar von einer toten Sau, aber wir essen es auch!“ Am Tag darauf hat mein Vater das Fleischstückel im hofnahen Wald gefunden, weggeworfen. Die Woche darauf bekam der Brotmann ein

Stück Surfleisch und den Rat meines Vaters: „Schneid dir ruhig a Stückl von einer lebenden Sau, wanns geht!"
Jahrelang ist der „Scheimer Sepp", unser Eiermann aus Emmersdorf gekommen. Seine Konkurrenz war die „Heindl Resl", Eierkarrerin aus Pörndorf. Die Mutter hat den Eiersegen gleichmäßig verteilt und auch überall Germ (Hefe) gekauft. Während er Neuigkeiten erzählte, hat der Sepp mit einem Zwirnfaden eine Hefescheibe heruntergeschnitten.
Noch ein Kraxentrager ist jährlich gekommen, der blinde Bürstenbinder von Winzer, sein Sohn hat ihn geführt. Die Kirm war bis oben gefüllt und noch außen behängt mit Kleider-, Wurzel-, Schuh- und Roßbürsten, mit Schrubbern und Handbesen. Er hat seine Ware angefeilt, das Geld entgegengenommen und die Münzen zwischen Daumen und Zeigefinger geprüft. Hätte man ihm nichts abgekauft, wäre er gleich grantig geworden.
Alle Jahr im Auswärts hat der „Wetzstein-Hans" nachgeschaut und seine Sensen und die Scharfmacher dazu angepriesen. Der Vater hat die Sensen, welche meist aus der Steiermark kamen, geprüft und abgeklopft und seinen Bedarf gedeckt. „Da beste Mahder koa nöt, wann d'Sens und d'Schneid' nix taugn!", das wußten alle Mäher, und der alte Peils hatte den Spruch: „Lieaba koa Geld wiea koa Schneid!"
Sensenknittel, Werkzeugstiele und Rechen hat der Rechenmacher mit seinem Steirerwagel verhausiert.
Auch der Hadernlumpensammler ist jetzt mit seinem Wägelchen über Land gezogen, an der Deichsel einen „Wauk" oder „Häuter", welcher zu ihm paßte. Heutzutage wird alle daumenlang eine Altkleidersammlung durchgeführt und haufenweise wird „Gewamps" (Kleidung) abgegeben, kaum etliche Male angezogen, da die Mode etwas Neues diktiert. Hadernlumpen damals aber waren eine rare Sache. Kinderkittel und Türlhosen sind vererbt worden von einem zum andern und zusammengerissen bis zum letzten Lumpen. Die Männer-Montur, erst zum Fest, nachher als Sonntagsanzug, nochmal gewendet vom Schneider, zum Schluß ein Werktagsanzug, und erst, wenn nicht mehr zu erkennen war vor lauter Flickflecken, was der ursprüngliche Stoff war und die besten Stücke noch für Putzlumpen herausgeschnitten waren, gehörte der Rest dem Hadernlumpensammler. Der hat die Hadern in einen Sack gestopft, an die Federwaage gehängt und ein irdenes Haferl oder einen Teller dafür gegeben.

Autos und Teerstraßen und Einkaufscenter sorgten dafür, daß Kraxentrager und Wandergewerbler verschwunden sind. Und doch, wie der Thandorfer Kramer von Jahr zu Jahr buckliger, seine Haare am Kopf immer lichter und grauer geworden sind, und er dann nicht mehr gekommen ist, allen ist er uns abgegangen.

177. Bauerndorf.

1. Mes - ner, der guat läu - ten ko, an Pfle - ger
2. Mai - bam, der weit auf - fi - glangt, an Nacht-wach-
3. Wirt, der flei - ßig gibt Kre - dit und der ins
4. Zim - mer-mann, der net re - bellt, an Schu - ster,
5. Schmied, der d'Röß- sa wohl - feil b'schlagt, an Bur - ga-
6. Bäk - ker a, der all' Tag bacht, und uns die
7. Steu - er - bot'n, der we - ni kimmt, an Schnei-der,
8. Dirn, die zu der Ar - beit taugt und net sechs
9. Bau - ern, der sei Sach' ver - steht, und selm der
10. Metz - ga, der schö lang macht d'Würst, an Mau - rer,
11. Holz und üb' - rall guat'n Grund, und Buam und

1. a, an bra - ven Mo.
2. ta, der Spitz-buam fangt.
3. Bier koa Was - ser schütt'.
4. dem der Draht nie fehlt.
5. moa-sta, der nix sagt.
6. Loa-bln z'kloa net macht.
7. den der Wind net nimmt.
8. Stund' in Spiegl schaugt.
9. Ar - beit a nach - geht.
10. den net all - weil dürst.
11. Madln frisch und g'sund.

Dös braucht ma auf an

1. Bau - ern - dorf, dös braucht ma auf an Dorf.

Junglehrererlebnisse

Was glaubst du wohl, mei liaba Christ,
Wer der geplagteste Mensch auf Erden ist?
Da wird ja wohl die Antwort sein:
„Das arme Dorfschulmeisterlein!"

In 24 Strophen schildert die Ballade vom armen Dorfschulmeisterlein dessen Schicksal in einer Zeit, in der es neben dem Ärger mit den „Bangatn" (ungezogenen Buben) in der überfüllten Schulstube auch noch um den Lebensunterhalt zu kämpfen hatte.
Weil das ihm zustehende Schulgeld gering und oftmals schwer eintreibbar war, mußte es sein dürftiges Einkommen mit Nebeneinnahmen etwa aus einer kleinen Landwirtschaft, aus der Gemeindeschreiberei, der Mesnerei oder dem Organistendienst aufbessern. Es darf aber nicht verschwiegen werden, daß damals der Schulmeister auch Kulturträger im Dorf war und daß aus der Reihe der „Orgel schlagenden Lehrer" manch bedeutender Komponist hervorgegangen ist. – Es kam nicht selten vor, daß schulgeldpflichtige Eltern mit Naturalien bezahlten.
In meiner Junglehrerzeit gab es zwar schon die feste Besoldung durch den Staat – 1948 waren es 250 DM monatlich – aber der Brauch, daß der Lehrer zu bestimmter Gelegenheit und bei entsprechendem Anlaß ein Produkt des bäuerlichen Selbstversorgers bekam, war noch nicht ganz ausgelaufen. Nun ist das Annehmen von Geschenken dem Beamten zwar untersagt, die Ablehnung und Zurückweisung solch „gutsherrenartlicher Gaben" hätte aber schnell schwere Beleidigung des Spenders nach sich gezogen.
Etliche Jahre im Schuldienst und jung verheiratet, da wagte ich es, mich um die Schulleiterstelle einer zweiklassigen Schule in einem niederbayerischen Dorfe zu bewerben. Der Schulrat hatte geraten, das Bewerbungsgesuch persönlich bei der „Hohen Regierung" in Regensburg vorzutragen. Nach zaghaftem Anklopfen und dem darauf folgenden „herein" einer tiefen Baßstimme näherte ich mich bis auf gebührende Distanz dem Regierungsschulrat weit vorne am Fensterschreib-

tisch. Mein Ersuchen war überlegt formuliert und gut eingelernt. Der Gebetene zog an seiner Zigarre, und der Bittsteller vernahm aus der Rauchwolke kommend die Frage: „Waren Sie schon im Bayerischen Wald?“ Beinahe wie aus dem brennenden Dornbusch der Bibel klang das! Als ich niedergeschlagen verneinen mußte, wurde beschieden: „Dann kaufen Sie sich ein Paar Schier!“ Die Audienz war zu Ende. Acht Tage später schon wurde per Regierungsschreiben die Stelle zugesprochen.

Beim Einzug fragte mein Vorgänger, der zum Hauptlehrer einer größeren Schule aufgestiegen war, ob wir einen Surzuber (Pöckelfleischbottich) besäßen, denn zur vorweihnachtlichen Hausschlachtungszeit würde sich ein solcher bestimmt füllen; er sprach aus Erfahrung. Ein einträglicher Tag sei auch das Namensfest des Lehrers, noch dazu wenn dieser auf Josephie – damals noch Feiertag – fiel.

Nun hatte ich mit meiner dreiköpfigen Familie diese Naturalien von Schülereltern gar nicht so nötig gehabt, da ich ja selbst von einem Bauernhof abstammte und meine Mutter dafür sorgte, daß der es zwar zum Lehrer gebrachte Sohn, aber eben nicht zum übermäßig besoldeten, mit den Seinigen nicht darben mußte. Freilich wurde diese Unterstützung damit erkauft, daß meine Frau und ich in der großen Vakanz fest zugreifen durften auf Wiese und Acker, in Haus und Stall.

Nun erwies es sich tatsächlich, daß wir nach meinem Namenstag beinahe einen Viktualienmarkt hätten aufmachen können.

Als über das Schulhausdach dann eine der ersten Fernsehantennen des Dorfes hinausragte, versiegten die Spenden etwas. Dabei waren wir in unserer Dorfeinsamkeit ohne Bahn- und Busanschluß, ohne eigenen Vierräderuntersatz recht froh um diese Schwarzweißbilder auf der 49 cm-Bildröhre eines gebrauchten Fernsehkastens, die aus der Welt zu uns kamen. Nur die Laienspielschar der Feuerwehr, für die ich Kulissen malen und Regie führen durfte, revanchierte sich weiterhin mit einer riesengroßen, bratfertigen Gans zum Christfest. Als aber dann gar noch ein neues Auto vor dem Schulhaus stand, trocknete das Naturalienrinnsal völlig aus ...

Die Motorisierung des Junglehrers hatte 1949 mit der Anschaffung eines „Hennasprengers“ (100 cbcm Hilfsmotorrad) begonnen. Er hatte zu tun, das Junglehrerpaar mit Rucksack und Zögerer (geflochtene Tasche) voller Mehl, Schmalz und Eier auf der Fahrt von daheim zum Dienstort über den gachen Simbacher Berg hinaufzubringen. Da mußte noch fest mitgetreten werden, was bei der sperrigen Ladung vorne auf dem Tank nicht ohne Mühe und körperliche Verrenkung ging. Straßenpassanten blieben stehen, zeigten mit Fingern auf uns und lachten. Nur gut, daß der Motorradlanzug und die Haube mit Schutzbrille unkenntlich machten. Aufstieg gab es beim Erwerb eines Goggo-Rollers – schwarz mit roten Kunstledersitzen – der Schwiegervater holte ihn beim Fabrikanten Hans Glas, den er persönlich kannte, zu ermäßigtem Preis. Nun war bei günstigem Wetter auch Ausfahrt zu dritt möglich, das Kleinkind zwischen beiden Eltern.

Bei der nächsten Heimreise in den Weihnachtsferien fuhr uns der Metzgermeister des Dorfes, der ein Auto besaß, zur etwa zehn Kilometer entfernten Busstelle. Der Busunternehmer aus meiner Heimatpfarrei hatte versprochen gehabt, uns mit Kinderwagen, in dem das Töchterchen lag, mitzunehmen. Doch er hatte inzwischen einen neuen Bus angeschafft und verweigerte es. Noch zwei Autobesitzer mußten wir bemühen – betteln und bezahlen – im ganzen also drei für die dreißig Kilometer vom Dienstort bis zum Heimathof. Da wurde geschworen, auf ein eigenes Auto zu sparen.

Der Erwerb des dazu nötigen Führerscheines bereitete Schwierigkeiten. Der strenge Schulrat, der seine Visitationsreisen durch den Landkreis noch per Fahrrad machte, hatte wenig Verständis dafür, daß mein zweiter Termin für die praktische Prüfung in die Unterrichtszeit fiel, beim ersten außerhalb der Dienstzeit war der Prüfer aus Landshut eingeschneit worden.

Als der Führerscheinbesitzer dann endlich sein erstes Auto abholen konnte, war es ein Glückstag für ihn und die Familie: Da stand er nun, der blaue Loyd 400 mit Ganzstahlkarosserie (sein Vorgänger war als „Leukoplast-Kiste“ verspottet worden). „Dauerwinsler“ war der Spitzname für diesen Kleinwagen mit Zweitaktmotor, doch uns hat er beglückt, wie kein Auto mehr.

Die Osterferien begannen und wir brachen auf zur Heimreise im nagelneuen Auto mit wetterfestem Dach. Auf der einigermaßen festen Landstraße kollbachtalabwärts rollte er, daß es eine Freude war. Vor der Abzweigung zum Heimatweiler hielten wir kurz an. Nun ging es die Fahrstraße über den Schlipfinger Berg hinan, sie war frostaufgebrochen. Der Motor winselte und ich suchte durch die Gleise der Straße zu steuern. Die Fahrt verlangsamte sich trotz Vollgas, unser Auto kam zum Stehen, uns durchfuhr Schreck. Da hatten wir eisern gespart, die letzte Mark zusammengerafft und besaßen jetzt ein Auto, das nicht in der Lage war, uns über den Berg heimzubringen. Da fiel mein Blick auf den Handbremsenhebel. „Wenn es stinkt", hatte der Fahrlehrer gesagt, „nachher ist die Handbremse angezogen!" Vielleicht hatten wir es in unserer Hochstimmung nur nicht registriert. Erleichtert fuhren wir weiter, und ein wenig stolz führten wir die neue Errungenschaft daheim vor.

Siebenmal haben wir inzwischen Auto gehandelt. Immer größer, komfortabler und teuerer sind sie geworden, und die Freude über das neue Vehikel hat mit jedem abgenommen. In Freud und Leid, der Mensch gewöhnt sich und stumpft ab!

Das Pausenbrot

Findet man heute in den Abfallkörben der Schulen Wurstsemmeln, einmal davon abgebissen, ganze Brezen, Äpfel, halbe Bananen und das angesichts weltweiter Hungerkatastrophen, so denkt man etwas bange zurück in die Notzeiten nach dem Kriege. Und wie war es da zu meiner Schulzeit?

Bei einstündigem Schulweg und siebenstündigem Schulaufenthalt pro Tag (8–3 Uhr) von Oktober bis Mai, da hätte jeder in der einstündigen Mittagspause ein kräftiges Brot nötig gehabt für das körperliche und geistige Wachstum. Es heißt zwar „ein voller Bauch studiert nicht gern", ein knurrender Magen aber bestimmt auch nicht.

Meine Schwester kam als erste in die Schule, lange Zöpfe bis zu den Waden hinunter, aber noch so klein, daß man sie inmitten unserer Gänseherde kaum herausragen sah. Was wird meine Mutter wohl empfunden haben, wenn sie ihr knirpsiges Dirndl auf den manchmal recht harten Schulweg schickte?

Nach zwei Jahren kam ich dran, drei Jahre später mein jüngerer Bruder. Als der zweite ABC-Schütze wurde, war meine Schwester schon aus der Schule. Drei waren also im Höchstfall von der Mutter mit Pausenbrot zu versorgen. Das war nicht viel. Aber ich kannte Familien, da warteten in der Frühe sieben auf das Pausenbrot, von jedem Jahrgang eines, wenn nicht gar noch ein Zwilling unter ihnen war. Da ging es dem Brotlaib schon zu Tagesbeginn daran.

Mitschüler mit einem Scherzl trocken Brot, und das manchmal nicht groß, habe ich oft gesehen in der Pause. Einige besonders arme Schulkinder durften sich bei der Frau Hauptlehrer ein Honigbrot holen. Konnte wirklich einer einmal seine Pausenbrotration nicht verdrücken, da gab es Abnehmer genug.

Unsere Mutter dachte schon beim Kochen am Vortag ans Pausenbrot des nächsten. So gab es meist Rohrnudeln, Ofenweckerl, Tatschi, im Herbst und Winter einen Apfel oder eine Birne dazu. Butter oder Marmelade haben zwischen den Brotschnitten nie gefehlt. Gerne wurde das Pausebrot getauscht. Andere Küche brachte Abwechslung und die erfreut nunmal des Menschen Herz. Gar nicht unglücklich waren wir, wenn die Mutter uns am Morgen eröffnete: „Heut hab ich gar nichts für die Pause, und das Brot ist schon recht sperr." Da kriegten wir Geld mit. Beim Bäcker, einen Katzensprung vom Schulhaus weg, bekamen wir für ein Zehnerl zwei resche Brezen, oder ein großes Stück Brot. Wie heute sehe ich ihn noch vor mir, den Bäcker, wie er einen ofenfrischen Wecken für uns „aufradelte" mit dem scharfen Messer. Und Bäckerbrot hatte für unseren Gaumen Vorzüge gegenüber dem oft schon vierzehntägigen Hausbrot. Hatten wir uns recht von der Sonnenseite gezeigt daheim bei Hilfsdiensten, dann konnte es passieren, daß wir drei Zehnerl im Geldbeutel hatten. Ein Zehnerl reichte für das Bäckerbrot und danach ging es zum „Untern Kramer" in der Nähe des Schulhauses und der Kirche. Die Unterkramerin, dem anstürmenden Kinderhaufen gegenüber oft ein wenig mürrisch, sie wußte von unseren Gelüsten und so hatte sie meist eine große Bratheringsdose offen. Ja, so ein Brathering, auf Pergamentpapier serviert, das war eine Köstlichkeit und ließ alle Schulnot (heute Schulstreß) für eine viertel Stunde vergessen, denn mit Verstand und gemächlich mußte man speisen, das verlängerte den Genuß.

Daß natürlich auch andere Angebote aus Gurtelgläsern, Schachteln und Regalen lockten, ist selbstverständlich. Aber der Kauf von „Süßzeug" war uns von daheim aus versagt. Und unsere Großmutter, an der wir Kinder hingen, warnte: „Wenn ihr mich anlügt, bekommt eure Seele schwarze Flecken und diese kann man am Hals sehen!"

Schulkameraden haben mich in der Pause mal zum „Obern Kramer" mitgeschwätzt. Der Laden war geräumiger als beim „Untern". Die Attraktion war ein Einstechkasten. Für ein Zehnerl durfte man an der Vorderwand einen Punkt durchstechen. Eine Kugel fiel hinab und erschien hinter einem kleinen Fenster. Von der Niete (schwarze Kugel) bis zur goldenen Kugel (Haupttreffer) konnte jeder sein Glück testen. Ich stach eine silberne Kugel heraus und bekam eine riesige Tafel Schokolade. Voller Freude nahm ich sie nach Hause mit und verteilte. Und weil das Zehnerl gewinnbringend angelegt worden war, gab es keine Schelte.

Peter Rosegger schreibt: „Wie war ich so reich damals, als ich so arm war." – Er aß auf dem Heimweg mit Genuß eine frische Semmel und etliche Dörrzwetschgen, die ihm die Kramerin geschenkt hatte.

Und ist man nicht etwas arm daran, wenn man gar so reich ist, daß man überhaupt nimmer weiß, was man noch essen soll!

’s Gviechert auf’m Hof

Schaut man heutzutags so einen modernen bäuerlichen Betrieb an, – fast viehlos. Außer einigen Stubenfliegen, die auch bald vergast werden, keinerlei Getier. Das ist praktisch: man kann in den Zeiten der Arbeitstiefen ohne weiteres einige Wochen in den Urlaub fahren.
Gut, da gibt’s den Schweinemastbetrieb, bei dem der Bauer die genaue Stückzahl gar nicht kennt. „So etwa zweihundert werdens schon sein!“ meint er. Beim Bullenmäster werden die Kälber reihenweise zu Mast- und Schlachtbullen gefüttert. Aber monoton geht es halt her. Von den Hüherfarmen mit den Eierproduzenten in Legebatterien möchte ich gar nicht reden.
In meiner Kinderzeit war der Hof des damaligen Selbstversorgers geradezu eine „Arche Noah!“ Im Rinderstall Kühe, Kalbinnen, Kälber – im Roßstall Pferde, Ochsen, Bummerl – im Saustall die Muttersau mit den Ferkeln und die Mastschweine – im Hühnerhaus der Gockel mit seinen Hennen, im Auswärts die „Singerl“ (Kücken) dazu – auf dem Hof Enten und Gänse – das Taubenhaus umschwirrt – die „Impen“ (Bienen) auf dem „Schrot“ (Balkon) – die Spatzen unter dem Dach – die Schwalberl im Stall und auf der Dieln – Russen und Schwaben in den Ritzen unterm Kachelofen – der Wachhund in seiner Hütte, und die Katzen auf dem Kanapee oder im Heustock.
Als gar noch da und dort das Hühnervolk hinter einem Holzgitter unter der Stubenbank das Nachtquartier hatte, da kamen nach der Brotbacht die Betten in den Backofen, um die „beißenden Hüpfer“ (Hühnerflöhe) nicht überhandnehmen zu lassen.
Aus dieser Zeit stammt wohl die Griesbecker Litanei, die hier dokumentiert werden soll:

In Gotts Nam’, fang ma oa, sagt der Kleeberger Moa.
Müaß ma a bißl von Flöhern schmatzn, sagt d’Binderweber Kraxn.
Mir hammas grad gnua, sagt da Brumbauer dazua.
Bei uns hupfans vom Fenster außer, sagt da Hofbauer.
Ja, sagt da Wegerer drauf, bei mir hörns ’s Beißn a nimmer auf.
Mei, sagt da Lehrer, bei mir werns all Tag mehrer.

Und ich, sagt da Schneider, ich bring dö mein a nimmer weiter.
Herrje, sagt da Pfarrer, ich werd no ganz narrerd.
Ja, ich, sagt der Kramer, ich kann dö mein scho eispanner.
Ganz flunder rauh, bin ich scho auf und auf, sagt der Schiaberl drauf.
Ja, sagt der Kaspern Lenz, heut Nacht han ich tränzt.
Mich schau oa, sagt der Wagner Pfau, wias mich bissn ham ganz rauh.
Und, sagt der Schmid, nehma an Wirt a no mit.
Mei, sagt der Wirt, heut Nacht hab ichs richtig gspürt.
Jessas, wanns so weitergeht, sagt da Haslbeck, no bin ich böid vareckt.
Bei mir hands grad wiea d'Zigeuner, sagt der Schreiner.
So groß hands wia d'Ruabm, sagn d'Antlweber Buabm.
Ja, sagt der Schöpf, dö mein hand richtige Tröpf.
Richtigö Schinder hand dö mein, sagt der Binder.
Und bei mir, sagt d'Simerl Marie drauf, da hörns a nimmer auf.
Dö mein hammd kloanö Boal, sagt der Hoarl.
Dö mein hand böid foaßt und böid mager, sagt der Hoager.
Dö mein hand böid rupfa, böid raber, sagt der Faber.
Na, sagt der Steckerlmoa, bei mir werns do böid goa.
Is nöt wahr, sagt der Schwarznbeck, i bringt dö mein nimmer weg.
Dö mein wern öi Tag drollinger, sagt der Schrollinger.
Ja, sagt der Seiböid, heut Nacht hätt mich da Teufi böid ghöit.
Mei, sagt dö Gascher Pipm, auf dö Flöh kunnt ich verzichtn.
Jetzt, sagt der Förster drauf, hörts ma grad mit dö Flöhern auf!
Aber dö mein, sagt der Fischer, dö wern öi Tag frischer.
Und der Hammerlbauer lamentiert zum Fenster außer.
So, sagt der Schwoager drauf, bei mir hörts jetzt auf!

„Heim ins Reich“

Das Jahr 1933 werde ich kaum vergessen: Nach Ostern war es bei mir aus mit der Freiheit, ich mußte in die Schule gehen, und im Januar hatte im Lande einer die Macht übernommen.
Das „braune Reich“ setzte sich bald bis in die letzten Winkel durch. Meine Heimat Moserholz war gewiß abgelegen und doch kamen im März 1936 zwei Männer, einer mit brauner Uniform, zu uns in die Stube. Unsere Großmutter, die gehbehindert und deshalb an den Lehnstuhl gefesselt war, sollte von ihrem Wahlrecht Gebrauch machen. Ich, ein Bub von neun Jahren, wollte in spaßhafter Weise der Großmutter beim Ausfüllen des Wahlzettels helfen. Da kam der in Zivil, es war ein uns bekannter, mit Watschen androhender Hand auf mich zu und fragte recht energisch, ob hier geglaubt würde, daß so eine Wahl ein Hanswurstenspiel sei! Als die beiden fort waren, lachte mein Vater über den „Gschaftlhuber“ und meinte, „recht viel mehr wird sie nicht sein, diese Wahl!“ Das 99%ige Ergebnis sollte es bestätigen.
Mein Vater, der als achtzehnjähriger den ersten Weltkrieg mitgemacht hatte und mit einer Gasvergiftung heimgekommen war, er traute den neuen Machthabern nicht.
Im Schul- und Pfarrdorf „leitete“ bald ein brauner Ortsgruppenleiter, und Jungvolk- und Hitlerjugend-Führer riefen auf zum Appell nach der Schule. Im „braunen Haus“ am Dorfende, welches von der Partei erworben worden war, wurden nationale Lieder eingedrillt und draußen auf dem Platz davor beim Marschieren gesungen. Auch Geländespiele wurden inszeniert. Deutsche Jungen sollten ja „hart wie Kruppstahl, zäh wie Leder und flink wie Windhunde“ sein. Und gewiß waren Buben dabei, denen das „Zackige“ gefiel, und heute wäre es nicht anders.
Als ich von einer derartigen vormilitärischen Übung mit ausgerenktem Schultergelenk vor Schmerz wimmernd heimkam und unser Hausarzt Dr. Aicher aus Eichendorf es unter Narkose auf unserm Kanapee einrenken mußte, da war mein Vater recht grantig und erbost über „diesen Zirkus“.

Die bäuerlichen Eltern, welche ihre größeren Kinder dringend zur häuslichen Mithilfe gebraucht hätten, schimpften auch darüber, besonders, als diese Pflichtveranstaltungen an den schulfreien Samstagen eingeführt wurden. 1936 wurde die Hitlerjugend Zwangsorganisation. „Wer die Jugend hat, der hat die Zukunft!“
Erscheinen in Uniform wurde erwartet: Braunhemd mit Koppel, Armbinde, schwarzem Dreieckstuch mit Lederknoten. Mein Vater wollte dafür kein Geld ausgeben, ich aber kam als Zivilist beim Appell in Bedrängnis. Da schickte die Tante aus München die gesamte, mir passende Ausrüstung. Sie war im Gegensatz zum Bruder, meinem Vater, bewegt von der neuen Bewegung. Sie sparte es sich vom Munde ab, daß sie von der Witwenrente ihren einzigen Buben braun ausstaffieren konnte. Und Fritz, unser Vetter, war inzwischen der Jungvolkuniform entwachsen und trug jetzt die der Hitlerjugend. Als er später in Rußland den „Heldentod“ erlitt, der Onkel war bereits Opfer des ersten Weltkrieges geworden, da dachte die Tante vollkommen um.
Im März 1938 ließ „der Führer“ die deutsche Wehrmacht in Österreich einmarschieren und holte seine Heimat heim ins „Großdeutsche Reich“. Tag und Nacht waren Soldaten auf ihren Fahrzeugen auf der Hauptstraße in Richtung Osten gefahren, und der Onkel Hansl, dessen Anwesen nicht weit von der österreichischen Grenze weg lag, hatte geschrieben, daß es für sie Ausquartierungspläne gegeben habe. Glücklicherweise lief diese Aktion nochmal friedlich ab.
Schon bald darauf sollte für die „braune Jugend“ in Hitlers Geburtsstadt Braunau eine Großkundgebung stattfinden, auf welcher der Jugendführer des Reiches sprach. In der Schule wurde uns eröffnet, daß wir alle in unserer Uniform mit einem Omnibus dorthin fahren dürften.
Fortfahren mit einem Autobus, das wäre für mich schon ein freudiges Ereignis gewesen, Ziel und Grund von weniger Bedeutung. Eine Uniform hatte ich ja. Mein Vater aber sagte zunächst unmißverständlich „nein“. Als er aber hörte, daß alle ohne Ausnahme mitführen und meine Mutter noch für mich bettelte, ließ er sich umstimmen.
Es war ein warmer Frühlingstag, der Bus voller Jungvolkbuben, neben mir der Wieser Hansl, Schulfreund und Nachbar, die meisten auf ihrer ersten Autobusfahrt. In Simbach wurden wir in die Nachtquartiere verteilt, der Hansl und ich kamen zu Geschäftsleuten. Am Abend zogen wir im Fackelzug über die Innbrücke, es ertönte das Lied „Es

lebe hoch deutsch Österreich, mit ihm das ganze deutsche Reich". Die Großkundgebung auf dem Stadtplatz von Braunau war eine Massenveranstaltung, von der über Lautsprecher übertragenen Rede des Baldur von Schirach bekamen wir kaum etwas mit.
Über die Brücke ging es zurück zu den Herbergsleuten. Ich erinnere mich, daß unser „Grüß Gott" bekritelt wurde, ob wir nicht den deutschen Gruß „Heil Hitler" kennen würden ... Die Nacht war kurz, und geschlafen haben wir beide wenig im großen Haus an der lauten Straße. Beim Abschied nach dem Frühstück sagten wir statt dem und vertrauten „Vergelt's Gott" lieber „Danke schön."
Auf dem vormittäglichen Programm stand der Besuch im Geburtsstüberl Hitlers. Nachher ging es wieder zurück in die Heimat, heim nach Moserholz, wo es viel zu berichten gab, und Österreich war „daheim im Reich".

APRIL

Ostermond – Keimmond

April, der bekleidet die Erde mit Klee,
bald bringt er uns Regen, bald bringt er uns Schnee.

April windig und trocken
macht das Wachstum stocken.

Ein nasser April ist des Bauern Will.

Treibt's der April recht toll,
dann wird die Scheune voll.

Wenn der April recht Spektakel macht,
gibt's Heu und Korn in voller Pracht.

Ist der April schön und rein,
dann braucht der Mai sich nicht zu freun.

Regnet's vorm Georgitag,
währt noch lang des Regens Plag.

Quakt der Frosch an Markus viel,
schweigt er dafür nachher still.

Aufstehn, in d'Schul gehn!

Sechs mal sechs ist sechsunddreißig,
ist der Lehrer noch so fleißig,
san die Kinder aber dumm,
draht der Lehrer 's Steckerl um,
's Steckerl bricht oa
und der Lehrer steht doa!

Die „kleine Schule“

So lautet ein Sprücherl aus einer Zeit, in der es in aller Früh für uns geheißen hat: „Aufstehn, Kinder, in d'Schul gehn, damits 's Lesen, 's Schreibm und 's Rechnen lernts!“

Im Jahre 1933, als bei uns einer die Macht übernommen hat, da ist es für mich mit der Freiheit aus gewesen. Die Mutter hat mir den Schulranzen über die Schultern gehängt. Der Sattler hatte ihn zusammengenäht und auf den Deckel ein springendes Rössel draufgemalt. Und das ist der einzige Anreiz gewesen, eine Schultüte hat es zur damaligen Zeit noch nicht gegeben. Das Lineal hat an der Seite herausgeschaut, praktisch, damit es gleich bei der Hand gewesen ist, so man es etwa brauchte zum sich wehren oder zuhauen. An zwei Bandeln, die Schwester hatte sie mit der Stricklisel gehäkelt, flatterten der Tafellappen und der Schwamm. Die Schiefertafel, die Griffelschachtel, ein Packel Farbkreiden, Lesebüchel und Katechismus, das waren der Inhalt des Schulpacks. Knapp sechs Jahre alt, über die Zeit hinaus, in welcher auch die Buben im praktischen Kittel auf dem Stubenboden dahinrückten, die Türlhose schon dem jüngeren Bruder vererbt, ein schneidiges Schulanzügel an, das der Schneider Karl aus Roßbach auf der Stör verpaßt gehabt hatte – so bin ich aufgebrochen zum wichtigen Schritt hinaus ins Leben. Hätte ich damals geahnt, daß über fünfzig Jahre Schule vor mir lagen!

Die Mutter hat zum Schutz am ersten Tag begleitet, aber an der Hand hat er sich nimmer weisen lassen, der ABC-Schütze, schon wegen der anderen Schulbuben. Das Schuljahr hat damals noch nach Ostern angefangen. Nach gut einer Stunde – es hatten sich inzwischen ein Haufen Schulkinder dazugesellt – erreichten wir das Schulhaus im Pfarrdorf, neben Kirche und Friedhof, riesenhohe Fenster, hinten der Anbau mit den Dunstrohren zum Dachl hinaus, obenauf die „kleine Schule" 1.–3. Jahrgang in einer Schulstube, unten die Großen 4.–7. Klasse. Das Schulfräulein hatte, ganz anders wie alle Weiberleut, welche ich gekannt hatte und die langes Haar mit einem Nest hinten trugen, einen Bubikopf geschnitten gehabt und einen weißen Kittel an wie ein Doktor. Am Katheder ist sie oben gesessen, etliche Staffel zu ihr hinauf, und wie sie mich angeredet hat, habe ich gleich die Warze auf ihrer Zunge gesehen. Soweit meiner Erinnerungen an den ersten Schultag.

„Jetzt, wanns nöt gleich aufstehts, nacher säumts enk, und in d'Schulmeß müßts auch gehn!" So der zweite und recht energische Weckruf unserer Mutter um ½ 6 Uhr in der Frühe, und gerade da wäre es noch so gut gewesen im Strohsacknest.
Fünf Viertelstunden von daheim bis ins Dorf, im Sommer barfuß oder in Holzschuhen – bei Regen oder Sturm, im Winter durch Schneewehen, ganze Schule vom Oktober bis Ostern 8–11 und 12–3 Uhr, da im Finsteren fort und bei Nacht heim, das Schulgewand manchmal nicht recht rar – anders kannte man es nicht das Schulgehen, und doch war es auch schön.
Fast in jedem Haus war ein Schübel Kinder da. Beim Wieser, unserem Nachbarn, dem weitentferntesten Anwesen im Schulsprengel, sind drei Dirndl und ein Bub in die Schule gegangen, bei uns gerade umgekehrt, drei Buben und ein Mädchen. Acht gleich zum Anfang, und von Haus zu Haus kamen weitere dazu, sie haben schon gewartet, oder wir haben zum Fenster hineingeschrien. Da ist der Schulkinderzug schnell gewachsen, und ins Dorf hinein waren uns an die vierzig!
Einmal wurde erwogen, im Heimatweiler eine einklassige Schule zu errichten, wäre es doch einfacher, daß *ein* Lehrer zu fünfzig Kinder käme, als fünfzig Schulkinder zu ihm. Es ist nichts daraus geworden, und die „Einklassige" wäre im Zuge der Schulreformen und wegen Kindermangels längst wieder aufgehoben worden.
Allerhand hat es zu erzählen gegeben auf dem Weg, auch zum Schauen, oftmals ist „gestanderlt" (stehen geblieben) worden. Grad gut, daß

etliche drunter waren, welche getrieben und getrachtet haben, sonst hätte es vielleicht gleich zu Schulbeginn Tatzen gegeben. Der Schulweg war ein reiner Gehweg über Feldraine, Wiesen, durch Hohlkrempen und Hölzer. Der Reitbauer ist meist auf seiner Gred heraußen gestanden. „Guten Morgen!" haben wir Kinder geschrien und er drauf: „an guatn Heut, nachher hamm wir zwei gute Tag! Kinder kehrts wieder um, da Lehrer und 's Fräun hand dö ganze Nacht glegn!" Und ein anderes Mal: „Heut Nacht is dös Schulhaus abbrunna!" Der Spring Karli drauf: „Mei, wann dö Lehrer nöt mitverbrunna sand, nachher nützt dös nöt viel!" – Vom Reitbauern weg ist es gach getal gegangen und nachher auf der Ebene entlang über das „Gewendt" (Feldergrenze) zum Schuldorf. Da ist im Winter beim Hinunterrutschen auf dem Schulpack manche Schiefertafel in Brüche gegangen.

„Lirum, larum, Löffelstiel, wer nichts lernt, der kann nicht viel!" so warnt ein Kindersprüchel. Fleißig sein, lernen, auswendig lernen, „büffeln", das hat schon immer gegolten für einen, der es zu etwas bringen wollte in der Schule und im Leben, auch damals, als sieben Werktags- und drei Jahre Feiertagsschule Pflicht waren. Nach der Lehrordnung von 1926 wurde unterrichtet und angefangen mit dem „i", auf – ab – auf – Tüpferl drauf! – „Kennen tu ich ihn schon, den Buchstaben, grad ums Verrecken weiß ich nimmer, wie er heißt!" hat der Franzenbauer Valentin behauptet.
In der Schulstube sind die Viersitzenbänke gestanden mit Klappdekkeln, Griffelrinne und Tintenfaß darinnen. „Hand auf die Bank!" hat es geheißen, der Lehrer hat mit roter Tinte geschrieben, und oftmals hat der Spanische nachgeholfen. Das heißt, unser Schulfräulein hat Haselnußerne benutzt. Der Reitbauern Max mußte einmal Nachschub besorgen. Er hat die Steckerl mit dem Taschenmesser in der Mitte eingeschnitten, so daß sie alle bald beim Streich in zwei Teile geflogen sind. Und er hat sich auch einige Tatzen eingeheimst und zwar mit dem Spanischen vom Hauptlehrer, welchen sie sich ausgeliehen.
In den drei Jahren der Kleinschulzeit ist es mir ein einziges Mal passiert. Wörter mit „Pf" hatten wir zu schreiben. Gewiß hatte ich mich zusammengenommen, und doch, aus „Pflaume" wurde „Plaume" und aus „Pfanne" die „Panne". Und eine solche gab es für mich jetzt. Eine ganze Reihe von uns stand draußen vor dem Katheder und warteten auf die „Exekution". Für jeden Fehler gab es eine Tatze,

für mich also zwei. Die Streiche auf die Hand spürte ich kaum, obwohl sie bestimmt schneidig geführt worden waren, aber geschämt habe ich mich in Grund und Boden. Und die Urberl Nanni, welche für einige Wochen beim Nachbarn zu Gast war und mit uns in die Schule ging, hatte natürlich nichts Eiligeres zu tun, als bei meinen Eltern zu berichten. Meine Eltern wußten, daß ich stets drauf bedacht war, ein ordentlicher Schüler zu sein, sie schimpften mich nicht, aber ich schämte mich trotzdem und meine anfängliche Zuneigung zum Schulfräulein war für lange dahin.
Wenn wir „Kleinen" in der Pause mit den „Großen" zusammenkamen, so zeigten uns die Buben oftmals ihre Handstriemen und warnten: „Warts nur, wanns erst zum Hauptlehrer in die große Schule herunterkommts!" Dieser war fast berüchtigt wegen seiner Strenge, sicher erkannte man ihm zu, daß die Kinder viel lernten. Wenn wir eine Stunde früher aus hatten und ganz leise über die Treppe zu zweit herunterkamen, stand der Hauptlehrer mit ernster Miene heraußen, und durch die offene Tür sahen wir, wie seine Schüler in Reih und Glied saßen mit aufgestelltem Lesebuch, und keiner wagte herauszuschauen.

Die „große Schule"

Zwei Jahre, den 4. und 5. Jahrgang, mußte ich in die „Große Schule" gehen, bevor ich ans Gymnasium zu Passau kam. Obwohl unsere Großmutter fleißig zu Hause mit uns lernte und alle Hausaufgaben überprüfte, oft wurde mit Angst die Schule betreten. Zwei Spanische, ein kürzerer für die Tatzen und ein langer fürs „Überlegen", sorgten für Zucht, Fleiß und Ordnung.
Für fehlerhaftes Lesen oder Schreiben, für schlecht Gelerntes gab es für die Mädchen Tatzen, nach dem Schweregrad von einer bis sechs, die Buben wurden über die Bank gelegt und bekamen ihre Streiche mit dem „Langen" verabreicht. Sicher war manchmal Trägheit der Grund für schulisches Versagen, oftmals aber auch Überbeanspruchung bei häuslichen Arbeiten oder Unvermögen. Unterschieden wurde da bei der Bestrafung kaum.
Heiß ersehnt waren daher die Vakanzzeiten, und die letzten Tage zur Schule hin erschreckten manchmal Angstträume. Die Sprenziger Zenzl,

Aus der Schulzeit.

Volksweise.

1. In der er- sten Klass' is ja grad a
2. Und im vier- ten Jahr is der G'spaß na
3. D'Wo- cha grad a Mal gehn ma gern, ja-
4. Bist na wirk- li drauß, schaut's so schö nöt

1. G'spaß; denn vom A B C tuat der
2. gar, g'spürst scho glei an Ernst, wennst nöt
3. wohl! dau- ert kaum zwoa Stund und dö
4. aus. Frei- li gibt's koa Wichs, koan Ar-

1. Kopf nöt weh; und nöt an- ders, scheint's, is beim
2. al- les lernst: Le- sen, Rechnen, Schreib'n; sunst muaßt
3. san ganz g'sund, daß ma nöt ver- gißt, was ma
4. rest und nix. Ja, mei lie- ber Bua, da geht's

1. Ein- mal- eins; schö' ver- geht oan d'Zeit und wird ma
2. sit- zen-bleib'n und du wirst be- kannt mit dei- ner
3. z'erst hat g'wißt; sunst war's grad halt ebb's als wie beim
4. an- ders zua! Schindst und plagst di nöt, na hast a

d
d
1. g'scheidt. Und nach drei Jahr, da kimmst scho aus der
2. Schand'. Doch nach vier Jahr, da kimmst na aus der
3. Krebs. Und nach drei Jahr, da kimmst a aus der
4. 's Gfrett. Und aus dem G'frett, da kimmst halt na = cha
a7
a7
1. Bam = berl = schul'; na bist koa Kloa = ne mehr;
2. Wer = ta = schul'; hast grad am Sunn = ta mehr
3. Feier = tags = schul'; na hast von all'n a Ruah;
4. nim = mer draus; da is 's na aus und gar,
d
1. na g'hörst zur gro = ßen Schul'. Und nach drei
2. und z'Fei = er = tag a Schul'. Doch nach vier
3. brauchst nim = mer gehn in d'Schul'. Und nach drei
4. du bist und bleibst a Narr. Na geh no
d
a7
1. Jahr, da kimmst scho aus der Bamberlschul'; na' bist a
2. Jahr, da kimmst na aus der Wer=taschul'; is d'Schul' grad
3. Jahr, da kimmst a' aus der Feiertagsschul'; hast ü = ber=
4. hi und laß dir 's Schul=geld au = ßa=zahl'n! Du bleibst dei
a7
a6
d
1. Gro = ße scho', koa Kloa = ne mehr.
2. z'Fei = er = tag, koan Wer = ta mehr.
3. haupt koa Schul' und hast dei' Ruah.
4. Le = ben lang a Dum = mi = an.

aus Häusler-Verhältnissen stammend, hatte einmal in der letzten Ferienwoche mit Verwandten nach München fahren dürfen und kam einige Tage zu spät zur Schule. Sicher hat das unseren Hauptlehrer erbost, war er doch auch Reserveoffizier (und hie und da zu Übungen einberufen, worüber wir Kinder nicht traurig waren) und somit selber sehr pflichtbewußt. So ahndete er entsprechend: Sechs Tatzen mit dem langen Spanischen mit zischenden Streichen übergezogen, so daß die Zenzl sich vor Schmerz krümmte, das verzerrte Gesicht des Lehrers aber entzerrte sich wieder.

Sehr streng war er mit seinem eigenen Buben. Gut begabt und schon in der oberen Stufe, mußte er einmal die Tafelaufsätze der Jüngeren korrigieren. Dabei übersah er einige Fehler. Dieselbe Bestrafung wie bei der Zenzl, und nachher stieß er ihn zur Tür hinaus. Kurze Zeit darauf kam die Frau Hauptlehrer, eine recht gütige Frau, und draußen im Gang wurde laut abgewörtelt.

Unser Hauptlehrer, stets exakt gewandet mit Knickerbockerhose, feinem Hemd mit „Fliege“, das schüttere Haar streng nach hinten frisiert, goldgefaßte Brille – nicht oft sahen die Augen freundlich oder lustig durch. Als er an einem Gehirntumor erkrankte und daran starb, wurde manches verstanden und nachgesehen.

Ein Aushilfslehrer kam, von mächtiger Statur, mit etwas schwammigem Gesicht, den Namen habe ich längst vergessen. Bei ihm ging es im Gegensatz zum Vorgänger recht locker zu in der Schule. Aber das althergebrachte Schulgebet „Zur dir erwach ich, liebster Gott“ wurde durch ein zeitgemäßes ersetzt, in welchem es hieß: „Den Führer, den du uns gesandt, gib Kraft ihm und Stärke!“

Der Reithuber Max, seine Schwestern und die Mutter sangen im Kirchenchor und „braune Einstellung“ war bei ihm zu Hause nicht gefragt, er betete laut: „Den Führer, den du uns gesandt, gib Kraft ihm und gefaulte Erdäpfel!“ Sechs Tatzen brachte ihm diese „Verschandelung“ des neuen Gebetes ein, daheim aber bestimmt keine Rüge.

Das Ziegelbrennen

Lehm, daraus Steine und Dachziegel geschlagen und gebrannt, gehörte neben Holz und Naturstein aus dem Bayerischen Wald zu den wichtigsten Baustoffen in Niederbayern.
Selbst in ganz aus Holz gezimmerten Anwesen waren Gred- und Flözsteine oft aus Lehm gebrannt. Ortsnamen wie „Ziegelstadel" oder „Steinschlag" erzählen, daß die Leute einst oft selber Ziegel geschlagen haben. Gebrannt wurden sie meist mit Stockholz.
Wie die Sage berichtet, hat den Ratsherren des Marktes Arnstorf ein Lehmpatzen bei der Anwesenheitsfeststellung geholfen. Jeder hat auf Anordnung des Bürgermeisters seinen Daumen hineingedrückt. Mit den Lehmlöchern konnte die Vollzähligkeit ermittelt werden, hatte doch jeder beim vorausgehenden Zählen auf sich selbst vergessen gehabt. „Loahmtupfer" ist seitdem der Spitzname.
Eine andere niederbayerische „Lehmgeschichte" hat schon viele ergötzt: Der Herr Pfarrer kam auf seinem Gang durch die Pfarrei an einer Kinderschar vorbei, welche in einem lehmigen Graben spielte. Auf seine Frage, was sie da trieben, war die Antwort: „A Kircha tun mir baun!" Auf die weitere Frage, wo sie den Pfarrer dazu hernehmen würden, erklärte ein Bub: „Wann uns noch a Batzn Dreck bleibt, mach ma uns oan!" Des Pfarrers Gedanke: Gar nicht so unrecht, hat doch Gottvater den Adam auch aus Lehm geformt!
Und nun zu meiner Geschichte: So sechs Jahre werde ich gewesen sein, als ich mit der Mutter zu unserm Großonkel Muk (Nepomuk) nach Johanniskirchen mitgehen durfte. Der Muk, der Bruder unserer Großmutter, besaß dort ein Haus mit Garten und lebte als Rentner. Er war Junggeselle geblieben und schnupfte sehr gern. Zu ihm kamen auch andere Schnupfer, ebenfalls Austrägler und Ruheständler. Der Muk hatte immer Flaschenbier, Limburgerkäse und Spielkarten bereit. Waren auch noch Pfeifenraucher da, so gab es die richtige Duftmischung in seiner Stube.
Meine Mutter und ich gingen den kürzesten Weg „über ecks" Richtung Habach-Bockenbach-Unterbubach. Weil meine Beine noch kurz waren, hatten wir schon eine geschlagene Stunde zu wandern. Als wir aus

der Höhenwaldung hinaustraten und hinuntersahen auf das im Sulzbachtal hingebreitete Johanniskirchen, überragt vom spitzen Kirchturm, da wurde mein Blick gebannt von dem mächtigen Rauchfang der Ziegelei Schuhöd, vor der wir jetzt standen. Meine Mutter mußte mir schon eine Wanderpause gönnen, damit ich alles bestaunen konnte: das große Brennofengebäude, die Schienen mit den Rollwägen darauf und die Trocknungsschupfen, in welchen die Lehmziegel aufgeschlichtet waren.

Auf unserem Weg hinunter ins Tal erklärte mir die Mutter, wie aus Lehm von der Grube rote, hartgebrannte Steine würden.

Nun statteten wir dem Großonkel unseren Besuch ab. Er freute sich darüber. Die Mutter packelte die mitgebrachten Zwetschgenrohrnudeln und den Dauerkuchen aus. Das waren für den einschichtigen Muk gewiß Gaumenfreuden. Er wischte den Tisch ab, auf dem noch Schnupftabakreste lagen und servierte uns, seinen Gästen, Bier, Brot und Käse. Nachdem die Mutter von daheim erzählt hatte, von seiner Schwester, der Großmutter, die gehbehindert im Lehnstuhl zubrachte, und alle Grüße ausgerichtet hatte, führte uns der Muk hinaus in seinen geräumigen Obstgarten. Da stand ein Baum, voll mit Eierpflaumen, so groß wie Eier und von rosaner Farbe. Wir kosteten und mußten zugeben, solche Paradiesfrüchte hätten wir im weiten Garten daheim nicht. So durften wir den ausgeräumten „Zögerer" (Tragtasche) damit füllen. Nach herzlicher Verabschiedung und „Viele Grüße und kommts bald wieder!" stiegen wir beide wieder hinauf nach Schuhöd. So hatte ich nochmals Gelegenheit, die Ziegelei genau zu mustern.

Im Frühjahr darauf gab es bei uns daheim ein Bauvorhaben. Nachdem der Rinderstall erweitert und modernisiert worden war, sollte jetzt eine geräumige Odelgrube (Jauche) betoniert werden. – „Am Misthaufen und der Odelgruben derkennt man nun einmal den tüchtigen Ökonomen!" – Da hieß es zuerst an die 50 cbm Erde ausheben. Das wäre mit dem Bagger oder der Schubraupe von heute kein Problem. Derartige Helfer der Menschheit kannte man aber damals nicht. Mein Vater, der Knecht und die beiden Onkel aus Wallerdorf, die Schwäger des Vaters, machten sich mit Spezialspaten und Schubkarren an die Arbeit. Da nach einer Halbmeterschicht reiner Lehm zum Vorschein kam, wurde es eine harte Schinderei. Aber aufgegeben haben sie nicht, bis die Grubenmaße erreicht waren.

Neben der Miststatt an der Hofzufahrt türmten sich Lehmberge. Ich erinnerte mich an Schuhöd und die dortige Ziegelei. Meinen Spielkameraden, den Wieser Hansl, weihte ich in meine phantastischen Pläne ein. Meine Schwester war daran nicht interessiert, aber was verstand ein Dirndl schon von Technik! Eine Ziegelfabrik wollten wir bauen.
An einem sonnigen Mainachmittag wurde mit dem Werk begonnen. In einem ausgedienten Pfannennudelkessel machten wir den „Lehmteig“ an, und nachher wurde „geschletet“. Grundlegend kam der Unterbau, darauf der Rost aus alten Fensterstangen, drüber der Aufbau, und abgedeckt haben wir mit „Taschen“ und zum Schluß alles dicht mit Lehm verstrichen. Am nächsten Tag kam der Schlot dran, ich hatte ja das Original von Schuhöd als Modell in meinem Kopf. Der Rauchfang wurde an einem Schaufelstiel hochgeformt, dieser zuletzt herausgezogen. Rund einen Meter hoch war er. Dann haben wir das Model für die Steine gebastelt, etwa streichholzschachtelgroß. Schon konnte es ans Steineschlagen gehen. Eine Ofenfülle war bald gefertigt. Auf einem Brett stellten wir sie in den Schatten zum Trocknen.
Es kam der schulfreie Samstag. „Heute werden Ziegel gebrannt!“, eröffneten wir dem Vater. Wir schichteten unsere Miniziegel über Kreuz in den Ofen, so daß die Flammen durchziehen konnten. Die Öffnung verschlossen wir mit einem Dachziegel und Lehm. Jetzt feuerlten wir mit Reisig ein und legten kleine Scheite nach. Groß war unsere Freude, als der Rauch aus dem Schlot kam, aber eine richtige Glut brachten wir nicht in den Ofen. Der Vater meinte: „Ja, Buben, umsonst haben sie in Schuhöd den Rauchfang nicht so hoch gebaut!“
Etwas grantig schaute meine Mutter drein, als ich auf d’Nacht voller „Lettn“ (Lehm) ins Haus kam, dem Wieser Hansl wird es nicht anders ergangen sein.
Als wir Buben am Sonntag von der Kirche heimkamen, mußten wir unbedingt im Ofen nachschauen. Wir öffneten und – waren enttäuscht. Schwarze Lehmstückchen lagen darinnen, aber keine Ziegel. Ja, um Ziegelsteine zu backen, ist große Hitze nötig!
Die Woche darauf kamen die Einschaler, Eisenflechter und Betonierer. Da gab’s für uns Buben genug zu schauen und ein wenig auch zu handlangern. Der Lehm wurde später zusammen mit unserer Ziegelei auf Felder mit leichten Böden gefahren und eingeackert. Die Odelgrube hat heute ausgedient und ist durch eine runde Güllegrube ersetzt, auch die Ziegelei Schuhöd ist abgerissen.

Unser Postbote

Unser Anwesen Moserholz Hausnummer 52 gehörte zur Pfarrei Pörndorf, dort stand auch die Schule, die Gemeinde aber war Untergrafendorf, und die Post kam aus Haidenburg. Auch die Gebietsreform hat dieses Gewirr kaum entzerrt.

Etwas einschichtig ging es oft zu, obwohl die Arbeit im Jahresablauf vielfältig war. Fuhr einmal alle heiligen Zeiten ein Automobil auf der holperigen Straße vorbei, da gab es für uns Kinder was zu schauen. Regelmäßige Gäste waren der Rauchfangkehrer, der Eiermann, der Polizeidiener, der Brottrager und an allen Werktagen der Postbote.

Der Postbote vom Pfarr- und Schuldorf Pörndorf ging bis Schmiedhub, etwa zehn Minuten von daheim entfernt. Hätten wir aber dorthin einen Brief geschickt, er wäre den weiten Weg über Haidenburg, Vilshofen, Osterhofen gegangen. So war es halt einmal.

Für uns daheim war in meinen Kinderjahren der Postbote Maier aus Haidenburg zuständig. Über Haidenburg thront ein mächtiges spitzgiebliges Renaissanceschloß, von unserer Gredbank aus konnten wir es sehen, besonders wenn bei untergehender Sonne die hohen Fenster aufleuchteten. Und doch war es für unseren Postboten ein weiter und bei schlechtem Wetter ein recht beschwerlicher Weg zu uns. Unser Nachbar, der Wieser, war das am weitesten von der Poststation entfernte Haus.

Der Weg ging von der Haidenburger Post – dort waltete ein Postfräulein – über Schratzlmühle, Haidendorf, Eggerstorf, Stroblöd und zurück über Solla. Ich sehe ihn heute noch vor mir, unseren langjährigen Postboten Maier, untersetzt, stämmig, den runden Kopf mit der blauen Dienstmütze drauf, ein schneidiges Schnurrbartl unter der ausgeprägten Nase, die linke Hand seit dem ersten Weltkriege verkrüppelt. Außer an den warmen Sonnentagen trug er über seiner Postleruniform den weiten, wetterfesten Umhang, darunter den ledernen Ranzen. Er lebte einschichtig als Junggeselle. Schwer bepackt zog er in der Frühe los. Gegen Mittag kam er bei uns an. Täglich brachte er die Osterhofener Zeitung, manchmal einen Brief. Sieben Geschwister meines Vaters waren auswärts verheiratet, zwei in München, eine

Schwester in der Pfalz, Mutters Schwester war bei den Englischen Fräulein in Simbach am Inn. Da flatterten schon Briefe hin und her, denn privates Telefon gab es noch nicht! Manchmal brachte er auch einen Paketabschnitt; das Packl, meist von der Tante aus München, mußten wir in Haidenburg selber holen. Der Postbote war auch Geldbriefträger und übermittelte dem Großvater die kleine Rente von seiner Kriegsanleihenzeichnung. Da Herr Maier – wie gesagt – auf die Mittagszeit zu kam, hatte meiner Mutter öfters für ihn eine frische Rohrnudel, ein Küchl oder eine sonstige kleine Wegzehrung bereit. Hacklstecken schwingend marschierte er den Loherberg herauf und trat ein, nachdem er an die Stubentür geklopft hatte. Er setzte sich ein Zeitl auf die Bank, erzählte, meine Großmutter im Lehnstuhl war immer Ansprechpartnerin, und er stärkte sich. Bei den winterlichen Hausschlachtungen kam er zum Mittagessen, ein Stückl Schweinernes, in Kraut gekocht, wurde vorgesetzt und eine Halbe Most dazu. Manchmal brachte er auch ein Fleischstückl, das er bei irgendeinem Postkunden geschenkt bekommen hatte, und er ließ es sich für den nächsten Tag von unserer Mutter zubereiten.

Gut war ihm zuzuschauen, wenn er die mit der Gabel aufgesteckten Fleischstückl, fett war es ihm am liebsten, mit Kraut umwickelte und zum Munde führte. Weiter und harter Gang hatten Appetit gemacht. In schneereichen Wintern dachte mein Vater zwar immer schon in aller Frühe an den Postboten und schaufelte eine Bahn bis zum Nachbarn. Aber der Wind verwehte oftmals wieder.

Als er eines Tages nicht mehr kam, er hatte den wohlverdienten Ruhestand erreicht, ging er uns ab, unser Maier-Postbote.

Auf unserem Schulweg von Pörndorf heimzu, begegneten wir oft dem Postboten Krempl. Er war ebenfalls Junggeselle, aber der Freund der Schulkinder. Schon war er von uns umzingelt. „Postbot, wie heiß ich denn?“, waren unsere Fragen. Wir freuten uns über die gspaßigen Namen, welche er für uns wußte. Zur Loher Liserl: „Du bist d’Philomena!“, zum Schneiderbauern Wigg: „Du heißt Kasimir!“, zur Spring Zenzl: „Ja, du bist die Agathe!“, zum Bräu Wigg: „Mei, du heißt Pankratius!“ und zum Ziegler Maral: „Du hast einen schönen Namen, du heißt Anastasia!“ Zuletzt teilte er aus, was er von den Bäuerinnen bekommen hatte: Tatschi, Zwetschgenrohrnudel, Küchel. Danach stapfte er der Poststation Pörndorf zu, wo die alte Posthalterin Regiment führte.

Einmal, er hatte wohl Urlaub, da lud er uns nach der Schule in seine Junggesellenwohnung ein. Die ganze, recht gemütliche Wohnstube war an den Wänden behangen mit ausgestopften Vögeln und Waldtieren. Auch von ihm selber geschnitzte und aus Baumrinde und Waldfrüchten gebastelte Viecher waren darunter. Zu jedem wußte er eine kleine Geschichte: „Dieser Marder hat beim Falterbauern acht Leghühner umgebracht, der Reitbauer hat ihn nachher geschossen!"
Als Alter und Krankheit dem Krempl sein Dienstkappl abnahmen, fehlte er uns Kindern auf dem Schulweg und gewiß auch den Postabnehmern.
Der Maier-Postbote und der Krempl – zwei Originale aus meiner Kinderzeit!

Eine niederbayerische Mundartlektion

„Sprache teilt die Welt in Stücke, Musik ist die Völkerbrücke!" sagt man. Der erste Satz dieses Spruches bezieht sich nicht nur auf die verschiedenen Nationalsprachen, sondern auch auf Dialekt und Mundart, so im deutschsprachigen Raum vom Plattdeutschen im Norden bis zur Mundart der Tiroler. Auch „das Baierische" weist verschiedene Färbungen auf, und nicht einmal von einem einheitlichen niederbayerischen Dialekt kann gesprochen werden. So findet man Unterschiede, sowohl in der Wortform als auch im Laut, vom Bayerischen Wald über Gäuboden, Isarmoos, Holledau bis hin zum Rott- und Inntal.

Ein Beispiel: Die Heidelbeere, in manchen Jahren in Massen in den Wäldern geerntet, erscheint u. a. in folgenden Dialektausdrücken: *Hoaba, Hoabeerl, Hoöba, Höobeerl, Taubeerl, Schwarzbeerl.*

Zu meiner Volksschulzeit hatte es der Lehrer nur mit Landkindern zu tun, dic alle noch unverfälschten niederbayerischen Lokaldialekt sprachen. Bei seinem Versuch, die angestammte Ursprache zur Hochsprache hin zurechtzubiegen, gab es Verzerrungen wie: „Gestern sind wir in das Halz hinausgegangen (Holz, Wald)" oder „Heut bin ich ganz über ecks und geschleed in die Schule gegangen." Solche Sätze wurden gerügt: „Das mußt du schön und richtig sagen!" Da wurde es den Mundart sprechenden, Hochdeutsch lernenden Schülern bewußt: Reden wie der Schnabel gewachsen ist, ist ordinär, ungehobelt, Hochsprache zu sprechen ist fein und gebildet.

Ganz anders heute. Mundart ist wieder „in", nicht nur was Dichter und Dichtung anbelangt, auch in der Schule hat sie einen festen Platz. Der Hauptlehrer Vorderobermaier legt sogar eine Sammlung von recht ausgefallenen Mundartausdrücken an. Seine Schulkinder bekommen den Auftrag: „Fragt daheim, besonders bei Opa und Oma, nach alten Mundartausdrücken und schreibt sie mir auf!" Nach einer Woche läßt sich der Schulmeister berichten, und das Sammelergebnis kann sich hören lassen:

Pfannanulkessl (Deckel zum Kessel für Hefeknödl), *Bruckwoagngschpörwöirfi* (Kurbel für die Handbremse eines Brückenwagens), *Schoarzubaroaf* (Reifen für Dachrinnenbottich), *Krautbodandeckl*

(Deckel für Sauerkrautbottich), *Oberbodnstieagnstaffi* (Stufe zum Dachboden), *Saulockalettn* (Schweinebad). Dem Herrn Vorderobermaier sein Gesicht geht voller Freude auseinander wie der Teig in der Pfannenkuchenpfanne.

Der Hofbauern Wiggerl hat auch noch den Finger oben: *„Fotzmeihaferlhandhabm."* Dem Lehrer sein Gesicht zieht sich wieder zusammen, und er muß gestehen, daß er diesen Ausdruck – obwohl er seit über dreißig Jahren hier tätig ist – noch nie gehört hat. So muß der Wiggerl genauer erläutern:

„Dös ist aso, Herr Hauptlehrer! Unser Pap, der mag halt dös Bier recht gern. Vorvorgestern ist er vorgestern, vorgestern gestern und gestern erst heute in der Früh heimgekommen. Da ist's der Mam z'dumm worden. Sie hat vom Frühstückservice 's größte Trumm, die Kann, gepackt und ihm aufn Kopf aufighaut. Mein Pap aber hat schon einen harten Schädel. Er hat ein wenig gewackelt, hat nachher gelacht und zur Mam gesagt: ‚Jetzt stehst da mit da Fotzmeihaferlhandhabm' (Henkel eines irdenen Topfes mit Ausguß), und die Scherben sind am Boden gelegen."

Abschied von daheim

Es war nach den Weihnachtsferien und ich ging in die fünfte Volksschulklasse. „Er hat ein helles Köpfl und lernt leicht“, war das Urteil vom Herrn Pfarrer und dem Hauptlehrer, „er könnte das Studieren packen“. Studieren, da mußte einer fort ins Internat nach Passau, fast fünfzig Kilometer entfernt, von Aldersbach aus mit dem Zug über Vilshofen. Ein Schulkamerad hatte es schon im vorausgegangenen Jahr probiert gehabt, war aber bald wieder zurückgekommen. Die Schule hätte er schon geschafft, aber der Tausch eines freien Leben auf einem Bauernhof mit den Zwängen im Internat hatte ihm wohl nicht zugesagt. Das war noch in der Zeit, in welcher derselbige Schulmeister den bekannten Ausspruch getan hat: „Zu meiner Zeit hat noch nicht jeder Depp studiert, ich bin der einzige im ganzen Ort gewesen.“
Nach reiflichem Überlegen daheim bei Eltern und Großeltern erfolgte die Anmeldung fürs Gymnasium. An einem Vorfrühlingstag im März – das Schuljahr begann damals nach Ostern – fuhren meine Eltern mit mir nach Passau zur Aufnahmeprüfung. Obwohl es für den Landbuben auf der Fahrt und in der Dreiflüssestadt viel Neues zu bestaunen gegeben hätte, er war so in Angst vor dem Kommenden, daß er wenig mitbekam. Eine aus halb Niederbayern zusammengekommene Kandidatenschar, streng dreinschauende Professoren, Rechnen, Aufsatz, Diktat in einem riesigen mehrstöckigen Bau mit dicken Mauern, das war es.
Einige Tage darauf brachte der Postbote die Karte mit „bestanden“. Jetzt kam ein großer Tag für mich: Der Rappe wurde eingespannt, und die Eltern und ich fuhren zum Markt Arnstorf. Es wurde für das zukünftige Studentlein eingekauft: ein Reisekorb, ein Koffer, eine lederne Schultasche – eine Aktentasche wie sie der Gemeindediener hatte, nur schöner und größer – ein Füllfederhalter und sonstiges Schreibzeug, natürlich auch noch Kleidung und Wäsche und Nummern für letztere. Voll stolzer Freude wurde daheim alles den Großeltern und den Geschwistern gezeigt. Gewiß hätten sie das eine oder andere auch gerne gehabt, aber neidisch waren sie bestimmt nicht, hatte doch mein jüngerer Bruder sich schon bei den Leuten gebrüstet: „Mein älterer Bruder kommt zum Studieren!“

In den Osterferien genoß ich die freien Tage, Mutter und Großmutter hatten zu tun, meine „Aussteuer“ komplett zu machen.
Der Weiße Sonntag war Einpassiertag. Selbstbewußte, freudige Erregung in mir hatte sich mehr und mehr gelegt. Der Eder Sepp, ein Schulkamerad meines Vaters, Großbauer und Besitzer eines schwarzen Opel-Automobils, übernahm die Fuhre nach Passau.
Und nun kam der einschneidende Augenblick: das erstemal Abschiednehmen von daheim – von den Geschwistern, „Pfüat Gott“-Sagen bei der Großmutter, die mich mit einem Weihbrunnkreuzl bezeichnete, die ersten Tränen flossen. Doch die Eltern begleiteten mich, und Neugierde auf all das Neue, das ich erleben würde, bekam die Oberhand.
Auf der Autofahrt hatte ich jetzt auch Augen für die Stadt an der Vilsmündung, überragt von der Benediktinerabtei Schweiklberg, für den Donaustrom mit den darauf schleppenden Raddampfern, für den steinernen Löwen an der Eisenbahnstrecke, für die Kuppeln des Domes, die zahlreichen Kirchtürme, für mächtige, die Stadtteile verbindende Brücken.
Nachdem meine Habe im Internat verstaut und alles von meiner Mutter in die Schränke geschichtet war, gab es einen Rundgang durch Passau. Gewiß wollten auch unser Schafför und die Eltern besichtigen. Wie oft kamen damals Bauernleute schon in eine größere Stadt!
Das ungewohnte Schlendern über Steinpflaster machte müde, hungrig und durstig. In der Nähe des Internates kehrten wir zu einer ausgiebigen Brotzeit in einem Gasthof ein. Ich hatte bemerkt, daß meine Mutter zunehmend stiller geworden war. Und als sie mir jetzt mit tränennassen Augen die Hand zum Abschied reichte, da fiel drückende Last auf mich. Der Vater sagte noch etwas von: ich solle stolz sein, studieren zu dürfen und solle ihnen keine Schande machen und fleißig lernen. Und schon fuhr das Auto mit Eltern und dem Eder Sepp ab, und ich war in der Fremde.
Bitter bereute ich, dachte an Großeltern und die Geschwister daheim, an den heimatlichen Hof mit Gebäuden und den Spielwinkeln dazwischen und an all die Tiere. Ganz konnte ich das Heimweh nie überwinden. Es wurde ein Wechselbad von Glück bei der Heimkehr nach einem Trimester und Niedergedrücktheit beim Fortgehen nach der Vakanz. – Ein Religionslehrer erklärte uns einmal: die Höllenqualen der Verdammten, das sei das Heimweh nach Gott! Für mich war dies eine gut verständliche Erklärung.

Der „Taubmkopf“

„Die frühen Wetter und die Bettelleut kommen neunmal am Tag“, hat es geheißen in den notigen Zeiten der Dreißigerjahre.
Mancher Handwerksbursche kam regelmäßig und war schon bekannt. So war es auch beim „Taubmkopf“, wie er allgemein genannt wurde. Wer ihn genauer musterte, konnte den Namen vielleicht verstehen. Er hatte einen verhältnismäßig kleinen Kopf, immer kahl geschoren und eine spitze, lange Nase im Gesicht. Er hatte meist einen flatternden Mantel an. Die Kinder riefen ihm hinter dem Stadeleck hervor zu: „Taubmkopf, Taubmkopf, was hast im Kropf?“ Sie rannten davon, wenn er ihnen mit seinem Stecken drohte. Das Schicksal eines Menschen nicht bedenkend, können Kinder in ihrer Unvernunft manchmal grausam sein. Vielleicht ist der Bettler arbeitsscheu, meinten manche. Bei uns daheim hat er einmal anderes unter Beweis gestellt. Eines Tages kam er an, einen prall gefüllten alten Sack mit Fichtenzapfen auf seiner Schulter. Er stellte ihn ab und bettelte den Großvater, der auf der Gredbank heraußen saß: „Geh, gib mir einen Schoppen Most dafür, ich hab mich geplagt und Durst bekommen.“
Arglistig fragte der Großvater: „Wo hast sie denn zusammengeklaubt?“ „Gleich da drobm im Hochholz“, der Taubmkopf drauf. „Das ghört eh uns und die Zapfen auch!“ lachte der Großvater. Enttäuschung lag im zerfurchten Gesicht des Bettlers. „Na, na, du hast schon a Halbe verdient!“ erlöste ihn der Großvater und holte sie. Die Mutter brachte einen Scherz Brot dazu und ein Stückl Fleisch vom Mittagessen. Der Taubmkopf ließ es sich gut schmecken und bedankte sich recht fleißig mit mehrfachem „Vergeltsgott“. „Segns, Gott“, meinte die Mutter, „aber heut hast dir ja die Brotzeit verdient.“
Die Zapfen wurden auf die Holzstatt in die Sonne geschüttet, wir Kinder haben damit gespielt. Nachdem sie aufgegangen waren, hat sie die Mutter im Küchenofen verheizt, als sie rechte Hitze beim Krapfenbacken benötigte.
Der Taubmkopf aber ist nie mehr gekommen, es war das Jahr 1933.

Wie schön ist der Mai.

(Reigen für Mädchen.)

Heinr. Hoffmann von Fallersleben.

MAI

Wonnemond – Laubmond

Mairegen auf die Saaten,
dann regnet's Dukaten!

Viel Gewitter im Mai,
schreit der Bauer juchei!

Ein Bienenschwarm im Mai ist wert ein Fuder Heu!

Der Mai in der Mitte
hat für den Winter immer noch eine Hütte!

Maitau macht grüne Au, Maifröste sind unnütze Gäste!

Sind Philipp und Jakob naß,
macht's dem Bauern großen Spaß.

Wann sich naht Sankt Stanislaus,
rollen die Kartoffeln raus.

Pankraz, Servaz, Bonifaz
schaffen Frost und Eis gern Platz.

Ist es klar an Petronell',
mißt den Flachs man mit der Ell'.

Die Maiandacht

An der Einfahrt zum heimatlichen Hof steht die Kapelle von Moserholz, die „Wieser-Kapelle“. 1853 wurde sie von den vier Wieser-Geschwistern Johann, Jakob, Magdalena und Maria erbaut, unterstützt durch die Beihilfe von „Guttätern“ aus Laimbach, Pörndorf und Siegelsdorf. Der Wieserhof liegt in Rufweite oberhalb der Kapelle.
Die beiden Brüder haben als nicht berufsmäßige Maurer und Zimmerer die Hauptarbeit geleistet. Die beachtliche Ausstattung des Kirchleins soll nach der Überlieferung aus der ehemaligen St. Georgs-Kapelle in Göttersdorf stammen und seit seinem Bestehen darinnen sein.
Das Prachtwerk ist die über einen Meter große, spätgotische Muttergottesstatue, welche um 1500 entstanden sein dürfte. Die hehre Frau im Königinnen-Ornat mit Zepter trägt das Jesuskind auf dem linken Arm. Der Altar gehört wohl dem bäuerlichen Barock an, noch später sind die beiden Figuren der Apostelfürsten Petrus und Paulus entstanden. Den Altar flankieren Sankt Leonard und Sankt Benedikt. Ein Votivbild von 1869 und mehrere Holzkrücken, die nach der Genesung zur Kapelle gebracht worden sind, zeugen davon, daß die Gottesmutter von Moserholz in mancherlei Anliegen um Fürsprache gebeten wurde.
Einmal im Jahr hält der Pfarrer von Pörndorf die Messe. Jubiliert die schon bald einhundert Jahre bestehende Feuerwehr von Laimbach, so wird hier der Festgottesdienst gefeiert.
Lag in Moserholz ein Verstorbenes aufgebahrt – ehe zu Pörndorf das Leichenhaus gebaut wurde –, so haben die Nachbarn bis zur Beerdigung jeden Abend den Allerseelenrosenkranz verrichtet. Aber im Wonne- und Marienmonat Mai erhielt die Kapelle täglich Besucher fast so viel wie eine Pfarrkirche. Es wurde die Maiandacht gehalten.
Wir Kinder freuten uns den Auswärts her schon darauf, daß wir endlich barfuß laufen konnten und alle Spiele im Freien wieder möglich waren. Das Kuckucksrufen war aus dem Gerstlholz zu hören, die Schwalben umsegelten den Hof, und sie machten sich in Haus und Ställen ans Brüten. Die Gebäude waren von blühenden Obstbäumen

eingesäumt, und die gelb leuchtende „Wegwürz-Wiese“ (Löwenzahn) lieferte uns Bastelmaterial. Aus den hohlen, milchigen Stengeln fertigten wir lange Ketten oder Kerzenleuchter (der Stengel wurde an beiden Enden über Kreuz mit dem Messer eingekerbt, im Wasser liegend rollten sich die Enden ein, und so entstand die Kerzenleuchterform). Der violette und weiße Flieder brach auf. Vier Sträuße, zwei links, zwei rechts, bekam die Kapellen-Muttergottes zu Füßen. Dann läutete die Glocke auf dem Türmerl zur ersten Maiandacht. Wir Kinder waren schon zeitig bei der Kapelle. Da ging es manchmal etwas auftreibend her. Die Begrenzungsstange unseres Gartens wurde zum Turngerät, von oben nach unten und von unten nach oben rollten wir darüber. Allmählich fanden sich auch die Großen ein. Nach des Tages- und der Stallarbeit kamen sie im Feiertagnachmittagsgewand, die Gerbauern Leute, die Drittentalers, die vom Ziegler und vom Schneider, die Schneiderbauern Nanni. Erst wenn Wieser und Wieserin da waren, konnte die Andacht beginnen. Wir Buben durften am Glockenstrang ziehen und „zusammenläuten“. Die zehn Knie-Sitz-Bänke, fünf auf der rechten Männerseite und fünf auf der linken Frauenseite, füllten sich. Die Wieserin entzündete die vier Altarkerzen und nahm auf dem Knieschemel vorne Platz. Wie in der Kirche war es nun; eines bedauerte ich als Bub, daß unsere Kapelle nicht auch eine Sakristei hatte. Die Vorbeterin hätte dann wie in der Pfarrkirche nach Ankündigung durch ein Glöckerl von der Seite hereinkommen können.
Von Vorbeterin und Leuten wurde jetzt der glorreiche Rosenkranz gebetet. Es folgte die Lauretanische Litanei. Ob die sprachlich großartigen Anrufungen alle in ihrem vollen Gehalt erfaßt wurden? „Du Spiegel der Gerechtigkeit“ ..., „Du vortreffliches Gefäß der Andacht“ ..., „Du elfenbeinerner Turm“ ..., „Du Arche des Bundes“ ...?
Aber wie sagte der Plattner Franz: „Heißt's, wie es will ... bitt für uns!“
Und da knieten sie, die Moserholzer, die Hände zum Beten verschlungen, schwielige und rissige Hände, die gewohnt waren, mit Rechen-, Gabel- oder Sensenstiel schwer zu arbeiten, um tägliches Brot zu schaffen; Bauernhände bei der Feldarbeit mit der „Mehn“ (Gespann) vom „Woara“ (Leitseil) umschlungen, jetzt vom Rosenkranz. Die Moserholzer wußten, daß Gedeihen auf dem Acker, der Wiese und im Stall von Mißernten und Unglück bedroht sein kann und daß Fürspra-

che der Gottesmutter nötig ist. Oder warum hätten sie sich sonst, vom Tag her abgerackert, noch in der Kapelle eingefunden, wo kaum jemand Notiz nahm, oder kein Pfarrer die Besucher zählen ließ?
Es ist schon vorgekommen, daß der eine oder andere zum Schluß zu mit dem Kopf nach unten zu nicken begann. Das von der Wieser-Rosl angestimmte Schlußlied riß aber alle wieder hoch.
Während sich schon die laue Maiennacht herabsenkte, wurde draußen vor der Kapelle noch etwas „dischkuriert" über heutiges und morgiges Tagwerk, über das Wetter und die Aussichten. Die Kerzen waren ausgelöscht, die Kapellentür versperrt, und die Moserholzer zerstreuten sich in ihre Behausungen zur nächtlichen Rast. Und morgen würde ein neuer Tag anbrechen, wieder beschlossen von der Maiandacht.

Die Öttinger Kanone

„Unser Herrgott is scho epps und unser liabö Frau z'Ötting!" hat der Schwarzmeier gelobt, wie die Früchte der Erde grad so herausgeschossen sind. Alle Jahre machte er zum Danken und zum Bitten seine Ötting-Wallfahrt.

Wallfahren zu einem heiligen Ort heißt eigentlich reisen auf des Schusters Rappen, und heutzutags ist es wieder Brauch, sieht vielleicht mancher darin einen Volksmarsch.

In meiner Heimatgegend, zirka eine Tagesreise von Altötting entfernt, hätte eine Wallfahrt zu Fuß dorthin und zurück etwa drei Tage benötigt. Wer hätte sich schon soviel Zeit nehmen können, und so bot der Forster zu Pörndorf Tagesfahrten mit einem zum Bus umgebauten Lastwagen an. Die Zeit der Busse, wie wir sie heute kennen, war damals noch nicht angebrochen. Gereist wurde je nach Streckenlänge und wie einer gestellt war, zu Fuß, auf dem Radl, mit dem Gäuwagl oder per Eisenbahn.

Ein Jahr vor Schuleintritt, der damals nach Ostern war, ereignete es sich. Ich durfte mit meinem Vater das erstemal am Prangertag in die fünf Viertelstunden entfernte Pfarrkirche mitgehen. Ein taufrischer, strahlender Frühsommermorgen ist es gewesen, und weil unser Kirchweg über ecks durch Wiesen führte und dann wieder mit staubigen Feldstraßen wechselte, darum mußten wir uns kurz vorm Ziel die Schuhe mit Krähentatzenblättern abputzen.

Die Kirchenbesucher wurden an diesem hohen Festtage mit Böllerschüssen begrüßt. Der Bachbauer Luk hatte sich am Dorfeingang mit der Schallkanone postiert, lud und zog ab. Der donnernde Krach hat mich fürchterlich erschreckt, der darauf folgende Pulverrauchgestank war mir schon vom Stockschießen her bekannt. Zuerst ein feierlicher Gottesdienst: Die Kirche in ein Birkenwäldchen verwandelt, so daß die hölzernen Heiligen teilweise verdeckt waren und nicht mehr von ihren Postamentln herabsahen, der Hauptlehrer auf der Empore orgelte, was der Orgelbub Wind herbrachte, der verstärkte Chor sang aus Leibeskräften, die Ministrierbuben mit Buchskränzchen am Kopf schwangen Rauchfässer. Der ganze Kirchenraum lag in weihrauchi-

gem Schleier, der von Sonnenstrahlen durch die farbigen Fenster gefärbt wurde.
Viel gab es für den fünfjährigen Bauernbuben zu schauen bei der anschließenden Prozession zu den vier Linden am östlichen Dorfausgang und zurück von Altar zu Altar: Fahnen, umkränzte Heiligenfiguren auf Tragen, laut betende Leute nach Ständen geordnet – und doch mußte ich immer wieder zum Bachbauern und seiner Kanone hinschauen, wenn er lud und abzog, ein bißl mit Angst, ein bißl mit Erwartung.
Drei Tage später, am Prangersonntag, war Ötting-Wallfahrt. Meine Eltern hatten sich beim Forster angemeldet, und ich, als Erstgeborener, hatte die Mitfahrt erbettelt, natürlich mit allerhand Versprechungen.
Um halb fünf Uhr wurde aufgestanden. Ich brauchte nicht wie sonst zu solcher Zeit geweckt zu werden, hatte freudige Erwartung doch keinen tiefen Schlaf aufkommen lassen. Ganz allein zog ich mein neues Anzügl an, das der Schneider Karl von Roßbach mir bei der letzten Stör verpaßt hatte. Nach beharrlichem Drängen der Mutter brachte ich die Frühstückssuppe hinunter, die Eltern blieben nüchtern für die Kommunion. Mit den Radeln ging es auf unserer Mühlstraße nach Mödelsbach zu. Ich war Beifahrer auf dem Kindersitz des Fahrrads meines Vaters. Beim Süß-Anwesen in der Schupfe wurde eingestellt, und wir drei warteten auf der Landstraße.
Endlich Motorengeratter, der grün gestrichene Forster-Omnibus kam heran. Das Auto hielt, der Forster kam aus dem Führerhaus gesprungen, öffnete an der Hinterseite eine Tür und ließ eine Treppe hinunter. Wir stiegen hinauf: ein schmaler Gang, Holzbänke wie ich sie schon einmal im Eisenbahnwagen in Kröhstorf gesehen hatte, für uns waren grad noch drei Sitzplätze frei. Lauter Leute aus unserm Pfarrdorf, an die fünfundzwanzig, saßen schon darinnen, meine Eltern kannten alle und begrüßten sie. Ganz vorne erblickte ich die Pörndorfer Großmutter, ich ging hin und gab die Hand; sie versprach, mir in Ötting etwas Schönes zu kaufen.
Da war auch schon die Stiege hoch und die Tür zu, weiter ging es auf der holperigen Straße, weiter ging es mit dem Rosenkranzbeten. Ich versuchte auch mitzuhalten, war aber bei den Geheimnissen unsicher, und mir schepperten die Zähne, den andern auch. Ausblick gab es aus den kleinen Fenstern nicht viel, wir waren ja auch zur Wallfahrt und nicht zum Schauen aufgebrochen. In der weiten Umgebung gab es

damals nur Sandstraßen, welche von Straßenwärtern einigermaßen in Schuß gehalten wurden. Es fuhren wohl auch fünf Roß- oder Ochsenfuhrwerke bis wieder mal ein Auto kam. So war es ein Erlebnis, als wir etliche Kilometer vor Altötting auf die betonierte Straße kamen, es war wahrscheinlich eine Teerdecke. Das Auto lief ruhig, das Zähneklappern hörte auf.

Im Hof des Scharnagl-Gastwirtes in Ötting stellte der Forster ein. Wir gingen über den Kapellenplatz zur Basilika hinunter. Noch nie hatte ich so viele Leute gesehen. Wie konnte man nur so eine Riesen-Kirche bauen, wunderte ich mich, und wie können so viele Wallfahrer zusammenkommen?

Mein Vater erspähte noch ein Sitzplätzchen in der Kirche für mich und schob mich in die Bank hinein, mit der Mahnung: „Bleib schön brav sitzen, bis wir wieder kommen!“ Keine Kunst an so einem Ort! Meine Eltern schlossen sich einer Schlange von Beichtleuten an. In jeder Seitennische ein Beichtstuhl mit brennendem Lichtl, Patres, barfuß in Sandalen, einer brauner Kutte an, von weißem Strick geschnürt, mit ernstem Blick und rotem Bart, wechselten sich ab.

Bei der Betrachtung des Beichtbetriebes ging mir auf, daß die Leute nicht nur äußerlich, sondern auch innerlich recht unterschiedlich sind. So waren die einen Beichtkinder recht schnell fertig, andere hielten sich sehr lange im Beichtstuhl auf. Auch die Beichtväter hatten verschiedenes Tempo im Abfertigen und Lossprechen.

Ich war dann doch froh, als wir nach Beichte und Kommunion der Eltern die Basilika verließen und uns zur Bruder-Konrad-Kirche begaben. Meine Eltern hatten wohl manches Anliegen dem Heiligen aus dem Parzhamer Bauernhof vorzutragen, ich betrachtete ihn derweilen in seinem Glasschrein und die Lebensbilder an den Kirchenfenstern. Nach Augenwäsche am Bruder-Konrad-Brunnen gings, vorbei an den Devotionaliengeschäften, zur Gnadenkapelle. Kreuztragende Wallfahrer, wohl auch viele Sorgen auf den Schultern und im Herzen Hoffnung – an ihnen vorbei betraten wir den heiligen Raum mit den geschwärzten Wänden und den Votivkerzen, wie Orgelpfeifen aneinander gereiht. Es dauerte schon eine Weile, bis wir im Gedränge der Betenden zum Altar mit der schwarzen Mutter Gottes von Ötting kamen, flankiert von den Silberfiguren des Konrad und des Tilly. Während der Andacht meiner Eltern versuchte ich etliche „Gegrüßt seist du, Maria ...“, mußte aber immer wieder an den Verspruch meiner

Großmutter denken. Nachdem mein Vater noch ein Geldstück in den Opferstock geworfen hatte, wurden wir zum Seitentürl hinausgedrängt. Da die Stiftkirche gleich daneben liegt, machten wir anschließend auch darinnen noch einen kurzen Besuch, und der Vater zeigte mir den Tod von Ötting oben auf der hohen Standuhr und erklärte mir, daß bei jedem Sensenhieb ein Mensch auf Erden sterben würde, worüber ich schon erschrak.

Jetzt war es höchste Zeit zum Mittagessen, besonders für meine noch nüchternen Eltern, aber Wallfahrtengehen heißt auch Entbehrung auf sich nehmen, meinte mein Vater. Der Kalbskopfbraten meiner Eltern, bei dem ich mithalten durfte, schmeckte, und ein „Kracherl" löschte den Durst. Das Nachmittagsprogramm bis zur Abfahrt um vier Uhr – die Leute wollten ja zur Stallarbeit wieder daheim sein – war noch recht reichhaltig: Besuch in der Magdalena-Kirche, Besichtigung des Panoramas, einer Darstellung des Leidens Christi in lebensgroßen Bildern in einem Rundbau, und das Allerwichtigste, der Kauf der Andenken und Mitbringsel für die Daheimgebliebenen. Geschäfte dafür gab es wohl ein Dutzend, und die Inhaber luden schon heraußen stehend ein. Meine Eltern aber hatten ihr Stammgeschäft, und die Großmutter hielt ich fest an ihrer Hand. Eine schwarze Wetterkerze nahm meine Mutter, ein Päckchen Quittenkäse, einige Bruder-Konrad-Bilder, einen Rosenkranz. Eine Frau, ihrer Sprache nach wohl aus fernerer Gegend, musterte die Kreuze und lobte: „Ja schöne Herrgottn, so schöne Herrgottn, na was kost so a Herrgottl?" Als sie aber den Preis vernahm, rutschte es ihr heraus: „Sind die Teufln aber teuer!"

Nun kam die entscheidende Frage der Großmutter nach meinem Wunsch. Meine Augen gingen die Regale durch, und da erspähte ich ihn, eine Kanone stand in der oberen Reihe neben Zinnsoldaten: Prangertag – Bachbauern Luk – Kanone, so mein Gedankengang.

Der Vater wies energisch mein Ansinnen zurück, aber die Großmutter entschied, als sie meinen bettelnden Blick sah: „Wenn er Prangertag spielen will damit, so soll er sie haben, ist ja auch eine heilige Sach", und ich bekam sie.

Die Verkäuferin führte mir vor, wie man den Ladehebel spannen konnte und dann abziehen. Es gab zwar keinen großen Donner, eher nur einen Schnackler, auch keinen Pulverdampf wie beim Bachbauern seiner Schallkanone, dafür ein Funkensprühen, von einem Feuerstein verursacht.

Recht glücklich kam ich also von meiner ersten Ötting-Wallfahrt nach Hause; ich hatte als Bub von fünf Jahren eben noch nicht wie mein Vater die Zeichen der damaligen Zeit erkannt, die Kriegsspielzeug sogar an heiligem Ort anbot.
Als bald darauf mit Kanonen aufgerüstet wurde, war meine längst kaputt gegangen, vor lauter Prangertagschießen.

Mit'm Kreuz gehn

Wir bitten um Sunn, Wind, Regn für d' Saat
und daß uns da Himmö vor Blitz und Unwetter bewahrt!

Maisonne, dazwischen warmer Regen, sie lassen nicht nur die Haare wachsen, wie man spaßhaft meinte, sondern auch Saaten und Feldfrüchte. Und der Landmann schaut voller Hoffnung auf seine Felder und Wiesen. Er hat seinen Teil beigetragen, hat geackert, geeggt, gedüngt und gesät, er bekämpft das Unkraut – früher mit dem Distelstecher, heute mit Spritzmitteln – aber wachsenlassen muß auch jetzt noch der Herrgott. Freilich, in früherer Zeit, als die Technik und Chemie auf dem Agrarsektor noch nicht so weit entwickelt waren, da ist sich der Bauer dessen noch mehr bewußt gewesen. Und weil in der Bibel steht „bittet, so wird euch gegeben" und im Vaterunser „das tägliche Brot gib uns heute", drum ist er in der Bittwoche – die Woche mit dem Himmelfahrtstag – mit dem Kreuz durch die Fluren gezogen.

Schon die Vorfahren in heidnischer Zeit, sie haben die guten und verheerenden Kräfte der Natur zu spüren bekommen und wollten mit Flurumgängen und Umritten ihre Götter um Schutz für die heranwachsenden Feldfrüchte bitten.

Gefürchtet waren die Frostüberfälle im späten Frühjahr. In unserer christlichen Zeit kennt man die Eisheiligen: Pankratius, Servatius, Bonifatius und die kalte Sophie vom 12. bis 15. Mai.

Wer's Schaf vor Pankrats und Sevats schert, dem is d'Woll mehra wia dös Schaf wert! heißt es.

Aus den heidnischen Flurumzügen sind die christlichen Bittgänge geworden. Schon am Markustag, dem 25. April, war der erste Flurumgang. Montag, Dienstag, Mittwoch in der Bittwoche wurde mit dem Kreuz gegangen.

Der erste Bittgang führte in meiner Heimatpfarrei zum Nachbardorf Uttigkofen. Um sieben Uhr wurde aufgebrochen: Voraus der Kreuzträger, die Schulkinder, Burschen und Jungfrauen, der Fahnenträger, der Pfarrer mit der Kreuzpartikel-Monstranz, von Ministranten begleitet, nachher die Mannerleut und Frauen. Nach freudenreichem, schmerzhaftem und glorreichem Rosenkranz kamen die Gesetzerl „der Du uns die Früchte der Erde geben und erhalten wollest" und „der uns vor Blitz und Ungewitter bewahren wolle". Auf halbem Weg ist der Gegenzug aus Uttigkofen gekommen. Das Beten wurde fast zum Schreien, man wollte die andere Pfarrei „obibeten". Alle Glocken haben in die Kirche eingeläutet. Nach Litanei, Schaueramt und Wettersegen ging es zum Kirchenwirt.

Ist uns Kindern schon der Gottesdienst in der fremden Kirche mit anderen Heiligen auf den Postamenten nicht lange geworden, so hat es uns im unbekannten Wirtshaus bei „Kracherl", Brezn und Knackwürsten noch viel besser gefallen.

Am Dienstag und Mittwoch ist der Kreuzgang auf Feldwegen zur Schlipfinger Kapelle und zum Filialkircherl in Untergrafendorf gezogen. Und hat sich die Gottesnatur schon maienhaft gezeigt, so ist es eine Freude gewesen: die Lercherl sind aus den Äckern aufgestiegen und der „Guckazer" hat gerufen. Auf dem Heimweg konnte es schon recht ordentlich warm werden, das Brotzeitbier hatte redseliger gemacht, so konnte es vorkommen, daß die Bauern mit dem Herrgott, mit den Heiligen und den Prozessionsnachbarn gleichzeitig „geschmatzt" haben.

Der Bauer nach der alten Art trägt seinen Pelz bis Himmelfahrt! rät eine Regel. Da Christi Himmelfahrt, vierzig Tage nach seiner Auferstehung, ein bewegliches Fest ist wie Ostern, drum kann es an diesem Tag schon heiß sein. Zu Frontenhausen werden nach alter Überlieferung die „Brem" (Bremsen) ausgelassen, die kleinen blinden, die „grünkopfaden" und die großen „Roosbrem". Ein richtiges Wetter darf kommen, weil es heißt:

Wird an Himmelfahrt am Pfarrer sein Chorrock naß, so gibt's viel guten Flachs. Es regnet überhaupt gerne in der Bittwoche.

Der Auffahrtstag war der Ausrasttag in der Bittwoche, ehedem er zum Vatertag proklamiert wurde. Am Freitag darauf, dem Schauerfreitag – „der Herr bewahr uns vor Hagelschauern!" – wurde in aller Herrgottsfrüh aufgebrochen zur großen Flurprozession um die gesamte Gemarkung der Pfarrei. Der Geistliche trug unter dem Himmel das Sanktissimum zu den vier Altären in Filialkirchlein oder an Wegkreuzen, und eine Schar Ministrierbuben, Fahnen- und Kerzenträger war aufgeboten.

Vier privilegierte Männer (so in Diepoltskirchen) mit Kreuzelstab sorgten für die Betordnung. Wie auf Kommando zeigten sie alle gleichzeitig an, wann die linke oder rechte Seite vor- und nachzubeten hatte. Sie winkten beim „hochgelobt und gebenedeit ..." mit ihren vergoldeten Kreuzelstecken. Wichtige Konferenz hatten sie während des Evangeliums. Mußte doch beschlossen werden, ob es anschließend links oder rechts und mit welchem Gesetzerl es weiterging.
Daß die Schauerfreitagsprozession von sechs Uhr in der Früh bis elf Uhr mittags dauerte, so wie in Ruhstorf, war keine besondere Ausnahme. Mit Klinseln und Läuten und „hochgelobt und gebenedeit ..." wurde in die Heimatkirche eingezogen. Pfarrer und Gläubige schnauften auf. „Gut ist es wieder gegangen, das Wetter hat gepaßt und jedes Bauern Felder wurden berührt beim Gang des Herrn!" –
Modernes, oft fast unchristliches Denken, Zeitmangel der Nebenerwerbslandwirte und der Verkehr auf den Straßen sorgten dafür, daß die Bittgänge heutzutage nur mehr ein kümmerliches Dasein fristen.
Zeitgemäße Bodenbearbeitungs-, Dünge- und Spritzmethoden und nicht zuletzt die Hagelversicherung haben den landwirtschaftlichen Produzenten unserer Tage recht selbstsicher gemacht: „Wachsn lassen könn mas schon!"
Aber wäre das Bitten und Danken fürs tägliche Brot in Anbetracht weltweiter Hungersnöte nicht angebracht?

Der Bubikopf

Es war Ende der dreißiger Jahre. Ich plagte mich als Gymnasiast zu Passau ab. Wie interpretierte der „Büffel“, unser Lateinprofessor, den Spruch „Vor den Erfolg haben die Götter den Schweiß gesetzt!“: „Gschundn muaß er wern, da Mensch, damit er epps wird!“
Meine Schwester, noch keine tausend Wochen alt, und mein Bruder besuchten mich, brachten frische Wäsche ins Internat und als Gruß von der Mutter einen mit Liebe und viel Zibeben (= Rosinen) gebackenen Kuchen. Mein Bruder, noch Werktagsschüler, hatte sich für die Fahrt nach Passau einen Tag ausgebeten, um die Schwester begleiten zu können. Die Fahrt ging mit dem Radl zur Bahnstation Aldersbach, mit der Bockerlbahn nach Vilshofen und von dort weiter nach Passau.
Zur damaligen Zeit ließen sich die Mädchen auf dem Lande die Haare wachsen nach der Natur Walten, und sie flochten sie je nach Dichte zu Knoten oder zu Zöpfen. Fanny, meine Schwester, war als Schuldirndl stolz auf zwei stramme Haarzöpfe, die ihr bis zu den Knieen hingen. Nun kam von der Stadt heraus die Bubikopfmode. (In unserm Hausgartl wuchsen etliche Ziergrasstöcke, „Bubikopf“ benannt, welche von der Schwester mit dem Kampel frisiert wurden.)
„Von der Stadt heraus“, das hieß bei uns daheim „aus Passau“. Dort wohnte in der Innstadt die Frau Studienrat, „Studentnrätin“ namelte sie der Großvater, sie war mit der Familie schon etliche Male zur Sommerfrische dagewesen. Sie war es auch, die meine Schwester zum „Zopf ab!“ überredet hatte.
Nach dem Besuch bei mir ging es also eilig zur Frau Studienrat und mit dieser zum Friseur. Zwei Schnitte – ab waren die dicken Haarzöpfe, und ein Bubikopf wurde modeliert. Das benötigte seine Zeit, und die Zugabfahrt rückte näher. Ein beachtlicher Weg von der Innstadt zum Hauptbahnhof, vielleicht auch einige Male vor einem Schaufenster stehenbleiben, um sich darin zu spiegeln, kurzum, der Zug stand schon zur Abfahrt auf dem Gleis, Bahnsteig Nr. 2, und „Richtung Regensburg“, die heimatliche also, war angeschrieben. Eilig hinaufgekraxelt, hinein, ein Pfiff, und der Zug dampfte ab. Die beiden so pressanten Passagiere wunderten sich sogleich in dem wohl 2. Klasse-Waggon,

noch mehr aber, als der Zug in rasanter Fahrt durch die bekannten Personenzug-Haltestellen Heining, Schalding, Seestetten und sogar durch die Umsteigestation Vilshofen raste.
Das Wundern ging aber in Schreck über, als der Schaffner zur Fahrkartenkontrolle hereinkam und aufklärte, daß sie sich im Orientexpreß Istanbul–Amsterdam befänden, der erst in Regensburg wieder anhalte. Da standen nun an: Fahrgeldforderung Vilshofen–Regensburg, Schnellzugszuschlag, und zurückfahren nach Vilshofen mußten sie wohl auch wieder, die beiden blinden Passagiere. Sie waren zwar im Besitz der Rückfahrkarte Passau–Aldersbach, aber die galt hier nicht, und die neue Frisur vom Bader hatte den Geldbeutel geleert. Ein Fahrgast, eine Frau aus Würzburg, sah die verängstigten Gesichter, sie erbarmte sich und löste die zwei aus. Erleichtert bedankte sich meine Schwester und versprach, den geliehenen Geldbetrag bald zurückzuschicken. Beim kurzen Aufenthalt in Regensburg wurden über Telefon die Daheimgebliebenen verständigt. Dazu mußten aber die Leute von der „Öffentlichen" in Habach, eine viertel Stunde von zu Hause entfernt, bemüht werden.
Mit einem Personenzug ging es zurück nach Vilshofen. Beim Eintreffen dort neigte sich schon der Tag, aber oh Glück im Unglück, der letzte Bockerlzug nach Aldersbach stand – schon unter Dampf – auf dem Gleis. Beim Aussteigen in der Endstation Aldersbach dunkelte es bereits, und mit den Radeln gings nun die rund 10 km heimwärts zu. Ein Wetterleuchten im Westen wurde immer häufiger und heller, und die beiden fuhren Richtung Westen. Über den Schlipfinger Berg hinauf – droben hätte man schon die Lichter des Zuhause sehen können – da brach es los mit Blitz und Donner und Regen aus allen Kübeln gegossen! Unter dem Überhang einer Kiesgrube neben der Straße suchten die beiden Schutz, und die Fanny, welche die Wetter arg fürchtete, hielt sich die Augen zu. Der frühsommerliche Gewitterguß war schnell vorübergezogen, aber wie getaufte Mäuse kam das Geschwisterpaar zu Hause an. Alle waren froh über die einigermaßen heile Heimkehr, die neue Frisur aber war restlos beim Teufel.
Wie meinte der Hasen-Karl, als das Zuchtschwein nur zwei Ferkel gebar, ein lebendes und ein totes, und die Dienstmagd mit einer frischen Bubikopf-Frisur heimkam: „Wo könnt ma denn da no a Glück habm, wann jetzt d'Hex im Haus ist!"

Waldbeerl

Ein niederbayerischer Bauernhof mit ertragreichen Feldern und Wiesen und ein schönes Holz dabei, das war einmal etwas, als fast wöchentlich Händler nach feilem Vieh nachfragten, Eier- und Butteraufkäufer einander den Weg abliefen, als es noch keine Überschußproduktion gab.
„Ein schönes Holz dabei", der Wald war zu diesen Zeiten noch ein wichtiger Lieferant: Waldstreu im Hochwald gerecht oder aus den Blößen gemäht, lieferte Mist und „am Misthaufen derkennt man den Bauern", so galt es einmal. „Groparat" (dürres Reisig) nach Winterstürmen gesammelt, „Schepsschoatn" (Rinde), „Wied" (Astholz) und Scheiter lieferten das Brennmaterial für die Öfen und den Kartoffeldämpfer, den Backofen nicht zu vergessen.
Und brauchte man für Reparaturen, An- oder Neubau Holz, so war es gut und billig, wenn man sich die Sägbäume aus eigner Waldung holen konnte.
Reiche Schwammerlernten gestalteten den Speisezettel etwas abwechslungsreicher, und in den einst gesunden Waldungen gab es reichlich Beeren zu ernten. Schon Ende Mai schauten wir auf den sonnigen Lichtungen nach. Und wenn nachher rote Beerln aus dem Blattgrün leuchteten, zogen wir aus mit großen Kaffeehaferln oder gar Maßkrügen. Walderdbeeren haben ein einzigartiges Aroma, und Gartenerdbeeren oder die Plantagen zum Selberpflücken wie heutzutags, die gab es dortmals nicht. Waren die Geschirre gegupft (bis zum Rand) voll – oben steckten wir noch ein Sträußlein mit besonderen Prachtexemplaren hinein –, so rückten wir heimzu. Die Waldfrüchte in einer Schüssel zerdrückt und mit süßem Rahm veredelt, das ergab den „Erdbeerkäs", eine begehrte Nachspeise.
Als einmal zu Pfingsten die Tante Anna aus München zu Besuch da war, hatte sie uns zum Pfingstbraten etliche Treibhausgurken mitgebracht. „Goguma" (Gurken) zu dieser Jahreszeit, das war uns damals eine Rarität. Gleichsam als Gegenleistung holten wir Kinder etliche Liter Walderdbeeren. Die Tante wiederum buk uns den ersten Erdbeerkuchen, und als ehemalige Schloßköchin von Haidenburg verstand sie sich darauf.

Nach Johanni reiften die blauen Beerl, die „Hoabeerl“, die Schwarzbeeren, die Taubeeren, eine Vielfalt an Namen für die Heidelbeeren. In unserer Gegend mit schwereren Böden und Fichten- und Tannenwaldungen wuchsen sie nicht. Auf sandigen Böden mit Föhrenbestand aber, da waren sie zu finden. So mußten wir uns, meist mit den Fahrrädern, auf die Reise machen zu den Waldhängen am Sulzbachtal, von wo aus man zum Schloß Baumgarten hinübersieht. Zusammen mit Mutter, Magd und der Schwester fuhren wir los. Wir zwei Buben nahmen meist etwas kleinere Haferl als die andern, damit wir beim Entleeren in den großen Kübel mithalten konnten. War der erste gefüllt, gab es die mitgebrachte Brotzeit und eine Rastpause. Als erste trieben wir auch ab mit der mühsamen „Hoabeerlbrockerei“, hielten aber doch durch, bis beide Eimer gefüllt waren. Es hieß dann: „Heimzu, heimzu, Hoabeerl ham mir grad gnug, lauter große, gar keine kleine, juche!“ Unsere Ausdauer wurde von der Mutter mit einem Schüsselchen voll „Hoabeerlkäs“ belohnt (wie mit den Erdbeeren zubereitet!).
Auf unseren Streifzügen beim Schwammerlsuchen hielten wir schon Ausschau nach den Ernteaussichten bei Himbeer- und Brombeerhekken an den Waldrändern. Auch da gab es ertragreiche Jahre. Allerdings, bei den Himbeeren war auf weiße Maden zu achten, und bei den Brombeerstauden blieb man leicht an deren Dornen hängen. Unsere Mutter kochte aus diesen Waldbeeren Mehrfruchtmarmelade. Damit machte sie vor allem dem Gaumen des Vaters Freude. Er träumte immer von einer Marmeladenfabrik, obwohl er bestimmt mit Leib und Seele Landwirt war. Ein weiter ertragreicher Obstgarten umgab unseren Hof, die leichtbödigen Südhänge der Habacher Felder hätten sich für die Anpflanzung von Beerensträuchern geeignet. Und da zur selbigen Zeit Kinder und Häuslerleut Waldbeeren zum Verkauf sammelten, wäre auch dieses Angebot dagewesen. An freien Feiertagsstunden zeichnete er die Pläne: Sudhaus, Saftkelterei, Lagerhallen, Abfüllräume und Autogaragen. Hätte er es erlebt, vielleicht wäre sein Traum von der Marmeladenfabrik in den Zeiten nach dem Krieg, als in unserer Gegend die Gurken- und Konservenfabriken wie Schwammerl aus dem Boden wuchsen, zu realisieren gewesen.
Waldbeerl, auch unsere geschädigten Wälder bringen sie noch hervor, bestimmt nicht in der Fülle von einst, aber wer macht sich noch die Mühe, sie zu pflücken!

Der Tod von Ötting

Maienzeit war, und der Faltermeier Peter war auf seiner alljährlichen Ötting-Wallfahrt. Mit dem Omnibus ist er hergekommen, er hatte ja schon den Achtziger auf dem Buckel. Zu Fuß den Weg wie in jüngeren Jahren, das hätte er wohl nicht mehr derpackt und derschnauft, obwohl er noch recht rüstig war.

Er hatte sein Programm fast absolviert: die Gnadenkapelle, die Bruder-Konrad-Kirche, die Basilika und die Magdalenenkirche. Er freute sich zu Recht auf das Mittagessen im Gasthof, war er doch von der Kommunion her noch nüchtern; aber die Stiftskirche wollte er noch mitnehmen. Da es schon auf zwölf Uhr zuging, waren nur noch wenige Besucher in der Kirche. Er blieb stehen und schaute über die hohe Standuhr zum Tod von Ötting hinauf, wie der jede Sekunde seinen Sensenhieb führte. Schon als Bub hatte er vernommen, daß, sooft der Tod von Altötting mit seiner Sense zuschlage, jemand auf der Welt sterbe. Gewiß hatte er in letzter Zeit, wenn irgendein Wehdam drückte, auch schon an sein Ende gedacht. Die „Seinige" war ihm schon vor etlichen Jahren in die Ewigkeit vorausgegangen. Da gab es ihm einen Riß! Hatte nicht der Boandlkramer da oben mit den Zähnen gescheppert und zu ihm heruntergeredet? Ja jetzt vernahm er es deutlich: „Na, Faltermeier, bei dir wär's auch nimmer zu früh!"

Der Angeredete:	„Bist narrisch, jetzt im Mai, wo draußen alles wächst und blüht, und wo ich mich so wohl fühl, na, na, da ist noch koa Gschäft zum macha!"
Der Tod:	„Nachher pack mas im Juni!"
Faltermeier:	„Na, weißt du, Gvatter Tod, dös geht wirklich nöt, im Juni, wo die Altheuernte angeht und ich noch a bißl mitkratzn muß!"
Der Tod:	„Wie wärs nachher im Juli, im heißen, wo es schön kühl ist in der Erde?"
Faltermeier:	„Weißt du nöt, daß da die Traid-Ernt angeht, da bin ich unabkömmlich!"
Der Tod:	„Das seh ich ein als Sensenmann. Aber im August, da geht es eh schon dem Herbst zu!"

Faltermeier: „Ja freilich, soll ich ihn wohl nimmer sehen dürfen, den gefüllten Stadel, hab doch beim Anbauen auch noch fleißig mitgeholfen, na das kannst mir auf keinen Fall antun!"

Der Tod: „Der September heißt ‚Scheidung', das ist gwiß die richtige Zeit fürn Heimgang!"

Faltermeier: „Was hast gsagt, im September, Erdäpfelklaubzeit, ja meinst du, ich möcht nöt noch erleben, wie d' Erdäpfel ausgfalln sind, und nachher erst der Michelikirta?"

Der Tod: „Im Oktober, da färben sich die Blattl am Baum und fallen ab, da werd ich dich holen!"

Faltermeier: „Aber jetzt machst an Punkt, Boandlkramer! Wer möcht denn sterbm, wann da Weltkirta gfeiert werd!"

Der Tod: „Du strapazierst fei mei Geduld, Faltermeier, aber beim November sind wir, beim Totenmonat, da ist's dö meistn recht!"

Faltermeier: „Mir aber nöt! Da muaß ich doch für mei Kathl und dö Arma Seeln betn! Und unser Most, der jetzt ausgärt hat, der muaß doch a probiert werdn!"

Der Tod: „Zum Dezember aber kannst jetzt nix mehr sagn, wann ich dich erlös! Hast eh letzts Jahr um die Zeit schon so kränkelt und geachatzt!"

Faltermeier: „Jetzt da, da mach dir koa Sorg um mich! Ich höit mein Buckl schon zum Kachlofa hin, und im Bett hab ich aufgwärmte Stoana!"

Der Tod: „Bruder, du bist a Hartgsottner! Aber da Januar ist a harte Zeit für dö Alten, da pack mas, mir zwei!"

Faltermeier: „Wia kämst jetzt da drauf? Im Jänner, da wachst da Tag, da hoff a ich wieder!"

Der Tod: „Im Februar, wanns recht wachelt und stürmt, da jammern dö alten Leut und verlangen oft nach mir, da ist's aber ganz gwiß auch am Faltermeier recht!"

Faltermeier: „Ja eahm schaug an! Ja glaubst du, daß ich nächsts Lichtmeßn aussteh, wo ich scho zeitlebens auf mein Platz bin? Auf gar koan Fall!"

Der Tod:	„Du, Peter Faltermeier, jetzt hör, mei Geduld geht aus, und März, da geht da Schnee und du mit mir!“
Faltermeier:	„Aber Gvatter Tod, so epps sagn! Jetzt, wos an Kunigund wieder warm werd von unt und wos an Auswärts zuageht. Da gspür auch ich no an März, nöt grad dö Junga!“
Der Tod:	„Jetzt bleibt dir zuletzt noch da April, der ist schiach und weiß nöt was er will, da muß’s auch am Faltermeier recht sein!“
Faltermeier:	„Ganz und gar nöt, und meine Osteroar, dö möcht ich scho no habm!“
Der Tod:	„Ja wir san durch mit’m Jahr! Heut hättst dir’s aussuacha könna, du hast’s verpaßt! So werd ich ohne Ankündigung komma!“

Der Sommer.

Munter. Marschtempo. Volkslied.

1. Nichts lu - sti - ger als in der Zeit,
2. Wir schrei - ten in den dunk - len Hag,
3. Wir la - gern uns am Brom - beer - sproß,

1. val - le - ri ju - hei! wenn Tur - tel - taub' und
2. val - le - ri ju - hei! wo's ro - te Bee - ren
3. val - le - ri ju - hei! im Schat - ten auf das

1. Kuk - kuck schreit val - le - ri ju - hei! und
2. ge - ben mag, val - le - ri ju - hei! die
3. wei - che Moos, val - le - ri ju - hei! der

1. wenn im wil - den, grü - nen Wald das Lied der
2. Am - sel pfeift vom grü - nen Zweig, der Fink, der
3. Kuk - kuck schreit uns im - mer - zu ge - schwät - zig

1. Nach - ti - gall er - schallt,
2. schlägt da - zu auch gleich.
3. durch des Wal - des Ruh', } val - le - ri, val - le - ra,

DER SOMMER

Das Jahr hat seinen Scheitel erreicht und die Sonne ihren Höchststand erklommen. Sonnwendfeuer flackern auf in der Mittsommernacht. Der Sommer-Hans feiert Namenstag. Die Bauernregel „Wenn der Kuckuck nach Johanni schreit, bringt er Mißwachs und schlechte Zeit!“ weist uns darauf hin, daß es mit dem Jahr schon wieder bergab geht.
Die Korn- und Weizenfelder wogen im Sommerwind, ein Ährenmeer!
Zu Sonnwend „ferkelt“ der Hafer und die Gerste „zähmt“ sich.
Lang und arbeitsreich sind die Tage des Landmannes. Die Zeit der Ernte, und damit die Einbringung des Lohnes für seine harte Arbeit, beginnt. Die Wiesen, zu meiner Kinderzeit scheckige Blumenteppiche mit Margariten, Glockenblumen, Kuckuckslichtnelken, Schaumkraut eingestreut in blühende und stäubende Gräser, sie sind reif zum ersten Schnitt. In aller Herrgotts Frühe stehen die Mahder im tauigen Naß. Der gleichmäßig zischende Schnitt der Sense ist zu hören, dazwischen das Wetzen. Würzig duftet abends das Heu auf den „Höderln“ (Heuhaufen).

Wenn die Korn- und die Jakobiäpfel reifen, erreicht das bäuerliche Jahr in der Getreideernte seinen Höhepunkt.

Sankt Kilian (8. Juli) *stellt die Schnitter an.* Und *die ersten Birn bringt Margaret* (20. Juli), *drauf überall die Ernt' angeht.* Das hatte Geltung, ehe der Mähdrescher kam. Goldbraun leuchten die Feldbreiten. Die wogenden Ähren fallen, und es reihen sich Kornmandel. Und nachher weht der Wind schon über die Stoppelfelder.

Anna (26. Juli) *klar und rein, wird s'Korn bald geborgen sein!* Für die Schulkinder ist jetzt große Vakanz, aber die Eltern und die großen Leute wissen genug Arbeitsaufträge für sie: Wasser schöpfen, Brotzeit schleppen, Garben halten, Nachrechen. Und alles greift zu, gilt es doch, Brot für ein Jahr zu bergen. Dankbar schaut der Bauer auf die bis zum Katzenbretten hinauf gefüllte Traid-Scheuer. Zum Ausrasten aber ist keine Zeit. Das Grummet, der zweite Wiesenschnitt, wartet. Arbeit gibt es reichlich hin bis zum Einwärts: Das Kartoffelkraut welkt schon, die Rüben leiben sich, Äpfel, Birnen, Zwetschgen reifen heran.

An Barthlmä gehn die Wetter heim, deren Aufzug vor der Ernte mit Angst und Sorge erfüllt hatte. Ihre Regengüsse weichen den Boden für neuen Umbruch nach der Ernte. Die Wälder dampfen, und die Schwammerl schlüpfen aus dem moosigen Boden, erlebnisreiche Erntezeit für die Kinder. Sommer- und Vakanzende fallen zusammen. Der Schulalltag beginnt, für die Bauernleut gibt es noch viel Arbeit bis zum Kirta hin.

JUNI

Brachmond – Sommermond

Im Juni, da stehet die Sonne im höchsten Stand,
da dürsten die Menschen, das Vieh und das Land.

Auf den Juni kommt es an,
ob die Ernte soll bestahn.

Menschensinn und Juniwind ändern sich geschwind!

Gibt's im Juni Donnerwetter,
dann wird das Getreide fetter.

Wenn kalt und naß der Juni war,
verdirbt er meist das ganze Jahr.

Nordwind, der im Juni weht,
nicht im besten Rufe steht.

Macht Margarete feucht und naß,
regnet's ohne Unterlaß.

Mit der Sens' Sankt Barnabas,
schneidet ab das längste Gras.

Ist's an Peter-Pauli klar,
hoffe auf ein gutes Jahr.

D'Hollerstaudn blüht

„Kreuz, Birnbaum und Hollerstaudn!", hat der Seppenbauer geschimpft, als es draußen schon wieder anfing, aus allen Schleusen zu gießen, und er hatte das Altheu draußen.

Schimpf wohl zurecht über derartiges Wetter, nicht berechtigt aber der wenn auch nicht allzuharte Schelterer. Sagt man doch, vor der Hollerstaude soll man den Hut ziehen. Wir Buben damals konnten das nicht, weil wir ja keinen auf hatten. Aber ihre gerade gewachsenen Äste zogen wir nieder, schnitten sie mit dem Sackmesser ab und fertigten uns daraus eine „Stopselbüchse". Ein ellenlanges Stück wurde vom Mark ausgehöhlt und dazu aus einem Backofenscheit ein passender „Stempfel" geschnitzt. „Werg" (Hanf) lieferte uns die Abdichtung an einem Ende, einige Fasern davon angespeichelt und zu Kugeln gedreht, die Munition und zugleich den Verschluß auf der andern. Ein ruckartiger Druck, ein lauter Knall und die Kugel flog übers Stadeldach. Es konnte schon passieren, daß ein Querschläger eine Fensterscheibe einschlug.

Zwischen Backofen, Wagenschupfe und Sauweide wucherte sie, die Hollerstaude, eine hinter dem Heustadel, manchmal arg zerschunden von uns Buben, aber nicht zum Umbringen. Auch die Läuse, welche oftmals in schwarzen Würstchen dranhingen, konnten sie nicht „aufarbeiten". Die Hühner, die an sonnigen Tagen den Wurzelstock der Staude unterwühlten und im feinen Staub badeten, schafften es ebenfalls nicht.

Holunder (Sambucus nigra), Holler, lebendige Herrgotts-Hausapotheke des Einödbauern, sie blüht im Juni allerorten.

Ihre Beurteilung ist recht gegensätzlich: So behaupten die einen, sie sei eine nutzlose Wucherstaude, die noch dazu stinke, und so ganz unrecht haben sie nicht. Aber auch die haben recht, welche sie als ein segensreiches Gewächs loben, das zur Blütenzeit so bekömmlich rieche. Und Tee aus den getrockneten Blüten treibt den Schweiß heraus beim Grippekranken, löst den Schleim bei Halsentzündungen und wirkt harntreibend. Gemüse aus gekochten Blättern ist galletreibend, blutreinigend und abführend. Die in Wein gekochten Wurzeln ergeben ein Mittel gegen Wassersucht ... So ist nachzulesen im Heilkräuterbüchel.

Die Nachbarin kommt mit einem Weidling voller Hollerblüten vom Garten und tut ein Rezept für Hollerblütensekt kund: zehn Blütendolden, ein Kilo Zucker, ein halber Liter Weinessig mit zwei Zitronen in zehn Liter Wasser angesetzt, später abgeseiht, in Flaschen gefüllt und in den Keller gestellt, das gäbe ein „hupfendes Wasser“, welches ärgsten Durst lösche. Doch auch der im Herbst aus den Beeren angesetzte Hollerwein ist nicht zu verachten.

Das „Hollerkoch“ (Hollersuppe oder Hollermus), aus den Hollerbeeren gekocht, zusammen mit einem Apfel und einigen Zwetschgen und mit einem Löffel Mehl eingedickt, der eine lobt es über den Schellnkönig: „Kommst im nässelnden Herbstabend in die Stube, und es steht eine Schüssel dampfendes Hollerkoch auf dem Tisch mit frischen Ofenweckerln dazu, das schmeckt und du bleibst gesund!“ Ein anderer wiederum verachtet diese rare Speise.

Im Juni, wenn die Sonne den Scheitelpunkt erklommen hat, wenn die Feuer auf den Höhen entzündet werden, und der Sommer-Hans, auch „Hansdampf“ genamelt, getauft auf Johannes den Täufer, seinen Tag feiert, da dampft es auch in den Bauernküchen. Die Hollerküchel, Hollerblüten in Pfannkuchenteig getaucht, prutzeln im heißen Schmalz. Grad der Wimpassinger, der behauptet hat, er hätte gar keinen Mehlzahn und Fleisch oder „Brotlzeug“ (Aufschnitt) vertrage er am besten, der hat seine Bäuerin gebenzt: „Wenn’s heut schon unbedingt diese Hollerküchel geben muß, so tu doch ins Teigerl ein Neigerl Bier hinein, dann bring ich sie leichter hinunter!“

Da fällt mir ein: der alte Schmied von Ruhstorf hat in der notigen Zeit nach dem Krieg getrocknete Hollerblattl aus dem Hosensack geholt und seine Tabakspfeife damit gestopft. Und wenn er damit im Wirtshaus rauchte, bekam er an jedem Tisch sofort genügend Platz ...

Das Pontifikalamt

Nach Ostern hatte ich in Passau am humanistischen Gymnasium meine „Studentlzeit", wie man damals sagte, angetreten. Zu Pfingsten gab es keine Ferien. So blieb ich im Internat, bekam aber am Pfingstmontag von den Eltern Besuch.

Am Pfingstsonntag erlebte ich das erste Pontifikalamt im Hohen Dom. Wir Buben hatten uns rechtzeitig einen guten Platz weit vorne unter der Turmkuppel ergattert. Kurz vor neun Uhr öffnete sich die Sakristeitür linker Hand, und ein langer Zug bewegte sich heraus und hinüber zur Gegenseite: Kreuz, Rauchfaß, Fackeln, alles in den Händen von Alumnen im weißen Chorrock, zwei mit rotem Velum, Leviten und Assistenten in prunkendem, rot-goldnem Ornat. Jetzt ging das Tor gegenüber auf. Bischof Simon Konrad, eine stattlich hohe Gestalt, trat heraus, hinter ihm sein Sekretär. Letzterer übergab einem Alumnus die lange, rote Schleppe zum Tragen. Nun zog der Kirchenfürst zum Presbyterium segnend ein, vorbei an den Domherren in den Chorstühlen. Pfingstsonne, Scheinwerfer und zahlreiche Kerzen hatten den Raum mit seinen hochgotischen, barockisierten Fenstern in strahlendes Licht getaucht.

Die Orgel, die größte Kirchenorgel der Welt, brauste mächtig auf, und die Klänge aus ihren riesigen Pfeifen durchhallten den säulendurchzogenen barocken Raum. „Ecce, sacerdos magnus ..." (seht den hohen Priester ...) sang der mehrstimmige Domchor. Der Zug kam beim Bischofsthron an, und geschäftiges Treiben entwickelte sich dort. Der gesamte Ornat des Bischofs war auf dem Hochaltar aufgelegt. Alumnen brachten die einzelnen Teile, und Leviten und Assistent bekleideten den „Hohen Priester" für die pfingstliche Feier der Eucharistie. Stab und Mitra, von den Alumnen mit rotem Velum getragen, kamen zuletzt. Und jetzt schritt der Bischof mit der gesamten Assistenz an den Altar zum Stufengebet. Genau hatte ich bestaunt: die goldbrokatene Mitra, besetzt mit Edelsteinen, den gotischen Stab, ein Goldschmiedemeisterwerk, das wertvolle barocke Meßgewand, die Stulpenhandschuhe, ebenfalls reich verziert, die bestickten Schuhe.

Nachdem der Bischof Stab und Mitra wieder abgenommen bekommen

hatte, begann er: „Introibo ad altare dei ...“ (zum Altare Gottes will ich treten ...)
Mit der vom bischöflichen Celebranten so feierlich gesungenen Präfation und dem jubilierenden Sanktus des Domchores ging der Gottesdienst dem Höhepunkt, der Wandlung, zu. Der Sekretär hatte dem Bischof nun das rote Käppchen abgenommen. Mäuschenstill wurde es im Dom, die leise gesprochenen Wandlungsworte waren bis zu uns nicht mehr zu hören. Da setzte oben im Turm „Die Stürmerin“ (181 Zentner schwer!) mit schwerem Glockenschlag ein, und aus dem Fernwerk der Orgel unter dem Gewölbe erklangen Flöten, Zimbeln und Violinen. Der Bauernbub aus dem abgelegenen Gehöft, er war erfaßt und fasziniert. Zu schnell für ihn ging das Pontifikalamt seinem Ende zu. Auf der obersten Altarstufe stehend, wieder mit Stab und Mitra, erteilte der Bischof mit fester Stimme „sit nomen domini benedictum ...“ den feierlichen Segen. Die Orgel brauste auf, und wohl viele der über einhundert Register waren jetzt gezogen. Nachdem die liturgischen Gewänder des Bischofs am Altar abgelegt waren, zog er segnend den Weg, den er gekommen, aus dem Dom.
Ein Pontifikalamt in voller barocker Prachtentfaltung hatte ich erlebt. Ich bedauerte, daß die Meinen daheim nicht hatten dabei sein können. Und aufgeschaut hatte der elfjährige Bub zum Bischof, dem Nachfolger der Apostel, voll Ehrfurcht. Und aufschauen können zu einem, der erhöht, der auch mächtiger ist, in seinem Schutz sich fühlen, das kann dem Menschen mal ganz gut tun. Im gleichen Jahr ist es gewesen, da wurde zu Allerheiligen im Dom die Grabesgruft geöffnet, welche unter der Stelle ist, von der aus ich das erste Pontifikalamt erlebt hatte. Ich stieg hinunter und sah die Sarkophage der Passauer Bischöfe im Schein einiger Kerzen im düsteren Gewölbe und wußte, keiner auf dieser Welt, mag er noch so hoch gestellt sein, entgeht dem Tod.
Das Pontifikalamt von heute ist durch Liturgiereformen sehr vereinfacht, der Zeit angepaßt, so sagt man. Ob wohl nicht die einstige Form, wie ich als Bub sie erleben durfte, dem Menschen der Jetztzeit auch noch etwas geben könnte?

Der falsche Primiziant

Geldverachter gibt es wenige auf der Welt. Zu Geld kommen, das möchten die meisten, durch Arbeit ist die häufigste Methode. Es ist aber bekannt, daß ein Finger voll Handel mehr trägt als ein Arm voll Arbeit. Und stets wird es Menschen geben, welche auf unehrliche oder sogar verbrecherische Weise Geld erraffen wollen. – Wie der „Körbizäuner Peter“ zu Geld kommen wollte, das hat mir der Hofmeister Otto, unser alter Schuhmachermeister, erzählt:

Vor einem halben Jahrhundert ist es gewesen. Ich war mit dem Gesellen und meinem Lehrbuben eine Woche lang auf der Stör bei einem Bauern in Hof. Da ist eines Nachmittags der Körbizäuner Peter hereingekommen. Einige Jahre hatte ich ihn schon nicht mehr gesehen, obwohl ich viel auf der Stör umhergekommen bin. Der Peter ist bekannt gewesen. Selten hatte er Geld im Beutel gehabt. Er hätte wohl am liebsten zum Amtsgericht „Diebsam“, Bezirksamt „Räumzam“ gehört, wie der alte Peisl zu sagen pflegte.

Mit Körbezäunen hat er sich fortgebracht. Heute trug er dem Bauern seine Dienste an. Und weil dieser etliche Kirmen zu flicken hatte, wurden sie angenommen. So hat der Peter seine Werkstatt ebenfalls in der Bauernstube aufgeschlagen. Auf meine Frage, wo er solange gewesen sei, hat er berichtet: „Ich hab fünf Jahr in der Keuchn auf Staatskosten gelebt! Wie es dazu gekommen, willst wohl wissen! Nein, ausgeraubt oder umgebracht hab ich keinen. Aber ganz abgebrannt bin ich halt wieder einmal gewesen. Es war nach Peter und Paul, wo die jungen Pfarrer ausgeweiht werden. Da ist mir und einem Spezi die Idee gekommen, als Primiziant auf die Walz zu gehen. Der Freund hat mich bei den großen Bauern angekündigt, und nur zu denen sind wir hinein, in einer Fretten kriegst ja eh nichts.

Bis in die Holledau sind wir beide hinausgekommen, und es ist ein recht einträgliches Geschäftl geworden. Wieder hatte mein Freunderl bei einem Hopfen-Ökonomen angesagt: ‚Gleich kommt ein neugeweihter Herr und erteilt euch den Primizsegen und bittet um eine kleine Unterstützung!‘ Der hatte darauf seine Familie und die Ehehalten in der Stube zusammengerufen. An den Wand- und Fürbänken haben sie sich hingekniet. Dann bin ich im Talar hineingeschritten. Bei einer Theatergruppe hatte ich diesen ausgeborgt gehabt. Die lateinische Segensformel hatte ich einmal in einer Kirche vernommen gehabt. Ich hab sie schon hingekriegt, verstanden haben sie eh nichts. Recht feierlich war es in der Stube, und ich war überzeugt, daß der Hausvater dem Primizianten – damals hat es Pfarrerüberschuß gegeben – zur Aussteuer schon einen Patzen herausrücken werde. Da hat die Mitterdirn zu kuddern (lachen) angefangen. Der Bauer ist recht wild geworden. Er hat verlangt, sie solle sofort den Grund dafür sagen, sie hat es nicht getan. Wir beide haben das großzügige Primizgeschenk eingesteckt und sind davon. Der Dienstherr hat der Dirn gedroht, sie vom Hof zu jagen, wenn sie nicht auspacke. So hat sie schließlich aufgeklärt: ‚Das ist gar kein echter Primiziant, ich habe ihn erkannt, da ich schon einmal mit ihm gegangen bin (Liebesverhältnis hatte).' Bald sind wir zwei von Gendarmen eingeholt und verhaftet worden. Fünf Jahre hat der Staatsanwalt gefordert und der Richter mir gegeben. Ich hab sie überstanden."

„Ja, Sachen gibt's!", so schloß der Otto.

Die Firmung

Welcher christkatholische Mensch hätte sie nicht nötig, die sieben Gaben des Heiligen Geistes, die der Weisheit und des Verstandes, des Rates und der Stärke, der Wissenschaft, der Frömmigkeit und der Furcht des Herrn!

Bei der Firmung ruft der Bischof sie herab auf das Firmkind, salbt mit Chrisam, das verleiht die Kraft Christi, und macht mit dem Backenstreich zum Streiter Christi.

Daß die Kraft recht wichtig ist, das wußte ich, wurden wir doch schon längst darauf hingewiesen, bei der Firmung müsse der Firmling eine Kette durchbeißen und mit Standhaftigkeit die Firmwatschn ertragen.

Für die Firmung braucht man zunächst einen Firmpaten, den Gödn, der wiederum sagt zum Firmling „mein Göd“. Als Erstgeborener hatte ich Anrecht auf den einzigen Bruder meines Vaters, den Onkel Hansl in Steinach, südlich von Pfarrkirchen. Er bewirtschaftete dort mit der Tante ein Anwesen mit dreimahdigen Wiesen und ertragreichen Akkerböden und stand sich nicht schlecht. Der Name „Hansl“ war ihm von Jugend auf geblieben. Wie seine Mutter, unsere Großmutter, öfters erzählte, war er in der Schulzeit ein rechter Schlingel gewesen. Hatte sie ihn zum Katechismuslernen aufgefordert, so setzte er sich in die Herrgottswinkelecke und sagte auf: „Moses, Moses? – Hier bin ich, sagte Moses im brennenden Dornbusch ...“ Damit glaubte er, sein Pensum erfüllt zu haben, und seine Mutter war ja wieder in der Küche draußen.

Als ich ins vierte Schuljahr ging, fuhren wir, meine Eltern und ich, an einem sonnigen Sommersonntag die etwa zwanzig Kilometer weite Strecke zum Onkel Hansl zum „Gödnbittn“. Ich sollte niederknien und bitten: „Onkel Hansl, mach mir bittschön den Gödn!“ Ich kam gar nicht dazu. Der Onkel nahm mich unter seinen Arm und sprach: „Gell Bub, ich bin dein Göd und du bist mein Göd und wir zwei werden uns einen schönen Tag machen bei deiner Firmung. Und nicht: ich komm zu dir, sondern du zu mir!“ So wurde ich nicht mit meiner Schulklasse daheim in Aldersbach, sondern im Markt Triftern gefirmt.

Heutzutage wird die Erstkommunion feierlich gestaltet; in der Kirche sind Besucher zu sehen, welche das ganze Jahr nicht hineinkommen. Und bei der familiären Feier geht es hoch her, viele Gäste sind geladen, und die Geschenke häufen sich zu Bergen, und das Sparkonto schnellt hoch. Damals hatte die Feier der Firmung Vorrang.
Zu Ostern im Firmjahr – ich war jetzt im fünften Schülerjahrgang –, da kamen Onkel und Tante zu Besuch, und der „Göd in spe" bekam einen großen Schokoladeosterhasen. Als ich ihn aus seinem Holzwollnest in der Schachtel nahm, bemerkte ich, daß er an der Seite etwas eingedrückt war. Vielleicht war er dadurch dem Paten etwas billiger gekommen – der aber gewiß nicht geizig war –, doch so konnte ich ein wenig probieren, denn so ein rares Geschenk gehörte zunächst einmal zum Anschauen und Aufheben.
Im Juni war Firmtag. Mit dem Postauto fuhr ich nach Pfarrkirchen. Der Schafför, der Breinbauer, ein freundlicher, gutmütiger Mann mit einem Kopf wie ein Pfarrer, er meinte zu mir: „So Bub, gefirmt wirst morgen, schau nur, daß du die Kettn durchbeißen kannst!" Auf der ganzen Fahrt erzählte er den Gästen Geschichten zum Lachen. Ich bewunderte ihn, wie er so sicher mit dem großen Lenkrad das Postauto auf der holperigen Sandstraße dahinsteuerte und faßte den Entschluß, einmal Postauterlschafför zu werden.
In Pfarrkirchen holte mich der Göd ab. Die Tante Thekla und mein Vetter und die beiden Basen begrüßten mich freudig. Mein Vetter, auch Namensvetter und gleichaltrig, er wurde zusammen mit mir gefirmt. Das war gut und milderte etwaige Ängste. Ich hatte auf der Fahrt mein Sonntagsgewand angehabt und feinsäuberlich in einer Schachtel verpackt die neue Firmmontur mitgebracht. Es war ein Anzug mit der ersten langen Hose, bisher hatte ich nur kurze oder „Dreiquartelhosen" getragen. Zum Abendessen gab es „Rupfhauben", die Tante hatte es gut gemeint und viel Milch hineingegeben, die ich überhaupt nicht mochte. Weil ich recht herumstocherte, meinte der Onkel zur Tante: „Schau, Mam, mein Göd, der hat keinen rechten Appetit, vielleicht hat er schon Angst vor der Firmwatschn!"
Mein Onkel war ein Ochsenbauer, der Pate meines Vetters aber Roßbauer. Er stellte das schneidige Gespann und das Fuhrwerk, mit welchem wir Vier nächsten Morgen nach Triftern fuhren. Auf dem weiten, schönen Marktplatz war schon reges Treiben, und mein Göd meldete uns zwei in einem Gasthof zum Essen an. Nachher gingen wir

in die festlich geschmückte Kirche. Als alle Firmlinge drinnen waren und der Bischof feierlich eingezogen, wurde die Kirchentür versperrt. Von der Predigt bekam ich wenig mit, ich war zu aufgeregt. Dann mußten wir uns, die Buben mit Paten auf der Männerseite, die Mädchen mit Patinnen gegenüber, den Gang entlang aufstellen.
Der Bischof kam mit Stab und Mütze, gefolgt von einigen Geistlichen, er stand dann direkt vor mir: „Ich firme dich ..." vernahm ich, der Backenstreich oder gar eine Watsche waren nicht zu verspüren. Da haben sie dich wieder richtig gefoppt, dachte ich.
Eine Kette war auch nicht durchzubeißen gewesen, aber genügend Kraft nötig für das, was folgte. Das war das Mittagsmahl mit drei Gängen. Während der Nachspeise trat ein Bauchredner auf und ging anschließend mit seinem Hut sammeln. Eine Photographie vom Paten und seinem Patenbuben mußte gemacht werden. Ein Ansteckzeichen mit dem Bild des Bischofs wurde erworben. Nachmittags ging es von Kaffeehaus zu Kaffeehaus, überall Met, „Kracherl", Gebäck. Was nicht verdrückt werden konnte, wurde in Tragtüten verpackt. Der Göd rauchte seine Zigarre recht genüßlich und meinte, jetzt als Gefirmter könnte ich auch eine probieren, was ich lieber sein ließ.
Voll beladen kamen wir gegen Abend heim zur Tante, auch mein Vetter. Der Tisch war gedeckt wie zum Kirta und Drischlmahl zugleich. Der Tante zuliebe langte ich noch zu und versuchte hinunterzudrücken. Und jetzt kam der große Augenblick. Der Pate brachte die Patengeschenke: Eine Taschenuhr mit silberner Kette, die Firmschatulle, darinnen Meßbuch, Rosenkranz, Schnappmesser und der blinkende Firmtaler. Letzterer war als ein Notgroschen gedacht, und vom Firmunterricht her wußten wir ja, daß der Firmpate nach den Eltern auch verantwortlicher Beistand sei. Für mein leibliches Wohl hätte wohl niemand besser sorgen können als mein Göd und die Tante an diesem Firmtag.
Nächsten Tag ging es mit dem Postomnibus nach Hause. Der Vater holte mich an der Station Johanniskirchen ab. Zur Schachtel mit dem Firmanzug waren etliche dazugekommen, mit Firmsachen, Torten, Kuchen und Gebäck. Die Firmuhr hatte ich in der Joppentasche stecken, und immer wieder mußte ich auf die Uhr schauen. Viel gab es dann zu berichten zu Hause, und mit den Geschwistern wurde geteilt.
Firmung: Ich war ein ganzes Trumm stärker geworden im Essen und Trinken, hoffentlich auch im Geiste!

Da „Herr Rat“

Der Herr Pfarrer von Uttigkofen, einem Bauerndorf zu Füßen des Schlosses Haidenburg im Sulzbachtal gelegen, betreute einige Jahrzehnte seine Pfarrkinder als ein echter Seelsorger. Mit den Jahren kam er zu Ehren mit der Verleihung des Titels „Bischöflich Geistlicher Rat“. Das tat der Anhänglichkeit seiner Schafe zum Hirten keinen Abbruch, nur der Respekt und die Achtung wuchsen gegenüber dem „Herrn Rat“.

Die Ernennung brachte die Bürde des Schuldekanats mit sich. So erinnere ich mich, daß er auch in unsere Schule nach Pörndorf zur Religionsprüfung kam. Ich sehe noch seine großen Hände, welche sich beim Lehren in weichen, verständlichen Gesten bewegten, und die gutmütigen Augen, die unter buschigen Augenbrauen durch die Brille mit Goldrändern lugten. Strenge kam bei der Prüfung bestimmt nicht auf. Vielleicht bedachte der Visitator, daß zur damaligen Zeit vor allem Schulkinder aus wenig begüterten Familien und oft noch mit weitem Schulweg schon genug Last zu tragen hatten.

Daß er aber daheim im Pfarrhof seine etwas herbe Köchin angrantelte, das soll schon vorgekommen sein. So hielt er, im Gegensatz zu dieser, nicht viel vom Gemüsegartl; er aß gern bäuerliche Kost, die Gemüsebeilagen wenig kannte. „Weißt was“, meinte er dazu, „da kaufst du zuerst den Samen, nachher die Pflanzl und zum Schluß das Gemüs. Meine liebste Beigab zum Fleisch ist eh a halbe Bier!“

Als die Technik auch auf dem Lande draußen einbrach, kaufte der Herr Rat sich ein Motorradl, einen „Hennasprenger“ wie man es namelte. Bei der ersten probemäßigen Ausfahrt geriet es ihm nicht, den Motor wieder abzustellen und das Fahrzeug zum Stehen zu bringen. So fuhr er von Uttigkofen über Pörndorf, Roßbach, Emmersdorf und zurück die Runde, bis das Benzin ausging. Durch die Dörfer aber hörte man ihn rufen: „Leut, wo stellt man denn die Maschin wieder ab?“

Als der Geistliche Rat solange auf seinem Pfarrposten war, daß er zu den Kindern seiner ehemaligen Religionsschüler sagen konnte: „Du stellst dich genau so dumm an wie damals dein Vater, deine Mutter und schon deine Großeltern!“, da übergab er und setzte sich zu Heinrichs-

dorf in den wohlerarbeiteten Ruhestand. Das Motorradl hatte längst ausgedient. Er betreute das um 1500 erbaute gotische Nikolaus-Kirchlein, das von der Höhe weithin sichtbar herabgrüßt und das noch im Sprengel seiner ehemaligen Pfarrei liegt. Dort las er die tägliche Messe.
Zum Stammtisch holten ihn die Bauern allwöchentlich nach Uttigkofen zum Kirchenwirt, erst mit dem Gäuwagl oder im Winter mit dem Schlittngeißl, später mit dem Mercedes. Er war halt ein so „unterhaltlicher" Herr. – Treuer Begleiter des Herrn Rat war sein „Murmi", ein schwarz-weiß gescheckter, mittelgroßer Hund, der Abstammung nach halb Schnauzer, halb Spitz. Der Gesellschaftstag war donnerstags. Die Kirchenwirtin hatte manchmal schon in Planung für den darauffolgenden Abstinenztag eine große Bratheringsdose geöffnet. War der Murmi artig und folgsam gewesen – wobei man behauptet, daß Lehrerbuben und Pfarrerhunde die ärgsten im Dorfe seien –, so bestellte der Rat für seinen Hund einen Hering und stellte diesen unter den Tisch, wo Murmi meist faul hingebreitet lag. Verzehrte er ihn, so ließ sich sein Herrchen auch einen kommen, verschmähte er ihn, so aß der Herr Rat den Brathering.
Eines Abends dischkurierten sie wieder in der Gaststube, die Bauern nach getanem Tagwerk, der Herr Rat nach eintöniger Zweisamkeit im Austragshäusl. Am Tisch daneben ereiferten sich Anhänger einer Sekte in der Streitfrage: „Hat der Mensch eine Seele, oder ist der Mensch eine Seele?" Der Herr Rat „luuste" mit einem Ohrwaschel ein Zeitl hinüber. Dann stand er gemächlich auf, ging hinüber und konstatierte: „Wißts was, ös habts keine Arschlöcher, ös seids Arschlöcher!"
Er schritt zurück und setzte sich behäbig zu seinen Stammtischbrüdern, und in seinem Innern war ihm um ein ganzes Trumm wohler. – Ausspruch aus dem Mund eines geweihten Herrn, des Herrn Rats, eines braven Dorfpfarrers, dem Gott der Herr an die neunzig Jahre schenkte.

Die Geißmilch

„Bayern und Pfalz, Gott erhalt's!" hat es einmal geheißen, als beide zusammengehörten. Damals hat meine Tante Resl den Eisenbahner Ludwig aus Straubing geheiratet. Er wurde versetzt in die westliche Rheinpfalz, und das Ehepaar hat auf der Strecke Worms–Kaiserslautern Dienst getan und ein Bahnwärterhäuschen bewohnt. Der Onkel Ludwig verstand die dortigen Bewohner schlecht, und er schimpfte, er werde keinesfalls bei diesen „Franzosen" – wie er sie nannte – lange bleiben. Und doch ist ihm diese Dienststelle bis zum Tod Heimat geworden. Sie hielten sich „Eisenbahnerkühe", zwei Ziegen, welche mit Milch belieferten.

Nun ist es oftmals eigenartig bei den Menschen. Ein Schweindl, das sich draußen auf der Sauweide in der „Saulockerlettn" (Suhle) wälzt, schaut wahrlich aus wie eine „Sau". Und trotzdem ist ihr Fleisch meist weit mehr geschätzt als das des reinlichen Pferdes. Bei der Milch ist es ähnlich. Vergleiche die Kuhfladen mit den „Geißbohnen", und doch verachten viele Menschen die Geißenmilch. Dabei ernährt sich die Ziege von ausgesuchten Gräsern und Kräutern. Das versuchte die Resl oftmals ihrem Ludwig klarzumachen, aber ohne Erfolg. „Eine Geißenmilch mag ich nicht!" konstatierte er und dabei blieb's. Nun aß er gerne bayerische Mehlspeisen. Als ihm schwante, für die Zubereitung könnte vielleicht Milch nötig sein, da verlangte er, bevor er sich solche Köstlichkeiten einverleibte: „Resl, drei Finger aufs Herz, daß keine Geißenmilch drinn' ist!" Was blieb der Tante schon übrig. Sollte sie das gute Essen wegwerfen, in einer Zeit, wo es in ihren Kreisen bestimmt keinen Überfluß gab?

Als der Onkel Ludwig schon längst im wohlverdienten Ruhestand war, kamen die beiden zu uns heim auf Besuch. Er wünschte sich zum Mittagessen Reinzelten. Zufällig sah er, wie meine Mutter den Teig dafür mit Kuhmilch anmachte. Er fragte sie, ob man Reinzelten auch ohne Milch zubereiten könne. Als die Mutter verneinte, rief er mit hoher Stimme seine Resl: „Hast du daheim die Mehlspeisen immer mit Wasser angemacht?" „Die hättest du mir bestimmt verachtet, ich hatte aber nur Geißenmilch!" gestand die Tante. So hatte unser Onkel ein Leben lang Mehlspeisen, mit Geißenmilch angemacht, gegessen und sich munden lassen. – Was man nicht weiß, macht einen eben nicht heiß!

JULI

Heuert – Heumond

Der Juli wird wärmer, die Sonne erhitzt.
Darinnen entstehet viel Donner und Blitz.

Im Juli muß braten, was im Herbst soll geraten.

Einer Reb' und einer Geiß
ist's im Juli nie zu heiß!

Wenn gedeihen soll der Wein,
muß der Juli trocken sein.

Julidonner füllt die Grummetkammer.

Regnet's am Liebfrauentag,
währt noch vierzig Tag die Plag.

Regnet's auf St. Margaret,
dann die Nuß sehr schlecht gerät.

Jakob nimmt hinweg all' Not,
bringt Kartoffeln und frisches Brot.

Ist Sankt Anna erst vorbei,
kommt der Morgen kühl herbei.

Schlösserromantik

Wir saßen nach einem arbeitsreichen Frühsommertag auf der Gredbank an der hölzernen Hauswand. Die Gesichtsseite des niederbayerischen Bauernhauses ist meist nach Osten gerichtet, so auch bei uns daheim, und der Blick war nicht verbaut. Wetterwolken zogen dorthin ab, im Westen riß der Himmel auf, die Strahlen der untergehenden Sonne ließen die Landschaft mit den Getreidefeldern und den Wäldern nochmals im gleißend gelben Licht aufleuchten. „Heut scheint d'Sonn aufn Grotzn (Gipfel), morgen haut ös uns wieder oaba auf d'Fotzn (Gesicht)", prophezeite der Großvater.

Aus dem Waldkranz der niederbayerischen Hügel strahlten die hohen Fenster des Haidenburger Schlosses auf. Schloß Haidenburg, ein spitzgiebliger Renaissance-Bau in gut einer Wegstunde Entfernung, sooft wir aus unserer Haustüre gingen, sahen wir es, so die Sicht es erlaubte.

Einige hundert Meter hinter unserem Anwesen breitete sich ein mächtiger Herrschaftswald aus, dem Baron Aretin zu Haidenburg gehörend. Beim Schwammerlsuchen waren wir Kinder schon etliche Male dem Herrn Baron begegnet, einem großen schlanken Herrn in jägerischer Montur und mit Hacklstecken. Wir haben ehrerbietig gegrüßt, und er hat den Gruß freundlich erwidert.

Einmal durften meine ältere Schwester und ich ein Paket in Haidenburg holen – dort war unsere Poststation –, und wir kamen dem Schloß ganz nahe. Von steiler Höhe schaute es herunter, umgeben von wuchtigen Ökonomiegebäuden mit hohen Stützpfeilern. Wir haben, bevor wir uns wieder auf den Heimweg machten, ein Zeitl hinaufgeschaut und uns in unserer Phantasie das Leben im Schloß vorzustellen versucht. Da erzählte die Großmutter auf der Gredbank, daß unsere Tante Anna, Vaters Schwester, die jetzt in München einen Kramerladen führte, in ihren jungen Jahren als Köchin im Schloß Dienst getan hatte. Manchmal seien die Baronskinder, die Baronesse und der junge Herr Baron, nach auftreibendem Spiel im weiten Schloßpark vor den angesetzten Mahlzeiten in die Küche gekommen, vom Hunger getrieben: „Bitte, Tante Anna, ein Stückchen Brot!" Dabei war es von der

Frau Baronin streng verboten worden, zwischen den Mahlzeiten etwas zu verabreichen. Da war für uns Schlösserromantik schon nicht mehr so romantisch.

Tante Annas Mann, der Onkel Christian, von uns auch etwas respektlos „Onkel Pfeifendeckel“ genamelt, weil er seine Pfeife, brennend oder kalt, nur zum Essen und Trinken aus seinem Munde nahm, er hatte ebenfalls in seinen Burschenjahren herrschaftlichen Dienst getan. Er war Chauffeur beim Baron zu Schönau gewesen, einem Wasserschloß in weiträumigem Park bei der Hofmark gleichen Namens gelegen. Tante Anna hatte uns einmal mit einigem Stolz, als sie zur Sommerfrische bei uns weilte, eine Photographie gezeigt, darauf der Onkel in schneidiger Uniform, die stramme Schirmmütze auf, postiert neben der lackglänzenden herrschaftlichen Motorkarosse. Der herrschaftliche Dienst in benachbarten Schlössern hatte die beiden fürs Leben zusammengeführt.

Weil der Sommerabend lau, fügte die Großmutter noch eine Schloßgeschichte dazu; sie erzählte ja gerne, besonders, wenn Hoagartnleute da waren. Sie stammte aus dem Pfarrdorf Johanniskirchen, das wie Schönau und Haidenburg im Sulzbachtal liegt. Vom breiten Hügelrücken schaut dort das gotische Kirchlein Guteneck ins Tal. Dieser altehrwürdige Sakralbau gehörte zu einem gleichnamigen Schloß. Nach dem Bericht unserer Großmutter ist es aber untergegangen, Guteneck sei also ein versunkenes Schloß:
Vor geraumer Zeit lebten auf dem Schloß Guteneck Graf Rupert und seine Gemahlin Leonore in schönster Eintracht. Drei Kinder hatte ihnen der Herr geschenkt, zwei hatte der Tod nach kurzer Lebensdauer dahingerafft, nur ein Mädchen war am Leben geblieben. Dieses war recht sittsam und wurde von den Eltern sehr geliebt. War ein Kind in der Umgegend nicht folgsam, so wurde gemahnt: „Sei auch so brav wie die kleine Agatha oben auf dem Schloß!“ Zur selben Zeit trieben sich Räuber in der Gegend umher. Der Graf zu Guteneck hatte schon vor einigen Jahren bei einem Streifzug zwei Mörder gefangen genommen und hinrichten lassen. Nun sollte der Geburtstag des Schloßherren gefeiert werden. Kränze und Girlanden wurden gebunden, und auch Agatha machte sich auf, Blumen zu suchen. Dabei entfernte sie sich vom Schloß. Da sprangen zwei Räuber aus dem Gebüsch und entführten das Kind. Als im Schloß das Fehlen des Kindes bemerkt wurde, machte der Vater sich mit den Leuten voller Angst auf die Suche. Aber sie blieb vergeblich. Voller Gram pilgerte der Graf bald darauf ins Heilige Land. In seiner Abwesenheit wurde Guteneck von feindlich gesinnten Nachbarn angegriffen und angezündet. – So schilderte unsere Großmutter den Untergang von Guteneck.
Tatsache ist, daß auf Guteneck heute noch das Schloßkirchlein steht, kunstvoll renoviert, und hinter dem Mesneranwesen, oben auf dem Berg im Gebüsch, ein tiefer Ringgraben zu sehen ist. Ein Klassenkamerad aus der Gymnasialzeit, mit dem zusammen wir in der Sommervakanz den historischen Ort dort oben erkundeten und welcher aus Johanniskirchen stammte, wußte zu erzählen von einem unterirdischen Gang, der herab nach Dummeldorf – dort hätten sich einst die Viehherden von Guteneck getummelt – führte und durch den vielleicht die Gräfin den Burgbelagerern entkommen konnte.
Schloßgeschichten aus den Tagen der Kinderzeit!

Schloß Schönau und den weiten Park mit einem sehenswerten Baumbestand, schon öfters habe ich es inzwischen besucht. Das Schloß, frisch renoviert, von Wasser umgeben, romantisch liegt es da, auch heute noch. Auch vor dem Schloßtor zu Haidenburg bin ich inzwischen gestanden. Der Baron ist aus den für heutige Begriffe nicht mehr sehr wohnlichen hohen Räumen ausgezogen und hat sich auf einem Nachbarhügel eine schloßartige Villa mit allem Komfort unserer Zeit errichtet. Er ist ein Waldwirtschaftler von Rang und Namen.
Fuhren wir Kinder einst mit Mutter und Magd zum Heidelbeer brocken in die Hölzer der Sulzbachtaler Hügelkette, so konnten wir hinabschauen auf das Schloß Baumgarten bei Peterskirchen. Auf waldiger Höhe grüßten die Türme mit den vergoldeten Wetterfahnen romantisch zu uns herüber. Was kann man heute bei der Besichtigung erkennen: Die Dächer sind unter denkmalspflegerischer Aufsicht neu gedeckt, es bestehen Pläne für die Restaurierung, der Bau selber, verlassen, er befindet sich in verwahrlostem Zustand.
Sitze adliger Herrschaften, von wo aus einst die Geschicke vieler Menschen bestimmt wurden, sie sind heute oft dem Verfall preisgegeben, stehen zum Verkauf feil; der eine oder andere wird mit großem Kostenaufwand mit Staatsgeldern den kommenden Generationen erhalten, damit auch sie von einer Schlösserromantik träumen können, die längst mit den Schlössern verfallen ist.

„Ringa – ringa – reia“

Vögel, die nicht singen,
Glocken, die nicht klingen,
Kinder, die nicht lachen,
was sind das für Sachen!

Über Kinderreime, Abzählverse und Kinderspiele soll es gehen. Heutzutage sind Kinder, besonders wenn nur eines oder zwei in der Familie sind, oftmals so mit Spielsachen eingedeckt, daß im Kinderzimmer kaum mehr etwas Platz hat: Spielzeug, elektrisch, elektronisch, mit allen Raffinessen. Und da noch eine Freude zu bereiten zum Geburtstag oder einem anderen Anlaß, das ist schwer.

Zu meiner Kinderzeit ist es da recht arm hergegangen: Für das Dirndl eine „Dogga“ (Puppe) in einer Wiege, für den Buben ein Paar hölzerne Schimmel, ein Leiterwägelchen, die Sachen oft von älteren Geschwistern übertragen und nur neu gestrichen oder gewandet.

Heut gibt es Spielsachen gerade genug, aber die Spielkameraden fehlen. Damals sind Spielsachen rar gewesen, aber Kinder zum Spielen waren genug da. Da hat die Phantasie herhalten müssen, und die Spiele sind uns selten ausgegangen. Die Kinder sind im Spiel in die Arbeit hineingewachsen, im Spiel ist die Arbeit der großen Leute nachgeahmt worden, und aus Spiel ist nachher Ernst geworden. So ist es vom „Rösserlspielen“ über den Stallbuben und Stallknecht zum Baumann gegangen.

Gerne hätten wir öfter gespielt, aber es hat für uns geheißen: „Daher, Eier abtragen, Brotzeit auf das Feld tragen, Kornmandel aufstellen, Gänse oder Küh hüten!“

Die Rösser waren einstmals der Stolz des Bauern:

Rösserl, beschlagn, Rösserl beschlagn,
wieviel Nägerl muß ma habm?
Eins, zwei, drei und a Fuder Heu
und a Packerl Mandelkern
frißt mei Rösserl gar so gern,
und a Packerl Zucker
frißt mei Rösserl trucker!

„Wie der Acker, so die Ruam, wie der Vater so die Buam!“ – Heute brennt der Bub darauf, das erste Mal auf dem Traktorfahrersitz oder hinter dem Autosteuer zu sitzen. Damals ist er schon als Knirps auf des Großvaters Knien gesessen und geritten mit:

Hoppa, hoppa, Reiter, wann er fällt, dann schreit er,
fällt er in den Graben, fressen ihn die Raben,
fällt er in den Sumpf, macht es einen Plumps!

Gerne sind die Buben beim Rösserlspielen den Hof auf und ab. Bei manchen Spielen wollten die Buben unter sich sein, so beim Pfeilbogen schießen, beim Pickeln, beim „Räuber und Schandi“ oder beim „Kneißl fangen“.

Renga, renga, Tropfa,
d' Buama muaß ma schopfa,
Buama müassn Saudreck tragn,
d'Dirndl derfan Radltragfahrn!

Mit diesem Sprücherl wollten die Mädchen die Jungen ärgern, wenn sie bei einem bestimmten Spiel nicht tauglich waren. Aber auch diese hatten ihre eigenen Spiele:
Aus Ziegelsteinen und einigen Brettern wurde ein Kaufladenregal aufgebaut. Unreife Äpfel vom Garten, Fichtenzapfen als Kaffeerollen, feiner Sand aus den Badelöchern der Hühner als Zucker, Salz oder Mehl wurden an die Kunden verkauft.
Oftmals hat schon ein Stück Spagat, zu einer Schlaufe gebunden, für ein Mädchenspiel gelangt: Diese wurden dann um Daumen, Zeigefinger und Mittelfinger der beiden Hände geschlungen, und die Partnerin hat mit den gleichen sechs Fingern abgenommen. Dabei entstanden Figuren wie „'s Stadeltor, 's Wasserl“ oder die „Spinn“.
Für das Versteckal-Spiel, das Anschlagen oder Blindemäuselfangen brauchte man nur Abzählverse:

Enninger – denninger, dicker – dogger,
spanische Nogga, fünfe – Reh, sechse – Klee,
siebne – Riegel, da achte – Prügel,
neune – Maus und du bist draus!

1, 2, 3, 4, 5, 6, 7, wo sind die Franzosen geblieben?
Zu Moskau in dem tiefen Schnee, da rufen alle o weh, o weh,
wer hilft uns aus dem tiefen Schnee?

1, 2, 3, auf da Polizei, ist ein kleines Kind geboren,
wie soll es heißen? Annemarie Rumpelkasten!
Wer soll die Windel waschen?
Ich oder du und draus bist du!

1, 2, 3, 4, 5, 6, 7, 8, 9, 10, 11, 12, 13
der Herr geht um den Weizen,
die Frau geht um das Korn
und du bist verlorn!

Vom Pfeiferlschnitzen im Auswärts und vom Schusserspielen bis zum Dampfdreschspiel im Herbst, Spiele grad genug!
Wenig Aufwand – Kinder unter Kindern – Phantasie – eine Hetz!

Lirum, larum Löffelstiel, alte Weiber essen viel,
junge müssen fasten, das Brot, das liegt im Kasten,
's Messer liegt daneben – es war ein lustig Leben!

Barocke Kuriositäten

Eine gute Wegstunde von meinem heimatlichen Pfarrdorf Pörndorf talabwärts erhebt sich die mächtige barocke ehemalige Klosterkirche der Zisterzienser. Sie ist Pfarrkirche von Aldersbach. In der Bittwoche beteten die Angehörigen unserer Pfarrei dorthin, und die Aldersbacher kamen dagegen. Wie staunten wir, wenn wir die Kirche betraten und uns sich gleichsam ein Stück Himmel eröffnete. Auf dem Rückweg meinte ich vom Mund der Aldersbacher die Frage ablesen zu können: „Gell, ihr Pörndorfer, mit unserer Kirche, da könnt ihr nicht mithalten?"

Bayern ist ein barockes Land, und in Ostbayern waren es vor allem die Brüder Asam, die hier gestalteten und malten. Das Gemüt der Künstler war es, das ihrer künstlerischen Laune manchmal freien Lauf ließ, und so entstanden auch so manche Kuriositäten:

In der St. Georgskirche der Benediktinerabtei Weltenburg schaut der Bildhauer im Selbstportrait über die Brüstung herunter und man legt ihm die Frage an den Beschauer des Werkes in den Mund: „Hab ich es nicht gut gemacht?" In der Basilika Damenstift zu Altenmarkt hat sich Asam im hintersten Raum der Kirche als reumütiger Sünder porträtiert.

Die Abteikirche zu Aldersbach, so sagt man, kenne erst, wer die Schwalbe im großen Deckenfresko entdeckt habe.

In der Wallfahrtskirche Sammarei, ebenfalls ein stattlicher Barockbau Ostbayerns, über der hölzernen Gnadenkapelle hat sich der Bildhauer Jakob Bendl, Schöpfer der Altarwand, eine Kuriosität einfallen lassen: Über dem mächtigen Reiter St. Georg schwebt der „Sammareier Engel". In der linken Hand hält er Fläschlein, der Zeigefinger der rechten Hand macht eine eindeutige Bewegung in Richtung seiner Stirn. Am rechten Fuß trägt er einen Strumpf, am linken einen Schuh.

Wenn ich es einmal beim mich Ankleiden zum Kirchgang nicht genaugenommen hatte, so konstatierte meine Mutter: „Du kommst heute so gschlampert daher wie der Sammareier Engel!"

Als die Großmutter starb

Einige Tage vor der großen Vakanz ist es gewesen. Alle im Internat waren wir schon feriengestimmt. Da kam eine Karte von zu Hause, geschrieben von der Großmutter. Mir fiel auf, daß ihre sonst so fein säuberlich gemalten Buchstaben diesmal wie von zitteriger Hand gezogen waren. Die Großmutter teilte mir mit, daß es ihr gar nicht gut gehe, und hoffentlich müsse ich nicht noch vor Ferienbeginn zu einer Beerdigung heim. Gewiß, unsere Großmutter war siebzig Jahre alt, und ich kannte sie nur gehbehindert und zuletzt an den Lehnstuhl gefesselt. Jeden Abend wurde sie, wenn wir zu Bett gingen, auf einem Stuhl sitzend, in die obere Stube hinauf- und zur Frühsuppe wieder heruntergetragen. Ein Glockenzug war von ihrem Bett aus in die Schlafstube meiner Eltern montiert worden. Fast jede Nacht wurde damit eines der Eltern gerufen, ihr wieder ins Bett zu helfen, wenn sie herausgemußt hatte. Trotzdem haben meine Eltern diese Umstände nie als Last empfunden. Die Großmutter saß nämlich den ganzen Tag in ihrem Lehnstuhl, verlangte nach Arbeit und werkelte: Sie schnitt das Knödelbrot, schälte Äpfel, entkernte Zwetschgen, sie flickte, stopfte und strickte, sie lernte mit uns Schulkindern und überprüfte die Hausaufgaben, sie führte den gesamten Briefwechsel mit der weitschichtigen Verwandtschaft und las am Abend die Romanfortsetzung aus der Zeitung vor. Und seit ich in Passau am Gymnasium war, erstattete sie auch mir Bericht von daheim. Wir Kinder hingen an der Großmutter, und wenn ich an zu Hause dachte, die Großmutter war in den Gedanken stets miteingeschlossen.

Und jetzt diese Nachricht!

Zwei Tage vor Schulschluß ließ mich der Internatsdirektor zu sich kommen. Er übermittelte die telefonische Nachricht von daheim: die Großmutter sei gestorben, und ich solle schon morgen, einen Tag vor den anderen, heimfahren. Als mir Tränen in die Augen traten, meinte er: „Aber die Großmutter war doch bestimmt schon alt, und alte Menschen müssen nun einmal sterben." Das wußte ich auch, und doch konnte ich mir nicht vorstellen, daß unsere Großmutter nimmer sein sollte. Und wie sollte er wissen, wie unsere Großmutter gewesen ist!

Es war ein sehr warmer Julitag, als ich mit meinem Koffer von der Bahnstation Aldersbach heimzu wanderte. Vom Schmiedhuberberg aus sieht man auf den heimatlichen Hof hinüber. Mein Daheim: die Eltern, die Geschwister, der Großvater – und die Großmutter lag nun auf der Totenbahre und würde mich nicht mehr freudig begrüßen.
Tränennasse Augen und wenig Worte gab es bei der Begrüßung daheim. Von der Diele oben öffnete mir der Vater die Tür zur mittleren Stube auf der Nordseite des Obergeschosses. – Da lag sie, unsere Großmutter, auf dem mit gesticktem Bahrtuch umhangenen Paradebett, friedlich ihre guten Gesichtszüge, bekleidet mit dem Gewand des „Dritten Ordens". Jahrelang schon hatte sie dieses Totengewand in der Schublade aufbewahrt gehabt. Daneben brannte ein Öllämpchen.
Meine Mutter erzählte mir, daß sie bis zuletzt nach mir gefragt habe und daß sie mit allmählich schwindenden Sinnen im Lehnstuhl gesessen und mit dem Rosenkranz in den Händen gebetet und zugleich Nähbewegungen gemacht habe bis zum Einschlafen für immer. Arbeiten und Beten, das war ja ihr Lebensinhalt.
In der Moserholzer Kapelle wurde abends der Sterberosenkranz gebetet, viele Leute waren da, und sie redeten anschließend noch von der „Haslbeckmutter" (Hausname). Unter tags kamen Besucher, welche sie gekannt hatten. Sie wollten die Großmutter noch einmal sehen und ihr Weihbrunn geben. Die Verwandten trafen ein.
Zahlreiche Trauergäste versammelten sich am Beerdigungstag auf dem Hof. In der Stube wurden die Bitten für die Verstorbene aufgeschrieben und mit zwanzig Pfennig bezahlt. Gegen acht kamen der Pfarrer im Talar und Chorrock, die Ministranten, die Rauchfaßträger und der Kreuzlträger. Nach der Aussegnung setzte sich der lange Leichenzug in Bewegung auf der Fahrstraße zum Pfarrdorf. Die Verwandten gingen hinter dem Leichenwagen, welcher von den Rossen des Posthalter-Wirtes gezogen wurde, dort sollte auch die „Gremeß" (Leichentrunk) stattfinden.
Die Kirchenbitterin trug eine Laterne mit Kerzenlicht und betete mit sehr lauter Stimme vor. Am Friedhof angekommen, folgte die Beerdigung mit Grabansprache des Pfarrers und Grablied des Kirchenchores. Alle Trauergäste sprengten Weihwasser ins offene Grab und begaben sich danach ins Gotteshaus. Im Mittelgang stand die Tumba (Scheinbahre), von sechs Kerzen flankiert. Während sodann der Pfarrer vom Altar aus alle aufgeschriebenen Bitten verlas, wurde um den Hochaltar

herum „Opfer gegangen“. Jeder warf sein Scherflein in die beiden Zinnteller auf dem Altar und nahm am Speisgitter das Sterbebild in Empfang. Anschließend zelebrierte der Pfarrer zusammen mit den Geistlichen aus Uttigkofen und Galgweis das levitierte Requiem. Vater und Großvater wollten der verstorbenen Großmutter die Ehre des „dreispännigen Gottesdienstes“ erweisen. Es folgte das „weiße Amt“ mit der Beimesse am Seitenaltar. Gegen elf Uhr kamen wir hinaus auf den Friedhof. Das Grab war geschlossen, der Hügel mit Kränzen bedeckt.

In der Gremeß beim Postwirt saß die ganze Verwandtschaft an einem langen Tisch. Die Wirtin schüttete auf alle Tische Semmeln und Brezen, das Bier war für alle Gremeßbesucher frei, und es gab Schweinebraten. Von der Haslbeck-Mutter wurde erzählt, auch die schöne Grabrede des Pfarrers gelobt. Dann betete die Kirchenbitterin das Dankgebet. Alle Gremeßleute traten zum Großvater und zu meinen Eltern hin, gaben die Hand und sagten „Vergelt’s Gott“ und gingen heim.

Das taten zuletzt auch wir. Mein Vater aber sagte: „Ich kann gar nimmer in die Stube hineingehen, weil die Mutter nicht drinnen sitzt!“ Und wir haben auch so gedacht. Aber Leben und Tagewerk mußten weitergehen.

Der Wandertag

Ging es am Gymnasium auf das Schuljahrsende zu, so wurde der Wandertag angesagt. Das bedeutete zur Ferienvorfreude noch eine zusätzliche.

Es war in den Kriegsjahren, Zwangsbewirtschaftung und Lebensmittelmarken waren längst eingeführt. Die zugeteilten Rationen wurden von Jahr zu Jahr geringer. Meine Proviantausrüstung bestand aus den vom Internat mitgegebenen Broten, einem schon etwas mageren Taschengeldbestand und einer ganzen Fleischkarte für etwa künf Kilo Fleisch- oder Wurstwaren. Letzere war von daheim; als landwirtschaftliche Selbstversorger brauchten sie diese kaum, da ja auch Hausschlachtungen genehmigt wurden. Zum „weißen“ Schweindl mußte vielleicht hie und da auch noch ein „schwarzes“ dazu dran glauben. Schlecht erging es dabei jenem Bäuerlein, als der Schandarm bei der Kontrolle zwei Sauhälften mit je einem Schwänzel hängen sah.

Wir, die Klasse 5 A, trafen uns um acht Uhr in der Frühe an der Innbrücke. Unser Klassenleiter, Studienrat für Leibeserziehung und Geographie, wohnte ja in der Innstadt, und unser Gymnasium schaut auch mit seiner italienischen Fassade zum Inn hinab.

Alle waren sie pünktlich, auch unser „Professor“ mit seiner sportlichen Knickerbocker-Hose. Er war zu Recht am „humanistischen“ Gymnasium, denn seine menschliche und entgegenkommende Art tat uns Studentlein gut. Die Julisonne leuchtete über den Mariahilfberg herüber, und wir stiegen hinauf zur Wallfahrtskirche und wanderten hinein ins ehemals Österreichische. Eine geruhsame und reizvolle Landschaft war es damals. Wir waren recht ausgelassen, nur durch die Dörfer mahnte unser Klassenleiter zur Ordnung: „Die Leut müssen doch erkennen, daß ihr aus einer höheren Lehranstalt kommt!“

An der Stelle, von wo aus man zum Schneiderschlößl hinüberschauen konnte, einem turmartigen Gebäude hoch über dem Donaustrom, da schlugen wir die Richtung zum Waldschlössel ein. Das war damals eine Ausflugsgaststätte in der Nähe der einstigen deutsch-österreichischen Grenze. Die Sonne hatte den Scheitelpunkt erreicht und brannte energisch herunter. Wir alle waren durstig, hatten Hunger und freuten uns aufs Niedersitzen.

Getränke waren zuallererst gefragt. Der Emmeran, mein Banknachbar, riet mir zu einer Radlermaß, sie sei besonders erfrischend, und wir als Sechzehnjährige und baldige Soldaten dürften uns eine solche schon genehmigen. Radlermaß – halb Bier, halb Kracherl (Limonade)! Ich dachte daran: Ach, wenn du doch heiß oder kalt wärest, aber da du lau bist ... Damit nicht falsch gedacht wird, sie war schon recht frisch, die erste Radlermaß meines Lebens, aber gemundet hat sie mir nicht. Mein Barbestand war noch mehr geschrumpft, und das Fahrgeld nach Hause mußte auf jeden Fall übrig bleiben. Was nützte mir da meine reichliche Fleisch- und Wurstwarenberechtigung!

Dem Professor neben mir gings gerade umgekehrt. Geld hatte er genug einstecken, aber ohne „Markerl" (Fleischmarken) gab's nichts dafür. Und er war, wie wir hernach feststellen konnten, ein tüchtiger Brotzeitmacher. Er schlug mir, etwas zaghaft, Tausch vor und dieser half uns beiden. Ich gab ihm Fleischmarken und er mir Geld. Das wäre ja beinahe ein Schwarzhandel gewesen jetzt. Aber zweien hatte er genützt und keinem geschadet, was sollte es!

Wir kamen müde gegen Abend ins Schülerheim zurück. Die letzten Schultage vergingen, und wir fuhren in die Ferien.

Beim Abschied machte mir der Professor noch ein Angebot. Er würde gerne mein Taschengeld aufbessern, wenn wir ihm von daheim etwas Hühnerfutter schicken würden, er wußte ja nun, daß wir Landwirtschaft hatten. Mein Vater tat es gerne: Ein Bauer einem Professor, welcher Hühner hielt, und er schrieb einen schönen Brief dazu, der Professor einen noch schöneren zurück.

Obwohl ich die nächsten Jahre den Professor nicht mehr im Unterricht hatte, entwickelte sich ein freundschaftliches Verhältnis vom Professorhäusl in der Passauer Innstadt zum heimatlichen Hof. Die Studienratsfamilie kam einmal in der großen Vakanz sogar etliche Tage zur Sommerfrische zu uns heim. Der Professor interessierte sich für Ackerbau und Viehzucht, war dabei beim Kälberziehen und wollte gerne wissen, wie viele Ähren in einer Getreidegarbe sind. Die Antwort meiner Schwester, welche schon tüchtig beim Getreideklauben im Einsatz war: „Aber Professor, bei der Arnt da muß es schlaunen (eilen), da haben wir keine Zeit, zum Ähren zählen!"

Seine Gattin, die Studienrätin, wie die Leute zu ihr sagten, war eine recht freundliche, stattliche Frau; „Studentenrätin" namelte sie unser Großvater.

Für mich kam der Kriegseinsatz, der Professor, welcher Versehrter aus dem ersten Weltkrieg war, er starb nach etlichen Jahren. Die Studienrätin aber kam fleißig zu uns heim, besonders in den harten Notjahren nach dem Krieg. Was sie entbehren konnte an Kleidung und Wäsche und Hausratsgegenständen wurde zum Tausch gegen Eßbares angeboten. Von Anwesen zu Anwesen zog sie und schaute, daß sie einige Pfund Erdäpfel, etliche Eier, ein Stückl Geselchtes zusammenbrachte, um den Ihrigen daheim den Hunger zu sparen. Als die Not vor der Währungsreform besonders in den Städten, aber zunehmend auch auf dem Land, wohin ebenfalls aus ihrer Heimat Vertriebene kamen, den Höhepunkt erreichte und „Hamsterer" und auch Bettelnde die Türklinke einander in die Hand gaben, da konnte man schon hören: „Die Studienrätin kommt auch schon wieder!" Aber mit ihrem freundlichen Wesen fand sie doch Einlaß.

Die Deutsche Mark kam, und rapide ging es aufwärts. Die Studienrätin hatte ihre Fahrten zu den bäuerlichen Anwesen nicht mehr nötig. Aber, zu ihrer Ehre sei es gesagt, sie vergaß ihre Helfer in der Not nicht. Regelmäßig kam sie und lud zu einem Kaffeekränzchen ins Dorfwirtshaus, und sie war ein gern gesehener Gast, und bei gedecktem Tisch ist gut zurückerinnern an Zeiten der Not. Längst ruht sie, die Studienrätin, die Anna, bei ihrem Jakob im schattigen Innstadtfriedhof.

„Schad, daß die Studienrätin nicht mehr kommt!" hörte man in unserer Gegend daheim noch lange.

AUGUST

Ernting – Erntemond

August nun läßt sammeln in Scheunen die Frucht,
da werden die Pilze im Walde gesucht.

Der Tau tut dem August so not
wie jedermann das Brot.

Je dichter der Regen im August,
je dünner wird der Most.

Gibt's im August rechten Sonnenschein,
so wird die Ernte besser sein.

Was der August nicht vermocht,
der September nicht mehr kocht.

Ist August im Anfang heiß,
wird der Winter streng und weiß;
stellen sich Gewitter ein,
wird's bis Ende auch so sein.

Hitz' an Sankt Dominikus,
streng der Winter werden muß.

Regen an Mariae-Schnee,
tut dem Korne tüchtig weh.

Die Heimkehr

Anfang Mai 1945, kam ich in Schwerin als Soldat des zwölfjährigen Reiches, noch nicht ganz achtzehn Jahre alt, in amerikanische Gefangenschaft. Die Amerikaner hatten die Stadt bereits besetzt, während die Russen mit ihrer Artillerie noch hineinschossen. Als ROB (Reserveoffiziersbewerber), die Meldung dazu als Gymnasiast hatte mich vor der Waffen-SS bewahrt, waren wir, der Rest einer Kompanie, von der Ostfront hergekommen. An die achtzigtausend deutsche Soldaten campierten in diesen kalten Mainächten auf einem Holzlagerplatz und erwärmten sich am Feuer aus Bretterstapeln. Unter amerikanischer Bewachung wurde ein Teil der Soldaten in Güterwägen der Reichsbahn nach Schleswig-Holstein transportiert und unter englischen Gewahrsam gestellt. Holsteinische Seenplatte, ein reizvolles Land in sprossender Maienzeit und wir als Kriegsgefangene auf freiem Feld, umstellt von englischen Panzern, das war nun unser Schicksal. Wochenlang war mein Schlafplatz zusammen mit vier Berliner Familienvätern ein Viermannzelt, umgedreht wurde auf Kommando. Später bekamen wir größere Zelte. Aber auch da drinnen auf der Erde liegend, konnte ich manchmal nachts unter meinem Rücken das Wühlen eines Maulwurfes verspüren. Daß wir der Freiheit beraubt waren, ist nicht das Schlimmste gewesen, hatten wir doch verhältnismäßig weiten Bewegungsspielraum. Lebensbedrohung war der Hunger.

Als es nach Abschlachtung der Lagerpferde das erstemal Suppe aus deren Fleisch gab, mußte ich passen, weil der Magen sich „umdrehte". Aber schon nach einigen Tagen schlich ich nachts zum Schlachterwagen, an dem noch Roßschenkel hingen und suchte ein Stückchen Pferdefleisch zu ergattern, um es in meinem Kochgeschirr zu garen. Weinbergschnecken fand ich am nahen Bahndamm. Diese sollen bei entsprechender Zubereitung eine Delikatesse sein, so hatte ich schon gehört. Für mich: in kochendes Wasser getaucht, herausgezogen und verschluckt, verscheuchten sie für einige Stunden das quälende Hungergefühl. „Hunger ist der beste Koch!" – Im Mai sprießen die Brennesseln. Bald rauften wir uns um diese. Im Viehsalzwasser gekocht – einen Sack rotes Viehsalz hatten wir organisiert –, füllten sie ebenfalls den hungrigen Magen.

Wir bewegten uns wenig, beim Aufstehen wurde mir oft schwarz vor den Augen, und einige Male sah ich, daß morgens auf einem Karren ein Leichnam abtransportiert wurde.
Allmählich pendelte sich die Versorgung mit Verpflegung auf folgende Tagesration ein: sechs amerikanische Kekse und zu dritt eine Einmann-Dosenfleischration.
Reihenweise hatten wir in der Rekrutenzeit Impfspritzen verabreicht bekommen, wahrscheinlich verdankten wir diesen, daß keine ansteckenden Krankheiten bei den körperlich geschwächten Gefangenen ausbrachen.
Zu Pfingsten war das erstemal in der Gefangenschaft die Möglichkeit, an einem Gottesdienst in einer Dorfkirche teilzunehmen. Einige Tausend waren gekommen, der Raum faßte sie nicht. Der Pfarrer erteilte Generalabsolution und ein Gefangenenchor erklang: „Harre meine Seele, harre des Herrn ... größer als der Herrgott ist die Not ja nicht!" Das sollte sich im August bestätigen. Es ging die Lagerparole um, Landwirte würden als erste zur Ernteeinbringung entlassen. Wir hatten daheim Landwirtschaft, in meinem Soldbuch aber stand Gymnasiast. Zwischen den Blättern verwahrte ich das Sterbebild meines Vaters „Josef Lettl, Bauer in Moserholz". Ich verbrannte mein Soldbuch, meldete es bei der Lagerkommandantur als verlustig und bekam einen Notausweis mit der Berufseintragung „Landwirt", bestätigt durch das Sterbebild. Tatsächlich wurden alle Landwirte erfaßt, und wir marschierten nach Neustadt ins Entlassungslager. Welch herrlicher Blick auf's blaue Meer, welch rosige Aussicht auf die Freiheit. Bei der Entlausung hörte ich plötzlich urniederbayerische Laute. Ich ging ihnen nach und traf den Rieger Franz, den langjährigen Dampfheizer meiner Heimat, der alle Jahre zum Dreschen kam. Groß war die Freude, und wir beide blieben beisammen. Nach der Ausstellung des Entlassungsscheines erfolgte die Verladung in Güterwägen. An die zehn Tage dauerte die Fahrt vom Norden bis nach Bamberg. Immer wieder gab es Aufenthalt, es fehlten Kohlen für die Lokomotive. Nie werde ich's vergessen: als unser Sonderzug in der Gegend von Hannover auf freier Strecke in der Nähe eines größeren Bauerndorfes hielt, und die Bewohner erkannt hatten, daß hungernde Gefangene die Passagiere waren, da kamen sie mit ihren Schubkarren an, voll beladen mit Brotlaiben, Würsten, Gläsern mit Eingemachtem. Herzlich war unser Dank. Die Fahrt durchs Land zeigte uns aber auch, was der totale

Krieg aus unserem Vaterland gemacht hatte. So war die Kunststadt Würzburg, welche im Januar 1945 noch völlig heil war, als ich sie verließ, ein Ruinenfeld.
Bamberg war zunächst Endstation und die Rennbahn dort der Aufenthaltsort für etliche Tage. Dann wurden wir auf einen amerikanischen Laster verladen, so viel stehen konnten, ich weiß es nicht mehr, waren es vierzig oder fünfzig. Unser Schafför, ein freundlich lachender Schwarzer, sprang ins Führerhaus, und los ging die rasante Fahrt. Wir kamen durch Nürnberg, die ehemalige Stadt der Reichsparteitage. Als Flakhelfer hatte ich sie vor einem Jahr mitzuverteidigen gehabt, an jedem zweiten Gebäude der Innenstadt die Tafel „historisch sehr wertvoll", jetzt eine Stätte des Grauens. Zum Grauen wurde allmählich auch unsere Fahrt. Bei scharfen Kurven glaubten wir, der Laster käme zum Umsturz. Daß einer der vier Hinterreifen platzte und zu rauchen und stinken anfing, störte unsern Fahrer wenig. Schon befürchteten wir, nach Überstehung des Schlamassels des Krieges und der Gefangenschaft, nun doch nicht mehr heil heimzukommen. Kurz nach Regensburg wurde bei einer Kurve einer, der außen stand, mit dem Kopf an einen Straßenbaum geschlagen und schwer verletzt. Dem Fahrer wurde geklopft, er hielt an. Ein nachkommender Ami-Sanka nahm den Verunglückten auf. Die Fahrt wurde jetzt etwas handsamer. Der Rieger Franz und ich konnten in Osterhofen den Lastwagen verlassen. Gott sei Dank!
Der Franz kannte einen Wirt gut, der hatte ein Pferdegespann. Mit unserem Entlassungsgeld finanzierten wir die Pferdekutschenfahrt nach Kröhstorf. Der Augusttag neigte sich, als der Heimkehrer zu seiner Frau ins Haus trat. Ein Jubelschrei und eine innige Umarmung. Rühreier gab es für uns beide als Begrüßungsmahl. Ich brachte wenig hinunter, zu groß war der Drang heimzu. Der Franz stellte sein Fahrradel zur Verfügung. Und bald stand ich auf dem Schmiedhuberberg und sah hinüber zum heimatlichen Hof, wie ich oft getan, wenn ich fortging oder heimkam. Und eine Angst stieg in mir auf. Vor rund zehn Monaten hatte ich fortmüssen, meine Mutter war schwer magenkrank. Seit sechs Monaten hatte ich keine Nachricht mehr bekommen. Würde das Schicksal jetzt erst zuschlagen? „Größer als der Herrgott ist die Not ja nicht!" so kam es in den Sinn. Und dann trat ich ein, die Mutter, der Großvater und die Geschwister, all die Meinen lebten. Niemand schämte sich der Freudentränen.

Zwei ungarische Offiziersfrauen mit drei Kindern und zwei Flüchtlingsfrauen aus Berlin waren im Haus einquartiert, zwei ungarische Soldaten mit ihren Pferden in der Scheune. Aber da waren Felder mit einer Ernte, die zum Teil schon eingebracht war, und Wiesen, die Futter für die Kühe lieferten, und Kartoffeläcker. Hungern brauchte niemand.
Im September kam die Dampfdreschmaschine zu uns. Einige Zentner Steinkohlen wie sonst gab es heuer nicht. Hinter der Scheune lagen einige tannerne Stöcke. Der Großvater brachte die Stockbüchse, Pulver und Zündschnur. „Das habens nicht erwischt, die Ami, meine schönen Vorderlader und das Terzerol habens so fort!" sagte er. Die Stöcke wurden angebohrt, geladen, und nachher krachte der erste Schuß. Kaum hatte sich der Pulverdampf in den Obstgarten verzogen, da kam mit Geratter ein Panzerspähwagen über den Ederberg heraufgefahren. Bei der Kapelle neben unserem Hof hielt er, und ein behelmter Ami streckte den Kopf aus dem Turm und hielt mit dem Feldstecher Ausschau. Mir fuhr der Schreck in die Glieder. Nochmals gefangen werden?! Doch der Wagen fuhr weiter, nichts geschah.
Mit Schlegel, Keilen und Kreissäge wurde Dampfholz hergerichtet und die Ernte ausgedroschen. Ich war daheim und blieb daheim.

Auf Schwammerljagd

Wenn im August nach Gewitterregen die Hölzer „dampfen" – zu Barthlmä gehen ja die Wetter heim –, dann schießen die Schwammerl aus dem Boden.
Heutzutage kommen die Schwammerljäger mit ihren Autos von überall herbei, so irgendwo noch ein „Schwammerlgrund" vermutet wird, und sie reißen den letzten Pfifferling aus. Allerdings, seit in aller Mund die Wörter „Tschernobyl" und „Becquerel" sind, ist die Gier nach dem letzten Schwammerl nicht mehr so groß.
Schwammerlzeit, das bedeutete für uns Kinder einst Freudentage. Meist war ja noch große Vakanz. In aller Früh, wenn die Rehrudel auf den tauigen Wiesen ästen, und sich die spähenden Augen erst an die Düsternis im Dickicht gewöhnen mußten, da war es am allerschönsten, das Schwammerlsuchen. „Da müßt ihr aber heute zeitig ins Bett, wenn ihr morgen früh zum Schwammerlsuchen geht!" bestimmte die Mutter. Zu wecken brauchte uns niemand, der Gockelschrei hatte das getan und auch freudige Erregung. Mit Körbchen und Messer zogen wir los, die Schwester und ich, und die älteren zwei Wieserkinder, das Hansl und die Fanny, gingen oftmals mit.
Weite und damals noch recht dichte Wälder umgeben den Ort Moserholz. Unseren eigenen Wald durchstreiften wir zuerst. Da wuchsen die schokoladebraunen Eichensteinpilze und Prachtexemplare von Rotkappen. Letztere ließen wir stehen, sie waren wegen der Schwarzfärbung beim Kochen nicht begehrt, und meist gab es Steinpilze genug. Anschließend durchsuchten wir dem Hasen Karl sein Föhren-„Moas" (Schonung) nach den Milchbrätlingen. Gesalzen und auf der Küchenherdplatte gebraten, das war für uns Kinder ein Schmankerl. Im angrenzenden Ederhochholz entdeckten wir braunkappige Fichtensteinpilze, hauptsächlich auf den moosigen Wegen. Satansröhrlinge, welche beim Betasten sofort schwarz werden, stießen wir um, waren es für uns doch wirklich giftige Teufelsschwammerl. – Ein Begleiter des Steinpilzes ist der Fliegenschwammerl, ganze Familien standen rotleuchtend beieinander. Als einmal in der Stube die Fliegen recht „böse" waren, haben wir in ein Schälchen mit Milch Fliegenpilzstückchen

hineingelegt. Ich weiß aber nicht mehr, ob die lästigen Stubengäste beim Genuß dieses Köders wirklich zugrundegegangen sind.
Vom Ederhochwald gings hinüber ins „Herrschaftsholz“, Baron von Aretin ist noch heute der Besitzer. Auf allen vieren krochen wir in die Tannenanflugdickichte. Jubelschreie, wenn eine Steinpilzfamilie entdeckt wurde, deren Mitglieder braunkappig und langstielig, postiert um ein Tannenstämmchen, aus dem Moos lugten. „Samenschwammerl“ mit schon grünlichen Röhren von einem Pfund und mehr Gewicht sind keine Seltenheit gewesen. Waren diese schon gar zu alt, so ließen wir sie stehen. Der Vater hatte uns aufgeklärt, daß diese Samen werfen (Sporen), und daß nur auf Saat Ernte folgen kann, wußten wir. Der Wieser Hansl und ich entdeckten einmal gleichzeitig einen Prachtkerl von Steinpilz, da mußte er ganz gleichmäßig geteilt werden. Im aretinschen Hochwald kamen wir am Taferlbaum vorbei. Ein Martel sollte es sein, Bild und Text waren nicht mehr auszumachen, aber daß hier etwas passiert war, das hatte man uns erzählt. Froh waren wir, als sich beim Gerbauern die Holzlichtung öffnete. „Heimzu, heimzu, Schwammerl hamm mir grad gnu’!“ war unser Jubel. Die Eltern lobten, zusammen mit der Großmutter ging es ans Putzen und Aufschneiden.
In besonders segensreichen Schwammerljahren ist es schon vorgekommen, daß wir ein zweites Mal loszogen, um unsere Körbchen zu füllen. An die drei verschiedene Reviergänge kannten wir ja. Da war noch das weite Kramerholz. Dort hatte der Wieser Hansl einmal eine Kreuzotter entdeckt, vielleicht war es auch nur eine Ringelnatter gewesen, wir hatten jedenfalls etwas Respekt vor diesem Waldstück. Auch das Maurerdickicht war ein oft ergiebiger Schwammerlgrund.
Der Großvater richtete auf die Zimmerschrägen Bretter und wir darauf die Schnitten der großen Pilze zum Trocknen. Die kleineren gab es zu Mittag als „Schwammerl in Rahmsoße“ mit Knödel dazu. An ein besonderes Schwammerljahr denke ich zurück. Zehn Pfund gedörrte Schwammerl waren der Ertrag. Wir schickten sie nach München, wo sie uns die Tante verkaufte, das Pfund um fünf Reichsmark. Diese Einnahme füllte unsere Sparbüchsen. Heute werden frische Steinpilze, das Pfund für über dreißig Mark, angeboten.
Dichte Wälder, „krotzige“ (dichtästige) Tannen und Fichten, reicher Schwammerlsegen, für die Jäger im Spätherbst beachtliche „Strecken“, so war es zu meiner Kinderzeit!

Am Sonntag, wenn ich in d'Kirchn geh

Am Sunnta, da wenn i in d'Kirchn geh,
da leg i mei bests Gewandl oa,
und wann i a schöns Dirndl in da Kircha sehg,
nachher schau i koan Heiling mehr oa!

So singt ein christkatholischer Bursche, für den das Kirchengebot noch Geltung hat, der aber auch Lebenskraft in sich spürt.

Am Sonntag Rasttag und seine Kirchenpflicht erfüllen, das ist zu meiner Kinderzeit auf dem Lande Selbstverständlichkeit gewesen. Ob nun einer gerne und aus eigenem Antrieb oder auch nicht, ob mehr zum Beten oder zum Schlafen in die Kirche gegangen ist, er hätte sich kaum anschauen lassen und aus der Reihe gestellt.

Unser Hof ist in der Mitte von drei Pfarreien gelegen und zu jeder Kirche haben wir eine gute Wegstunde gehabt: Emmersdorf, Roßbach und Pörndorf. In jeder hat der Vater das Kirchenstuhlgeld entrichtet, und so ist überall ein Platz reserviert gewesen: auf der Weiberleutseite mit unserm Namensschild, auf der Mannerseite ein Huthakerl dazu. Nicht weil wir etwa gar so fromm waren, haben wir gleich drei Kirchen gebraucht, nein es ist praktisch gewesen. In Emmersdorf war unser Schmied und der Müllner, in Roßbach der Tuchkramer und Schneider und in Pörndorf die Schule, und da haben wir halt zur Pfarrei hingehört. So ist der zweistündige Weg – eine Stunde hin, eine heimzu – auch gleich für nötige Geschäfte ausgenützt worden.

Unsere Pfarrkirche zu Pörndorf stammt aus dem 13. Jahrhundert und sie ist dem Apostel und Märtyrer Bartholomäus geweiht. Sein Bild auf dem Hochaltar stellt ihn mit dem Marterwerkzeug, einem Messer, dar. Bei lebendigem Leibe wurde ihm nach der Legende die Haut vom Leibe gezogen.

Unser Mannerstuhl ist auf der Empore oben gewesen, und die Stiege ging von außen hinauf. „So ein Stiegenhaus kommt gleich nach der Vorhölle!" hat einmal ein Pfarrer gepredigt und er hat gewußt, warum.

Da oben habe ich zusammen mit meinem Vater den ersten Sonntagsgottesdienst erlebt, eingezwängt zwischen Männern, ein eigenartiger

Geruch nach Wirtshaus, Rauch- und Schnupftabak, durch ein Geländer getrennt von Orgel und Chor. Vom Geschehen am Altar habe ich kaum etwas gesehen und wenig mitbekommen. Mein Interesse war mehr auf die Reitbäuerin und ihre beiden Töchter und die andern Sänger und Sängerinnen gerichtet und auf den Hauptlehrer an der Orgel. Dann kamen nacheinander die beiden Zechpröpste mit den Holzkästchen an der Stange dran zum Sammeln. Ich sah, wie ein Bauer vor uns dem ersten ein Fünferl aufs Brett legte, und daß er zwei Kupfermünzen zurückerhielt für den zweiten und den Mesner, der als dritter zum Sammeln kam. Der Vater steckte mir ein Fünferl zu, und ich legte es dem Schachtner Schmied – das war unser Mesner – auf das Brettchen, wie gesehen. Der aber stieß es hinunter ins Kastl hinein, und er und die Mannerleut um uns herum lachten. Ich bekam einen roten

Kopf und mein Vater sagte: „Bub, jetzt hast einen Bock geschossn, beim Mesner, da kann man nicht mehr wechseln." So war die Kirche auf einmal zu meinem Fünferl gekommen, und ich war eine Erfahrung reicher.
An einem sonnigen Sonntag im Sommer habe ich mit dem Großvater nach Emmersdorf in die Kirche mitgehen dürfen. Ganz über ecks sind wir durchs lange Solla-Holz gegangen, und nachher ist das Sulzbachtal mit dem Dorf vor uns ausgebreitet dagelegen, überragt von der Kirche mit dem Zwiebelhaubenturm. Es ist ein moderner Barockbau von 1911, Kirchenpatron ist der heilige Stephanus. Unser Kirchenstuhl ist weit hinten gewesen. Vom Gottesdienst und der Predigt habe ich nicht viel mitgekriegt, dafür musterte ich das Kriegerdenkmalbild an der Seitenwand, mit Freund und Feind und einem Engel, der einem Verwundeten beisteht. Auch der alte Beigl Sepperl vor uns hat mir etwas abgegeben, wie er seine Schnupftabakdose herausholte und mit einem abgeschlagenen Geldstück zuerst ins linke, dann ins rechte Trumm Nasenloch eine „gegupfte" Fuhre hinauffuhr. Anschließend hat er das blaugetupfte Schneuztuch aus dem Hosensack geholt und nachher hats „pläddert" (Geräusch beim Schneuzen).
Zur selben Zeit sind in Emmersdorf die Zifferblätter der Turmuhr renoviert worden. Schon etlichemal hatte der Pfarrer betteln müssen, und es ist gesammelt worden, aber die paar hundert Mark kamen einfach nicht zusammen. Oftmals waren mehr Hosenknöpfe im Klingelbeutel als Münzen und darunter noch abgeschlagene. Da ist es an diesem Sonntag dem Pfarrer zu dumm geworden. Nach der Predigt hat er den Klingelbeutel gepackt und ist selber von Stuhl zu Stuhl und hat ihn den Kirchgängern unter die Nase gehalten. Manch einer, der kein kleines Geld im Sack hatte, und das papierene war ihm zu groß, hat einen roten Kopf bekommen und hat ihn geschüttelt. Aber die Zifferblätter sind bezahlt worden.
Der Emmersdorfer Kirchgang hat einen schönen Abschluß gefunden. Wir beide sind hernach zum Bräu hinein. Der ist mit einem Körbel gekommen mit reschen Brezen, Eierweckerln und Salzstangerln drin, und der Großvater hat dazu für sich selbst ein Weißbier und für mich ein Kracherl bestellt. Gut gestärkt sind wir heimzu marschiert.
Etliche Burschen waren uns beieinander, und wir haben beschlossen, nächsten Sonntag nach Roßbach in die Kirche zu gehen. Wir wußten, daß dort eine schöne Barockkirche und der Pfarrer ein Original ist. So

hat er einmal den Männern, welche nach Gottesdienstbeginn noch ein Zeitl draußen stehen blieben, Stühle hinausgetragen und gemeint: „Da Manner, damits euch nicht die Haxn in den Bauch stehen müßts!" Die Mannerleut hatten geglaubt, der Herr Pfarrer sei eh ein wenig ein Pater Langsam, da bekämen sie noch genug vom Gottesdienst und der Predigt mit. Dieser Glaube wurde ihnen damit ausgetrieben.
Wir Burschen hatten den Weg nach Roßbach unterschätzt gehabt. An der Kirchentür angekommen, haben wir sogleich gespannt, daß der Pfarrer schon bei der Predigt ist. Auf unseren Zehen sind wir hineingeschlichen. Er hat uns aber gleich derlurt, hat aufgehört, sich über die Kanzelbrüstung gebeugt, uns kritisch gemustert und uns vorne noch freie Plätze angewiesen. Mit „zunterroten" Köpfen sind wir hinein in den Stuhl. Und jetzt hat er weitergemacht: Über die Verstockheit von manchen Menschen ist's gegangen, und er hat erzählt: „'s dritte Mal war ich schon bei einem schwerkranken alten Bauern, der hatte mir bisher nur seinen Hintern zugedreht und nichts von der Kirche, vom Herrgott und vom Versehen wissen wollen. Auch diesmal war er zuerst verstockt. Da habe ich ihm eröffnet: Einen großen Misthaufen hast draußen, da wird deine Ruhestätte sein, oder glaubst du, du bekommst einen Platz in geweihter Erde, wenn du deinem Herrgott gegenüber so verhärtet bist. Da gab's ihm einen Riß und das Grundeis in ihm ist gegangen und er ließ sich versehen."
Ja, eindringlich und realistisch konnte er predigen, der Herr Pfarrer von Roßbach.
„Not lehrt beten!" sagt ein alter Spruch. Vielleicht kommen wieder Zeiten, in welcher die Menschen lieber in die Kirche gehen.
Aber – wenn sie alle hineingehen täten, gingen ja so nicht alle hinein!

„Es ist ein Schnitter ...“

Es war in der großen Vakanz nach dem Frauentag (15. August). Ich verlebte die Tage daheim und dachte zunehmend öfter an das Gymnasium in Passau, wohin es anfangs September wieder einpassieren hieß. Die „Traidarnt“ (Getreideernte) und deren hitzige und schweißige Plagerei war zu Ende, die Ösen des Stadels bis über den Katzenbretten gefüllt, und die Bauernleute werkelten bei der Grummetheuernte. Diese Arbeit bedeutete im Vergleich zur vorangegangenen fast eine Spielerei, obwohl es auch hierbei oftmals „schlaunen“ (schnell gehen) mußte. Duftendes, gut eingebrachtes Grummetheu ist wertvolles Futter, besonders für die Kalberlaufzucht.
Mein Vater hatte schon in aller Frühe dieses sonnigen Augusttages mit der Mähmaschine die große Maurer-Wiese (beim Maurer-Anwesen gelegen) gemäht. Ich bin mit dem Rechen hinter dem Mähbalken hergegangen, um beim „Schoppen“ (verstopfen) auszuräumen, und ich sah, wie das Messer Wiesenblumen und saftige Gräser umlegte. „Es wird heute ein gutes ‚Höderlheu‘ (Heuhaufen) geben!“ konstatierte der Vater. Als wir alle nach dem Mittagessen mit geschulterten Rechen auszogen zum Wenden des Grases, fuhr die Schneiderbauernfamilie die Straße an der Kapelle vorbei, in Richtung Emmersdorf. Die Schneiderbauerns waren ein etwas ungleiches Paar; die Nanni fast um einen Kopf größer als der angetraute Bauernsohn Hans aus Schmiedorf. Von ihrer Mutter, der Schneiderbauern Franzl, hatte die Nanni das kleine Anwesen übernommen und schon in etwas fortgeschrittenem Alter ihren Hans geheiratet. Riesengroß war die Freude, als ihr Hanserl geboren wurde, jetzt dreijährig. Sehr strebsame Leute waren es, sie bewirtschafteten mustergültig ihr „Zeugl“, steckten bei Bauern – auch bei uns – Erdäpfelbifange, welche sie abarbeiten mußten. Die Nanni ging auch tagwerken. Auch bei uns daheim haben die beiden fleißig geholfen, besonders später nach dem Tod meines Vaters. Die Nanni konnte, falls es sein mußte, einen Zweizentnersack tragen. Nur meine Schwester Fanny war bös, wenn die Nanni im Spätherbst kam, um die Gänse bei uns abzustechen. Aber Ziel und Ende dieses Federviehs ist nun einmal die Bratreine. Einige durften ja als Zuchtgänse

weiterleben, und war die Lieblingsgans der Fanny darunter, so ist sie etwas versöhnlicher gestimmt gewesen.

Der Schneiderbauern Hans war ein fleißiger, bescheidener Mann, der gut „macheln“ (basteln) konnte und der zu jedem Auftrag sein „selbstverständlich“ sagte. Seine einzige „Sucht“ war das Zigarettenrauchen. Er drehte sich die Glimmstengel mit einer Maschine selber.

Mit einem Packl Rauchtabak konnte man ihm Freude bereiten, da seine Nanni ihn damit kurz hielt, „weils eine ungesunde Untugend ist, das Rauchen“, wie sie grantelte, und weils halt auch Geld kostete.

Nun „woarate“ (lenken mit Leitseil) der Hans seine zwei Einspannkühe am Heuwagen in Richtung Emmersdorf, die Nanni saß auf dem Wagen, auf ihrem Schoß der Hanserl. Der war recht vergnügt und sang sein „hoppa, hoppa, Reiter ...“ Eine rundum zufriedene Familie! Heute wollten sie das vor etlichen Tagen mit Sense und viel Mühe gemähte Straßenheu bei Emmersdorf einbringen.

Ja, das waren noch ganz andere Zeiten damals, als der Zeuninger und der Sprenzinger, zwei Häusler, beim Abmähen des Straßendammes sich mit ihren Sensen ins Gehege kamen, da jeder glaubte, der andere habe den reicheren Anteil erwischt!

Am selben Tag auf d’Nacht ist es gewesen: Der Freihäuplbauer von Emmersdorf lenkte das Steirerwagl mit dem schweren Ackergaul an der Kapelle vorbei Richtung Schneiderbauernanwesen. Auf einem Bauschen Heu saß hinten drauf die Nanni, klagte, weinte und jammerte in diesem Tal der Tränen, auf ihrem Schoß liegend den toten Hanserl. Der Wieser läutete die Kapellenglocke. Sie rief nicht zur Maiandacht wie vor einigen Monaten, heute war sie Sterbeglöckerl.

„Der Weg zur Ewigkeit ist oft gar nicht weit, zu Mittag fuhr er fort, am Abend war er dort!“ sagt ein Marterlspruch. – Und wie war es geschehen, dieses grausame Unglück?

Der Hans hatte seiner Nanni die Heubauschen hinaufgegeben, ein stattliches „Fadel“ (Fuhre) war es schon. Der Hanserl stand auf der anderen Seite am Zaun des Schullehrerhauses von Emmersdorf und schaute dem Springbrunnen im Gartl zu. Da kam der schwere Wagen der Innstadtbrauerei herangerattert. Der Bub, der noch kein derartiges Fahrzeug gesehen gehabt, bekam Angst und lief zu seinen Eltern quer über die Straße, und das Vorderradl des Autos überwalzte ihn. Die Nanni hat einen Schrei ausgestoßen und ist vom Wagen gesprungen, helfen konnte sie nicht mehr.

Am Tag darauf haben meine Schwester und ich den aufgebahrten Hanserl angeschaut. Das Gesichtl war unverletzt und friedlich. „Ein Engerl hat der Himmelvater haben wollen", sagte die Nanni, weinen konnte sie nicht mehr.
Der Schneiderbauer zimmerte in seiner Machlkammer eine Trage. Der Wieser Hansl, der Schneider Willi und sein Bruder Eduard und ich, vier ehemalige Schulkameraden, wir wurden als Träger gedungen und haben den kleinen weißen Sarg hinter Pfarrer, Ministrierbuben und der Kirchenbitterin den einstündigen Weg zum Friedhof nach Pörndorf getragen. Zwischen anderen Kindergräbern – damals gab es noch einen extra Kinderfriedhofteil – wurde er begraben. Der kleine weiße Marmorstein mit dem Engerl darauf steht heute noch dort. Die Nanni und der Hans aber sind längst ihrem einzigen Söhnlein in die Ewigkeit nachgefolgt.

Hund und Herrle

„Herr, können Hunde in den Himmel kommen?“ fragte ein Hundebesitzer. „Freilich, haben sie doch oft die Hölle schon auf Erden!“

Auf einem Selbstversorgerhof mit Ackerbau und vielseitiger Tierzucht bin ich aufgewachsen. Schon als Bub konnte ich Kälblein halsen, Singerl in die Hand nehmen und streicheln, die dreifärbige Katze auf meinem Schoß schnurren lassen, die Wange an einen Pferdehals legen, ein Zuckerstückchen von samtweichen Roßnüstern von meiner Hand nehmen lassen oder mit Mendo, dem Hofhund, durch den weiten Garten tollen.

Vom Hof bin ich gegangen, Hunde konnte ich mir halten seit bald dreißig Jahren, Schäferhunde. Ulli ist unser dritter. Rex, der erste, lag nach vierzehnjährigem Erdenleben – er hatte noch seinen Futternapf geleert, vom Herzschlag getroffen neben seiner Hütte. Obwohl er mir fehlte, gönnte ich ihm den schnellen Tod. Ari, der zweite, erkrankte an Krebs. Auf dem Operationstisch des Tierarztes mußte oder durfte er die erlösende Spritze erhalten. Mir blieb beinahe das Herz stehen. Noch einmal streichelte ich über sein schwarzes Fell und verließ eilig mit tränennassen Augen die Praxis. Ulli ist nun der dritte im Bunde.

Gewiß bin ich kein Hundeverhaltensforscher und halte auch nicht viel von der Vermenschlichung von Tieren in entsprechenden Filmen. Aber daß Hunde gelehrig sind, menschliche Sprache zu deuten wissen und jeder einen individuellen Charakter hat, das weiß ich.

Ulli kann ein Dickkopf sein. Fordere ich „gib deine Pfote!“, so schaut er mich treuherzig an und tut nichts dergleichen. Doch nach einem Weilchen haut er sie mir auf die Hand, jetzt will er halt. Jeden Tag führe ich ihn an der Leine aus. Fremden gegenüber kann er nämlich recht zähnefletschend sein. Sonntags gehen Frau und Tochter mit. Er scheint Zeitgefühl zu haben: Trotz seiner Freude, daß er „Gassi“ gehen darf, ist er am Hoftor nicht mehr von der Stelle zu bringen, bis die Familie vollzählig zum Abmarsch bereit ist. Hängt er so an uns allen, oder möchte er nur das Leittier sein? Da ist er schlecht dressiert!

In den Sommerferien hatten wir Besuch aus der Pfalz, und wir machten Tagesausflüge zu den Sehenswürdigkeiten der Umgebung. Ulli wurde zwar gut versorgt, aber er mußte halt tagsüber allein in seinem Freigehege bleiben. Traurig schaute er drein, wenn wir abfuhren. Eines Tages war eine Fahrt in die Dreiflüssestadt Passau geplant, die Garage stand offen, auch der Deckel zum Kofferraum des Autos, waren doch noch einige Dinge zu verstauen. Vor unserem Start rief ich Ulli herbei, um ihn in sein Gehege zu bringen. Aber es war kein Hund zu sehen und zu hören. Er hatte doch nicht die Sucht, über den Gartenzaun zu setzen und zu entlaufen. „Hier ist der Ulli!“, rief da die Cousine aus dem Rheinland. Und wo war er? Im Kofferraum des Autos saß er und er duckte sich, als ich auf ihn zuging. „Heute fahr ich mit euch mit, auch wenn ihr mich nicht mitnehmen wollt“, hat er sich wohl gedacht. Tiere können doch nicht denken, meinen solche, die mit ihnen nichts anzufangen wissen ...
Da blieb schon nichts übrig. Das Herrle mußte eine Runde durchs Dorf drehen mit Auto und dem Hund, der so gerne Auto fährt. Ein Stückchen Wurst und ein Knochen bewegten ihn dann schließlich auf seinen Platz.
Kommst du fünfmal in der Woche von Arbeit, Dienst oder Reise heim, dein Hund wird dich jedesmal freudig empfangen, deine Angehörigen auch?

DER HERBST

Herbst, einwärts geht's in der Natur draußen. Wie sagt der Dichter zu dieser Jahreszeit?

> Der dritte naht mit Überfluß und füllet Küch und Scheune,
> bringt uns zum süßesten Genuß viel Äpfel, Nuß und Weine.

Mit der Tag- und Nachtgleiche beginnt er, der Herbst:

> Tag und Nacht gleich jetzt, und es herbstelt überall,
> die Herbstzeitlose leuchtet, auf der Wies unt' im Tal.

Und so geschätzt die Schlüsselblume im Auswärts, so verachtet ist die giftige Herbstzeitlose im Einwärts. Die grasenden Kühe machen einen Bogen um das violette Liliengewächs ohne Blätter. Passend der Name „die Zeitlose", da sie blüht, wenn alle anderen Blumen ihre Samen streuen.

Auf dem Bauernkasten mit den Bildern der vier Jahreszeiten ist der Herbst als Jägersmann mit einer Schwinge voller Früchte personifiziert. In der Nacht hat föhniger Sturm gebraust, und auf dem Stadeldach unter dem weitästigen Nußbaum hat es gescheppert. „Reichlich Nüsse! Da wird es viel Buben geben in diesem Jahr", so weiß es der Volksspruch. Das verfärbte Laub riß der Wind von den Bäumen und trug es raschelnd zu Haufen zusammen.

Spät und schon recht südwärts erhebt sich die Sonne, erwärmt den Südhang, während der nördliche noch reifig friert.

Die Felder sind abgeerntet, der Kleeacker wird mit Winterweizen bestellt, dampfende Ackerrosse ziehen den Pflug.

Die Bauernkinder, gerade von der Schule heimgekommen, treiben die Kühe auf die Drittelgraswiese, der Rauch eines Erdäpfelfeuers zieht schleichend durchs Tal.

Der Landmann schaut zurück auf das Jahr: Das Frühjahr etwas trocken, die Eisheiligen ohne Gefahr, reichlich Sommerregen, einmal auch brechende Wolken und stürzende Bäche, mit Riesel vermischt, hat böser ausgesehen als es war. Nun sonnige Herbsttage, auf dem

Traidboden schwere Haufen von Dreschgut, im Stadel gut heimgebrachtes Heu, das Stroh wird reichen, im Gewölbe und in Erdmieten Kartoffel und Rüben, das Krautfassel in der Speis gefüllt, der Apfel- und Birnenmost gärt in den eichenen Fässern im Keller, keine Viehseuchen, kein Unglück mit den Rossen, fleißig legende Hühner, die Kirta- und Martinigänse gut im Fett.
Die dreiteilige Truhe in der Vorratskammer ist mit Kletzen, Speiteln und Dörrzwetschgen gefüllt, auf Regalen reift die Ernte der Apfelbäume nach, Säcklein mit getrockneten Schwammerln, mit Hollerblüten-, Lindenblüten- und Kamillentee hängen an der Stange – Vorsorge des Menschen, und er und das Vieh brauchen auch einen langen, harten Winter nicht zu fürchten.
Herbst – Zeit der Ernte in Fülle – Grund zu danken – Erntedank! Einwärtsgedanken vor einem Menschenalter – und heute?
Rekordernten, Milchschwemme, Butterberge, Lagerhäuser mit Getreide überquellend, Fleischüberschüsse, verfehlte Agrarpolitik – kein Ausweg erkennbar – Verzagtheit – Dankbarkeit?

Der bunte Herbst

2. Er hat die Taschen voller Wind und jeder Drachen steigt geschwind.
3. Kartoffelfeuer zünd't er an, die Trauben sind ihm zugetan.
4. Er keltert sie zum neuen Wein und läßt die Leute lustig sein.

Text: 1. Strophe: Richard Rudolf Klein; 2.–4. Strophe: Liselotte Holzmeister. Melodie: Richard Rudolf Klein. © Fidula Verlag Boppard/Rhein und Salzburg.

SEPTEMBER

Scheiding – Herbstmond

September durchstreifet der Jäger den Wald.
Die Rehe erjagt er, sein Horn laut erschallt.

Durch Septembers heitren Blick
schaut noch einmal der Mai zurück!

September warm, Oktober kalt.

Wenn der September noch donnern kann,
dann setzen die Bäume viel Blüten an.

Ist September warm und klar,
so hoffen wir auf ein gutes Jahr.

Ist's an Sankt Ägidi rein,
wird's so bis Michaeli sein.

An dem Tag Mariae Geburt
nimmt die Schwalb' den Reisegurt.

Wenn Matthäus weint statt lacht,
Essig aus dem Wein er macht.

Regnet's sanft am Michaelstag,
sanft der Winter werden mag.

Dienstantritt

Gewesen ist es im Jahr des Herrn 1948. Viel Auftriebsgeist spürten die Leute in sich. Auf den RM-Reichtum, für den man sich nichts kaufen konnte, folgte die DM-Armut, 40 Deutsche Mark für jeden Kopf, für die es nun wieder alles gegeben hätte, wären genug davon im Geldbeutel gewesen.

Und genau zur selben Zeit – Juni 1948 – habe ich die „Anstalt" verlassen, welche uns bewahrt hat vor Hunger mit Mensa-Essen: weithin „schmeckender Schellfisch", kohlschwarze Roggenschuberl und saures Erdäpfelgemüse – eine Anstalt, die uns zum Lehramtsanwärter ausgebildet hatte. Mit dem Prüfungszeugnis in der Tasche sind wir verabschiedet worden, und bei dieser Feier ist es etwas zwiespältig hergegangen. Der Direktor hat uns auf den Weg die Mahnung mitgegeben, wir sollten dem Hause, in dem wir etliche Jahre geistig geschwitzt, treu und anhänglich bleiben. Der Oberstudienrat Schindler, unser Klassenleiter, dagegen meinte, wir würden reichlich zu tun haben in Altbayerns Schulen – damals wurden Niederbayern und die Oberpfalz zusammen von Regensburg aus regiert –, wir würden die Lehrerbildungsanstalt bald vergessen haben. Unseren pädagogischen Reisekoffer sollten wir stets so packen, daß das Zahnbürstel obenauf liege, denn recht viel mehr würden wir in unseren vielseitigen und dauernd wechselnden Dienstorten kaum benötigen. Recht hatte letzterer, und ich habe das Gebäude nie mehr betreten, und heute ist die Stadtverwaltung darinnen untergebracht.

Ich habe mich zunächst beim zuständigen Schulrat der heimatlichen Kreisstadt Eggenfelden vorgestellt. Dieser, ein weißhaariger Herr, hatte seinen Schreibtisch in der Ecke eines Amtszimmers stehen, in welchem zugleich die Lebensmittelmarken ausgegeben wurden. Die Sekretärin hat er von einer anderen Abteilung „mitbenützen" dürfen, seine Rundreisen zu den Schulorten konnte er zu Fuß, mit dem Radl oder mit dem Dienstwagen des Landratsamtes machen, falls ein funktionstüchtiger dagewesen ist.

Mein erster pädagogischer Auftrag lautete: praktizieren in Emmersdorf! Das ist zwar nicht mein heimatliches Schul- und Pfarrdorf gewesen, aber ich kannte den Ort gut, weil dort, in etwa fünf Kilometer Entfernung, die Mühle, die Schmiede und in der Kirche ein Stuhl für uns war. So habe ich den dortigen Hauptlehrer und dessen Tochter – auch schon Lehrerin – der Stimme nach gekannt vom Singen von der Empore herunter und vom Sehen nach der Kirche.

Der Pfarrer, schon „kitzgrau", er hat mich recht freundlich begrüßt – holte er doch bei uns daheim im Herbst alljährlich seine Moarschanzgerl, und er hat festgestellt: „Emmersdorf, da sind Sie in keinen Weinberg gekommen, eher in einen Steinberg." Er mußte es wissen, wirkte er doch schon einige Jahrzehnte dort als Seelenhirte, mich aber erreichte schon nach etlichen Wochen der Auftrag: Unterrichtsaushilfe in Ruhstorf.

Ruhstorf, ein Bauerndorf, waldumkränzt in einem Talkessel im niederbayerischen Hügelland gelegen, ich mußte es zuerst auf der Landkarte suchen. Sodann bin ich mit meinem Fahrrad die dreißig Kilometer zur Erkundung hingefahren. Das Vehikel war erst vor kurzem mit Hilfe eines großen „Rankerl Gselchtem", vielleicht von einer schwarz geschlachteten Sau, mit neuer Bereifung versehen worden.

Ein sonniger Septembernachmittag ist es gewesen, wie ich ins Dorf hineingefahren bin, Ausblick haltend nach dem „Kulturzentrum". Die Äpfel haben von den Bäumen geleuchtet, und in einem Hofe summte die Dampfmaschine. Die Kinder auf der Straße sind stehen geblieben und haben den Fremdling gemustert und hinter den Fenstern rührten sich Vorhänge.

„Ruhstorf", so erzählten die Leute, hätte in früheren Jahren seinem Namen keine Ehre gemacht, es sei der Deckel von der Hölle gewesen. So seien Grabkreuze ausgerissen worden, und dem Pfarrer habe man zum Fenster hineingeschossen, jetzt aber wäre das vorbei.

Die Schule mit 250 Kindern war fünfklassig, und mir wurde der fünfte Jahrgang übertragen, in einem Klassenzimmer im Wechsel mit dem sechsten. Die Schüler haben mit Tafel und Griffel geschrieben und ins einzige Reinheft mit Tintenbleistift. Die armen, besonders die Flüchtlingskinder, sind mit amerikanischer Trockenmilch gespeist worden. Und weil auch ich nicht überernährt ausgeschaut habe, hat ein Schuldirndl mir in der ersten Pause angeboten: „Herr Lehrer, magst a Semmi?"

Der Herr Schulleiter, aus dem Altvatergebirge gebürtig, ist ein versierter Erstklaßlehrer gewesen. Gerne hat er mit den Kindern gesungen und sie dabei auf seiner Geige begleitet. Die hat er nicht unterm Kinn, sondern auf der Brust angesetzt. Der Herr Schulrat hat bei einer Visitation die Geigenhaltung kritisiert. Der Gerügte darauf: „Herr Schulrat, ich habe im Zirkus schon Geiger gesehen, die spielten auf dem Rücken."

Zwei Deutschordensschwestern haben in Ruhstorf unterrichtet, die recht zierliche kleine Schwester Benitia mit einer hervorragenden Disziplin in ihrer Klasse 7/8 und die stattliche Schwester Meinrada in der 3./4. Klasse. Bei ihr konnte man nicht recht erkennen ob Unterricht oder Pause war, wenn man an die Klassenzimmertür klopfte. Der Herr Schulleiter hat – an einem Nachmittag ist es gewesen und der Jahrgang 3/4 hatte im Wechsel Unterricht – die Spalierbäume am Schulhaus geschnitten. Weil es drinnen recht rebellisch zugegangen ist und das nun schon eine halbe Stunde, hat er geglaubt, die Schwester sei vielleicht gar nicht im Klassenzimmer. Da ist er noch etliche Leitersprossen höher gekraxelt und hat zum Fenster hineingeschaut. Die Klaßlehrerin war schon drinnen, die Kinder herum um sie, die Lehrerin hat geschrieen, die Schüler noch lauter und sie haben die Schwester am Schleier gezogen. Da hat den Schulleiter der Zorn gepackt, mit der Baumschneidehose ist er hinein und hat Ordnung geschaffen.

Genau einen Tag hat in Ruhstorf das Elektrische gebrannt, als ich dort ankam, und am Sonntag darauf wurde Lichtfeier gehalten. Einen Tag zu früh, sonst hätte man sagen können, die Erleuchtung sei durch den neuen Pädagogen ins Dorf gekommen.

Der Pfarrer von Ruhstorf war ein älterer, kränklicher Herr, und das, seit man ihm im Krieg das Automobil weggenommen hatte, so erzählten die Pfarrkinder. Die Autotechnik sei sein großes Steckenpferd gewesen. Zu jeder Tages- und Nachtzeit sei er bereit gewesen, die Messe zu lesen, wenn er anschließend einen Pfarrangehörigen irgendwo hinzufahren hatte. Sogar die christliche Glaubenslehre sei manchmal am Beispiel des Motors dargelegt worden.

In der weiträumigen Pfarrei hat noch ein Frühmessner gewirkt, ein Benefiziat, „Bene" oder „Fizi" haben die Leute gesagt, ein Herr im Siebziger drinn', ein braver Herr. Er hat die Frühmesse gelesen und beim Amt die Orgel gespielt und die Raiffeisen-Kasse geführt. Bei meinem Antrittsbesuch hat er mir ein Glasl Wein kredenzt, einen Kruckenberger von der Donau Strand, und er hat gewarnt: „Haltens an Hemdstoß beim Genuß, damits 'n nicht hineinzieht!"

Der Bürgermeister der Gemeinde und Schulverbandsvorsitzende hat einen DKW Reichsklasse gefahren und von seinem Vater erzählt, daß dieser, ebenfalls Bürgermeister, die 25 Kilometer zum Bezirksamt zu Fuß marschiert sei, um seine Pferde im Stall zu schonen.
Ich habe in Ruhstorf als Hilfslehrer den Dienst angetreten, wohl bestallt mit DM 140,– pro Monat, und die ersten pädagogischen Gehversuche gemacht. Die Kinder waren brav, lernwillig und anhänglich. Weil die Lehrerdienstwohnungen überbelegt waren, bin ich beim Diensthäusel des gräflichen Försters in ein Kammerl eingezogen. Der Schneiderbauern Franz, ein Alleshändler, hat sich bei einer Fahrt mit seinem Holzgaslaster nach Ruhstorf hingerieben und mir in einer neuen Kirm meine Bücher verpackt und das Gewand nachgebracht von daheim. Ich habe das Zahnbürstel und meine anderen Sachen ausgepackt und mich eingerichtet, so gut es nach der Lage der Dinge ging. Fünf Jahre habe ich bleiben dürfen, zeitweise ein beschauliches Hilfslehrerleben führen können – der Ort „*Ruh*storf" hat seinem Namen Ehre gemacht.
Allmonatlich einmal war Fortbildung in der Kreisstadt Eggenfelden: Um halb fünf Uhr früh aufstehen, eine Stunde auf oft batzigen Wegen zur Bushaltestelle Malgersdorf marschieren, dort Gummistiefel gegen Schuhe wechseln, eine Stunde Fahrt im Bus, hineingedrückt wie im Wagen der Linie acht, eine Stunde im Stadtschulhaus warten und vielleicht zu den Stadtlehrern aufschauen, nachher das Übliche: Lehrprobenschau, Diskussion, Referat, nochmals Diskussion – wie heute auch! Unser Fortbildungsleiter – Bezirksoberlehrer betitelt, ein gesetzter Mann, postiert in einem Marktflecken, dort auch Organist und Chorleiter, um fünf Uhr nachmittags hat er Notenblätter ausgeteilt, und nachher ist er männergesanglich ausgeklungen, der so lehrreiche Tag. Der Heimweg wie in der Frühe hin, grad umgekehrt.
Heut klingt's fast wie eine Sage, aber gewesen ist es so!

Jakobiäpfi, Pfundbirn und Körbinüß

„Dir sei, o Gott, für Speis und Trank, für alles Gute Lob und Dank, Du gabst, Du wirst auch immer geben, wir preisen Dich fürs ganze Leben!“ So wurde gebetet bei uns daheim, wenn an die zehn Leute vom Tisch aufstanden. Zehn Paar Augen hatten in die Suppenschüssel geschaut, die Mutter hatte dafür gesorgt gehabt, daß mehr Fettaugen herausschauten. Vor dem Heiraten hatte sie beim Postwirt das Kochen gelernt, sie kochte gerne und gut und meinte, wer gut esse, der werde dann tüchtig arbeiten und nur der könne es auch. Das war etwas im Gegensatz zu meinem Vater, dem Hausen und Sparen über alles ging, um moderne Maschinen anschaffen zu können.
Erntedank wird am ersten Oktobersonntag landauf, landab gefeiert, Erzeugnisse des Ackers und Früchte des Gartens zieren den Altar in der Kirche. Äpfel, Birnen, Zwetschgen kommen nicht immer aus heimischen Gärten. Spätfröste geben in manchen Jahrgängen den Blüten wenig Chance. Dann sieht man zu Winterbeginn keine entlaubten Bäume mit gefrorenen Äpfeln dran.
Die Zeiten, da Unbilden des Winters und Mißwuchs Hunger und Teuerung brachten, sind bei uns vorbei. Zeit zum Danken also für alle!
Mein heimatlicher Hof war von einem weiträumigen Obstgarten eingekränzt, er hatte eine von Wäldern geschützte Lage. Da standen Bäume, welche ein Menschenleben weit überragten. Der Vater zog und „pelzte“ (veredelte) in seinem Baumgärtl jungen Nachwuchs. Ausstocken der alten, absterbenden Bäume, auslichten, das gab Winterarbeit und gefragtes Brennholz, war Pflege des Gartens.
Im Wonnemond spitzten die bemoosten Gebäudedächer des Hofes aus einem Blütenmeer heraus. Von den Maikirschen bis zu den Winteräpfeln ein Aufbrechen der Blüten über einige Wochen hinweg. In der warmen Maisonne, da schwärmten sie aus, die fleißigen „Impn“ (Bienen), summten, kraxelten durchs Staubblättergestrüpp der Blüten, verfolgten nur ein Ziel, Nektar und Pollen in den Korb zu bringen. Es wurde gebangt, daß etwa die Eismänner und die kalte Sophie Schaden anrichteten. Zur Zeit der letzten Maiandachten wurden die ersten Maikirschen vom Baum neben der Kapelle verkostet. Kirschenmaulta-

schen und Kirschentatschi gab es erst von reifen Pelzkirschen, den roten und gelben. Weichsel und kleine, schwarze, zuckersüße Wildkirschen vom mächtigen Baum neben der Backschupfe kochte die Mutter in Zucker ein für Kompott zum Schmalzgebackenen an den Abenden der Erntetage. Das Entkernen im Mund und das Ausspucken war den meisten eine zu mühsame Beschäftigung, besonders wenn es nach des Tages Arbeitslast recht mundete, so wurden die Kerne vielfach verschluckt. Und ich erinnere mich nicht, daß sie jemandem geschadet hätten.

Zu Beginn der Sommervakanz hatten sich die Äpfel soweit entwickelt, daß für uns Kinder das Äpfelklauben begann. Mit Leiterwägelchen und Korb darauf, fuhren wir vormittags den ganzen Garten ab und nach einer stürmischen Sommergewitternacht wurden es etliche Körbe voll. Die wurmigen Äpfel fielen herab, so sorgte die Natur selbst für Auslese, Spritzmittel waren damals unbekannt. Diese Falläpfel hatten zwar kaum Nährwert, aber die Schweine um so größeren Appetit darauf. Schafften wir die etwas lästige, buckelnde Klaubarbeit früher, als den Eltern neue Arbeitsaufträge für uns einfielen, so verdrückten wir uns auf den Hausbaum. Dies war ein weitästiger Süßling-Baum, welchen vor Jahren der Sturm niedergedrückt, der sich aber in gebeugter Form zu weiterem Leben aufgerafft hatte. Er war geradezu geschaffen dafür, mit Brettern dort „Wohnungen“ einzurichten.

Auf den ersten Erntefuhren oben sitzend, holten wir uns vom Jakobiapfelbaum bei der Vorbeifahrt die reifenden Früchte. Die gelben Kornäpfel folgten. Zu Laurenti (10. 8.) gingen die Laurentibirnen in den Saft, zum Frauentag (15. 8.) wurden die rotgestriemten Frauenäpfel und die schmackhaften Frauenbirnen zeitig.

Zur Zeit des Erdäpfelklaubens reiften die Hauszwetschgen und die Birnen. Neben dem Stadel ragte der Mostbirnbaum auf mit seinen grünen, saftigen, aber herben und rundgeformten Birnen. Biß man hinein, so mußte man, wie der Knecht warnte, den Hemdstoß halten, damit es ihn nicht einzog. Bei der Sauweide standen die Wasser-, Gelb-, Haberl- und Schererbirnbäume. Zum Zusammenrechen dick lagen die Früchte im Gras, und die Mutter mahnte: „Legts beim Klauben doch die Holzschuh an, daß euch kein Imp oder ein Wesp heckt!“ In Schwärmen waren diese da und hatten es recht „nötig“. Der Großvater war noch „machtig“ genug für den Heizer des Dörrofens mit den zwölf Schubläden neben dem Backofen in der Schupfe. Obwohl es in

diesen Herbsttagen schier zum „Derrennen" war, mußten alle mithelfen und für Nachschub sorgen. Der Großvater aber heizte, schichtete um und holte heraus. Dieser Duft! Kletzen, Dörrzwetschgen und Äpfelspeitel, letztere waren abends von der ganzen Familie am Stubentisch aufgeschnitten worden. Die dreigeteilte Truhe am Dachboden füllte sich, und für die Bovesenschnittel zum Kirta, das Kletzenbrot zu Weihnachten und die Speitelbrühe zu den Mehlspeisen war gesorgt.
Die gelben Pfundbirnen reiften, wir Schulkinder nahmen uns welche mit zum Pausebrot, und das Schulfräulein bekam auch ein Körbel voll, wenn sie gerade nicht zu streng mit Hausaufgaben und Tatzensteckerl war. Der Herr Pfarrer von Emmersdorf bekam die gewünschten „Moarschanzgerl".
Auf den Kirta zu reiften die späten Apfelsorten, die Leder-, die Zwiebel-, die Maleräpfel, die Süßlinge – Aussehen oder Geschmack hatten die Namen geprägt. Die Leitern, eine kurze, die mittlere und die riesenlange, vom Zimmerer kunstgerecht gefertigt, wurden von der Scheunenwand geholt, wo sie unter dem Vordach aufgehoben waren. Mit dem Brocksack ging es hinauf in die weitästigen Kronen; Körbe und Kisten füllten sich mit den makellosen Früchten, die schorfigen und kleinen wurden heruntergebeutelt oder gestangelt. Einige Fuhren Brockobst kamen zum Verkauf nach Aidenbach. Dazu verwandelten zwei „Krainzen" (Weidengeflechte) den Leiterwagen in einen Kastenwagen, auf welchen die Äpfel vorsichtig geschüttet wurden. Er war mit Stroh ausgepolstert. Beinahe „ausgerauft" wurde die Obsternte im Währungsjahr 1948, und das für Deutsche Mark. Dafür hatte meine Mutter in den Notjahren davor für viele „Vergelt's Gott" zögererweis Äpfel und Birnen verschenkt.
Wenn das ganze Fallobst ins Gewölbe eingebracht war, ging es ans Mosten. Die Quetsche, von einem Elektromotor getrieben, drückte die Äpfel zu Brei. Die Spindel der Presse mußte von Hand bewegt werden. Mit jedem Dreher brauchte man mehr Kraft, der „Biberlmost" (Apfelsaft) aber floß immer dicker aus dem Röhrl in die Kanne. Die eichenen Mostfässer im Keller füllten sich. Von dort konnte sich der Bartel den Most holen, der oftmals schneller war wie er. Zwei Krüge nahm er sich im Auswärts mit, wenn er mit der „Mehn" (Gespann) aufs Feld hinausreiste, stellte einen unten, einen oben hin und mußte bei jedem „Hereinkehren" einmal trinken.
Ein dickstämmiger Nußbaum überragte unsere Holzstatt. Die Herbst-

sonne brach die grünen Hülsen auf, und man konnte sie fallen hören, die gewichtigen „Körbinüß“. „Wird schon eine Plunze (großer Sack) voll werden heuer“, meinte der Großvater, „da wird es viele Buben geben“, setzte die Großmutter dazu. Es wird der „Reichersdorfer Niklo“ kommen, hofften wir Kinder. – Die „Palmbaumäpfel“, die am Palmsonntag den Boschen zieren sollten, wurden verräumt.
Der abgeerntete Obstgarten wurde vom Vater inspiziert. Zuoberst am Baumwipfel entdeckte er einige rotwangige Prachtexemplare. Ich, sein Erstgeborener, war bei ihm, und so kam der fragende Auftrag: „Wenn du dich hinauftraust, lehn ich die große Leiter an, ist doch schad um die schönen Burschen da oben, fallen sie herunter, sind sie kaputt!“ Mein Mut war gefordert, und um Ehre ging es, und ich stieg hinauf. Fest hielt der Vater unten die Leiter, froh war er gewiß, als Bub und Äpfel heil unten ankamen, und Lob gab es.
Der Herbstwind blies nun das Laub von den Bäumen. Wir rechten es zusammen, und das Vieh im Stall bekam davon eine warme Liege.
Im Winter reckten die Bäume die kahlen, schneebedeckten Äste in den frostigen Himmel und träumten einem neuen Gartenfrühling entgegen und wir mit ihnen.

A Roos-Narr

„A Roos is 's Schönste auf da Wöid!“ hat da Posthöiter z'Karpfham unt behaupt.
Da Stroblöder, a Austragsbauer, hat zwei Haflinger im Stöi drinn stehn. „Hau's doch weida deinö Häutern und stell zwee Bummerl eini, dö bringen dir wenigstns a Göid!“, meint da Junge, der jetzad dös Heft in da Hand hat. Aber da kämst am oitn Stroblöder recht: „Daß'd as woaßt, meine Bräunln, dö fuddert i mir selber, Gras und Heu gibt's gnua im Gartn, den du mit deim Bulldogg eh nimmer abmähst und a Sanst nimmt ja von enk Junga koaner mehr in d'Händ! Und an Habern den zöih i dir, wannst moanst!“
Beim Leonhardiritt in Aunkofen hat da Stroblöder an Herrn Pfarrer und an Bürgermoaster kutschiert. Obngsessn is er aufm Kutschbock wiea da König am Thron und seinö Augn, dö ham gleucht. „Mei“, sagt er, „wer no niea mit seine Händ über so an broatn Roosarsch gstricha hat, wer no niea sein Kopf an an Rooskopf glegt hat und an Rooshals tatschlt hat, der woas genauso weng, was Lebnsqualität is, wiea oaner, der sein Buckl no niea an an bachalwarma Kachlofa glehnt hat, wanns draußn recht griesgramt!“

Erdäpfelzeit

September, „Scheiding“, Monat der Kartoffelernte – rund um die Erdäpfel – wie man sie bei uns nennt – soll's in dieser Geschichte gehen: „Da Himmövater, laßt d'Erdäpfi wachsn, daß da arm Häusler auch eppan hat, dem er d'Haut abziahng kann!“ sagt ein Trostspruch.
Da „Erdäpfi“, „da Kartoffi“, hochdeutsch: die Kartoffel (aus dem italienischen Tartufolo) ist ein Nachtschattengewächs, eine Staudenpflanze mit rauhhaarigen Fliederblättern. Sie setzt weiße oder rotblauviolette Blüten an und daraus grüne giftige Beeren. An ihren Erdtrieben bilden sich die stärkehaltigen Knollen. Um 1770 kam die Kartoffel über Spanien aus Amerika zu uns. Der „Alte Fritz“ hat sie in seinem Preußenland mit Strenge und List eingeführt, da immer wieder die Anbauer irrtümlich die oberirdischen grünen Früchte verzehrten und erkrankten.
Die Holzweber Nanni schwörte auf die Erdäpfelspeisen, dem Holzweber dagegen schmeckten sie am besten, wenn sie das Schwein verspeist hatte. Manch einer braucht einen Erdäpfelschnaps zur Verdauung der Erdäpfelspeisen, und die Kartoffelstärke ist im Haushalt gefragt.
Während heutzutage die meisten Landwirte die Speisekartoffeln kaufen müssen – nur da und dort gibt es einen Großproduzenten wie auch bei uns im Vilstal – hatte zu meiner Kinderzeit ein jeder, vom Häusler bis zum Großbauern, die eigenen Erdäpfel. Es war ja die Zeit des bäuerlichen Selbstversorgers. Auf dem heimatlichen Anwesen gab es meist drei Erdäpfeläcker. Die frühe Sorte war in der Nähe des Hofes zusammen mit anderen Hackfrüchten angebaut. Dort gediehen auch Runkelrüben, Weiß- und Blaukraut, Kohlrüben, gelbe Rüben, Rannen, Kohlrabi, mächtige Ackerrettiche und Zwiebeln. Mutters Hausgartl war ja nicht sehr groß. Zum Gründonnerstag holten wir Kinder auf den für die Erdäpfel vorgesehenen Breiten den Feldsalat. Während nun die Weiberleut an warmen Auswärtstagen im Keller Saatkartoffel ausklaubten und die großen zerschnitten – jeder Samenteil mußte einige „Augen“ haben –, düngten und bestellten die Mannerleut den Acker. Zur Saatzeit meint der Erdapfel: *Setzt du mich im April, so*

komm ich, wann ich will, setzt du mich im Mai, so komm ich glei!
Ich denke zurück und erinnere mich, daß das Einbringen der Saatkartoffel in Partnerarbeit geschah: der Knecht hackte mit einer Haue auf dem Bifang ein Pflanzloch, die Magd holte aus dem umgehängten Sähtuch einen Samen, warf ihn hinein, der Knecht trat es mit dem Fuß zu. Später wurden die Kartoffeln gelegt und mit dem Pflug eingeackert, ehe dann die Setzmaschine kam. – Warmer Mairegen ließ die Keimlinge bald heraussprießen, diese waren sehr empfindlich gegen die Eismänner-Nachtfröste. Nun sah man die Bauernleute beim „Erdäpfel-Häunln“, das heißt beim Hacken und Pflegen der jungen Pflanzen. Noch rechtzeitig, bevor die Pflanzen „zumachten“, wurden die Bifange mit dem doppelscharigen Spezialpflug angehäufelt. Bald erfreute der blühende Erdäpfelacker Insekten und Menschen.
In den Kriegsjahren, als die Kartoffel ein ganz besonders bedeutsames Volksnahrungsmittel war, tauchte ein arger Feind auf, der Kartoffelkäfer, gefürchtet wegen seiner explosionsartigen Vermehrung und Gefräßigkeit. Durch Abklauben versuchte man seiner Herr zu werden, bis die Industrie chemische Bekämpfungsmittel entwickelte.
Ging es auf die Erntezeit zu, so schaute unsere Mutter immer häufiger bei den Früherdäpfeln im Hausacker nach. Endlich kamen die ersten zur Neunuhrbrotzeit auf den Tisch. Frische Erdäpfel zur mit Rahm durchrührten, gestöckelten Milch, eine Prise Salz und eine Messerspitze Bauernbutter auf jedem Stückchen, das stärkte und schmeckte.
War das Wetter günstig, so gediehen die Erdäpfel und nahmen von Tag zu Tag an Größe zu. Doch dem Spruch, daß der dümmste Bauer die größten Erdäpfel habe, ist kaum zu glauben, eher meine ich, der mit dem größten Misthaufen, denn am Misthaufen „derkennt“ man den Bauern! „Unser Herrgott ist schon epps und unsere lieabe Frau von Ötting!“ hat der Hansbauer ausgerufen, wie einmal seine Erdäpfel fast so groß waren als sonst die „Gunkel“ (Runkelrüben).
Nach Altheu-, Getreide- und Grummeternte kamen im September die Erdäpfel an die Reihe. Der Vater stellte zwei Bretterwagen auf den Erdäpfelacker, und vormittags wurde mit der Sense das Kartoffelkraut abgehackt, außer es war, wie in besonders heißen Jahrgängen, schon dürr. Mittags wurde ausgerückt mit Körben und Mistgabeln. Auf uns Schulkinder hatten die Eltern schon hart gewartet, denn alles, was schon oder noch ein wenig mobil war, wurde eingesetzt zum Erdäpfelklauben. Während der Kriegsjahre gab es ja bei verkürzter Sommerva-

kanz im September vierzehn Tage Kartoffelferien. Für uns Schulkinder waren es zwar Ferien von der Schule, aber keine Erholungstage. Die Septembersonne brannte beim Klauben oft noch ohne Nachsicht auf den Buckel. Jeder freute sich auf die Dreiuhrbrotzeit mit Rettich und Butterbrot. Unser Ehrgeiz war es, daß am Abend zwei „gegupfte" Fuhren eingebracht werden konnten. An einem Nachmittag war auch die Schneiderbauern Nanni mit dem Hans auf unserem Acker und erntete den Bifang, welchen sie dafür hatte stecken dürfen, daß sie einen Tag beim Dampfdreschen geholfen hatte.

Mühsam war es, als die Erdäpfel noch mit der vierzurkigen Mistgabel ausgestochen wurden; mit dem Pflug ausackern, das ging dann schon schneller, es kam der Kartoffelroder, und heute fährt der Vollernter über den Acker. Der Erdäpfelsegen wurde in Ackermieten, Kellern und Gewölben untergebracht und eingewintert.

Erdäpfelstampf war einst ein wichtiges Schweinemastfutter, ehe der Mais kam. Jeden Tag wurde im Dämpferhäusel ein riesiger Kessel voll gesotten und hernach im Zuber gestampft. Zur Rationalisierung wurden Kartoffelsilos gebaut, und im Spätherbst zog die „Dampfkolonne" von Hof zu Hof. Das war ein mächtiger Dampfkessel mit einigen angeschlossenen Kesseln. Im Großverfahren wurden die Erdäpfel gesotten und einsiliert. Für uns Kinder hatte so ein Dampfkolonnentag auch seine Reize, aber mit dem Dreschtag und der Dampfmaschine konnte er keinesfalls mithalten. – Den Schweindeln hat der Erdäpfelstampf geschmeckt, und der „Weihnachter", der an die vier Zentner schwer geworden war, füllte mit seinen dicken Speckseiten die Schmalzhäfen. Schweineschmalz brauchte die Bäuerin für die Zubereitung der Erdäpfelspeisen: Erdäpfelknödel mit „Gremmeln", „Bruckbäume", „Erdäpfelbeinserl", Erdäpfelschmarrn kamen auf den Tisch, den Erdäpfelsalat gab's zum Schweinernen.

Den Begriff „Pellkartoffel" las ich das erstemal auf dem Speisezettel in der Kaserne beim Militär. Braterdäpfel kannte ich von daheim her, aber Pellkartoffel hatte ich noch nie gegessen. Ich war gespannt und nachher enttäuscht, als ich etliche gesottene Erdäpfel mit Schale auf den Teller bekam wie sie daheim bei der Vormittagsbrotzeit auf dem Tisch lagen und wie sie die Schweine fraßen. Im Internat zu Passau aß ich das erstemal „Gewichste", Reiberknödel, geformt und gekocht aus rohen Kartoffeln. Man kann sie über das Hausdach werfen, ohne daß sie zerspringen.

Kartoffellied.

2. Gott hat sie wie das liebe Brot als Nahrung uns gegeben; wieviel Millionen Menschen sind, die von Kartoffeln leben! Von Straßburg bis nach Amsterdam, von Stockholm bis nach Brüssel kommt Johann mit Kartoffelsupp' in mächtig großer Schüssel. Juchhe, vallera! Valadri, vitralla la! kommt Johann mit Kartoffelsupp' in mächtig großer Schüssel.

3. Salat davon, gut angemacht, mit Feldsalat durchschossen, der wird mit großem Appetit von jedermann genossen. Gebraten schmekken sie auch gut, in sau'rer Brüh' nicht minder; Kartoffelknödel essen gern die Eltern und die Kinder. Juchhe, vallera! Valadri, vitralla la! Kartoffelknödel essen gern die Eltern und die Kinder.

Erdäpfelspeisen hatten im bäuerlichen Kostzettel von einst einen hohen Stellenwert. Eine Köstlichkeit in oft schon nebligen Herbsttagen möchte ich noch erwähnen. Auf dem abgeernteten Acker wurden mit der Egge die dürren Kartoffelstauden zusammengezogen, gehäufelt und angezündet. In diesem Staudenfeuer rösteten wir Kinder die Kartoffeln, die wir noch auf dem Acker gefunden hatten. Das schmeckte! Mein Großvater – er wollte vielleicht etwas rationalisieren – machte nicht mehrere Feuerlein wie die anderen Bauern, sondern trug die Erdäpfelstauden des ganzen Ackers in der Mitte zusammen und entzündete sie. Eine schwarze Rauchwolke stieg auf, die Flammen erfaßten schnell den Krauthaufen. Der Feuerwehrkommandant von Oberlaimbach, er war beim Ackern, sah den Brand, ließ den Pflug stehen, eilte mit dem Pferdegespann zum Feuerhaus, blies Alarm und fuhr los mit der Spritze. Arg schimpfte er zuerst, aber dann lachten alle über den Fehlalarm.
Heute sind Erdäpfelspeisen kaum mehr gefragt, Erdäpfeläcker rar geworden, und der Rauch des Erdäpfelfeuerls streicht nur noch selten über heimatliche Fluren.

Beim Hopfenzupfen

Es war in den Kriegsjahren, und ich plagte mich am Gymnasium zu Passau mit Latein und Griechisch. Die Sommerferien waren verkürzt worden, wir sollten im September vierzehn Tage Pflichteinsatz beim Hopfenzupfen machen.

Daß Leute, deren „Sachel“ nicht viel hergab, in dieser Zeit mit Sack und Pack und Kind und Kegel in die Holledau reisten, um sich dort beim Hopfenzupfen Geld zu verdienen, das war bekannt. Daß Hopfen und Malz, „Gott erhalt's“, die Grundstoffe für unser bayerisches Nationalgetränk, das Bier, sind, das hatten wir längst gelernt. Daß Hopfen aber auch für Arzneiherstellung gebraucht wird, war wohl ausschlaggebend für unseren Einsatz, somit „kriegswichtig“, „bedeutend für die Erringung des Endsieges". Letzteres hatte uns der Geschichtsprofessor vor der Abreise eröffnet.

Er meinte u. a. auch einmal, daß der biblische Goliath der heldenhafte Indogermane gewesen sei, der mit offenen Waffen kämpfte, im Gegensatz zum Juden David mit der hinterhältigen Steinschleuder. Alle übrigen Professoren, heute sei es zu ihrer Ehre gesagt, hielten es nicht sehr mit den damaligen Parolen.

An einem Septembersonntag ging es los. An die vierhundert Schüler unseres Gymnasiums beförderte ein Sonderzug von Passau aus über Vilshofen, Plattling, Landshut bis Langenbach. Von dort fuhren wir auf der Lokalbahnstrecke weiter nach Mainburg, der „Hauptstadt des Hopfenlandes“. Über niederbayerische Hügel hinweg „derschnaufte“ die einzige Lokomotive unser Gewicht nicht mehr, der Zug kam zum Stehen, und es mußte eine zweite angefordert werden. So kamen wir mit zeitlicher Verzögerung am Bahnhof an. Der Hopfenzupferhaufen, begleitet von den Klaßleitern, bewegte sich zum Hauptplatz. Wie beim Dingmarkt vor der Ernte in Straubing warteten dort die Hopfenbauern mit Bruckwagengespannen. Fünfzehn unserer Klasse, darunter auch ich, begehrte einer davon. Wir hockten uns auf die Brücke seines Wagens, und er setzte mit einem „wüah“ die Pferde in Gang. Etwas mißtrauisch, so kam es mir vor, musterte er die Studentlein und machte sich wahrscheinlich Gedanken, ob diese Bürschlein wohl als Hopfen-

zupfer taugen würden. Ich hatte Zeit, die Gegend zu betrachten; das erstemal im Leben sah ich Hopfengärten mit den lichtmastenhohen Stangen und den rankenden Pflanzen. Dann, nach halbstündigem Transport, kam der rote Backsteinkirchturm des Dorfes in Sicht, und wir erreichten unseren Einsatzhof. Das Bauernhaus war ein ansehnlicher Steinneubau. Die Belegschaft, unser Kutscher Alois und sein Bruder Wastl, beide Junggesellen, und, wie wir noch erlebten, etwas seltsame „Heilige“, diese bewirtschafteten zusammen mit der alten Mutter den Hof. Wir wunderten uns, daß keiner der beiden Mannsbilder in bestem Alter im Kriegseinsatz war. Aber, entweder war die Arbeit im „Reichsnährstand“ genau so wichtig, oder sie hatten beide Plattfüße, wie einer von uns mutmaßte. Vom Wastl wurde uns der Schlafplatz zugewiesen, ein großer Raum im Haus, mit Kornstroh ausgelegt, und jeder bekam zwei Decken. Tagsüber würden wir ja nun von Sonnenaufgang bis Nachteinbruch im Hopfengarten sein. Die Bäuerin lud zum Einstandsmahl in die Bauernstube. An zwei dort aufgestellten Wirtshaustischen hatten wir fünfzehn Platz. Riesenschüsseln mit Schweinefleischsuppe kamen an. Schnell hatte ich erspäht, daß neben den recht fetten und zum Teil noch borstigen Fleischstücken auch einige Fliegen drin schwammen. Mein Appetit war dahin, den Hunger stillte ich mit Bäcker-Weckenbrot, das es dazu gab. Hinunter spülte ich mit „Scheps“ (Dünnbier), der von jetzt an täglich das Hopfenzupfergetränk war. Zur Nachspeise gab es Kücheln, in die ich auch nur halbherzig hineinbiß. Um es gleich vorwegzusagen, die Verköstigung war zwar reichlich, aber von Geschmack und Sauberkeit her gar nicht rar. So überraschte einer von uns, der während des Vormittags vom Hopfengarten heimging, weil ihm nicht gut war, die Bäuerin, wie sie mit dem Besenstiel in der Flöz drinnen den Erdäpfelsalat für die Hopfenzupfer anrührte. Vielleicht war die betagte Köchin auch überfordert. Ein Glück war für mich, daß sie wohl die Hausbrotbacht nicht mehr schaffte. So hielt ich mich lieber an das täglich frische Bäckerbrot und den Scheps und an Äpfel und Birnen, die in den Obstgärten reiften, Mundraub war ja keine Sünde!
In aller Herrgottsfrühe begaben wir uns am Montag in den Hopfengarten. Der Alois transportierte das nötige Arbeitsgerät auf einem Pferdewagen mit: für jeden einen Hocker und einen hohen Flechtkorb, das „Metzenmaß“ und die Hopfensäcke. Jede Hopfenrebe hatte sich an einem Faden hochgerankt und war mit einem w-förmigen Drahthaken

am Spanndraht oben eingehängt. Der Alois schlug uns mit einer langen Hakenstange die Reben herunter. In Reih und Glied saßen wir nun und begannen mit dem Abzupfen der grüngelben Dolden. Bald merkten wir, daß die Blätter der Pflanze recht rauh sind und daß Hopfenzupfen zwar keine schwere, aber eine recht mühselige Arbeit ist. Der gefüllte Korb wurde beim Wastl ins metallerne Metzenmaß abgeliefert und für jedes Metzen gab es eine Blechmarke. Vier Metzen schaffte ich am ersten Tag und konnte meine Leistung allmählich auf sieben bis acht steigern. Damit war der Bauer zufrieden. Recht mürrisch aber war er denen gegenüber, die es nur auf drei bis vier brachten. Sie seien das Essen nicht wert, schimpfte er. Ein gutes Verhältnis zwischen Arbeitgebern und den Hopfenzupfern aus Passau kam nicht auf. Sonniges Septemberwetter und wiederholtes Antreiben durch die Bauern sorgten dafür, daß am Ende der beiden Einsatzwochen die vier Hopfengärten geleert waren.

Am letzten Sonntag versammelten sich die Hopfenzupfer in einem großen Bräusaal in Mainburg, Hopfenkönig und Hopfenkönigin sollten gekürt werden. Welche Metzenzahl diese Titel bescherten, das weiß ich heute nicht mehr. Ich, so glaube ich, hatte gut einhundert geschafft. Für jedes Metzen wurde am letzten Tag vom Bauern fünfzig Pfennig ausgezahlt, und die Blechmarken wurden zurückgegeben. Das Abschiedsmahl war nicht viel anders als das zum Einstand.

Unserer Verärgerung darüber, daß wir nicht die neuen Aborte im Haus benutzen hatten dürfen, sondern auf das „Häusl" beim Misthaufen hinter dem Haus verwiesen worden waren, machten wir zum Abschluß noch Luft: wir stürzten es um.

Viel gab es gegenseitig zu erzählen auf der Rückfahrt. Zwei Tage zur Erholung wurden uns noch gewährt. Freudig stieg ich in Osterhofen aus dem Zug und fuhr mit dem Postauto heimzu weiter. Nachher ging es wieder zurück zu den Büchern. Nach der Hopfenzupferzeit hat sich wohl keiner zurückgesehnt.

Der „Gremeßmann“

„A schöne, große Leich, dös is scho epps, und nacher erst dö Gremeß mit Schweinsbratl und Freibier“, so hat der Gremeßmoa festgestellt und weiter gedacht, „grad schad is, daß ma bei da eigenen nimmer dabei sein koa.“
So wollte er es schon zu Lebzeiten ausnützen.
Weitum, wo er es inne wurde, kam er ins Trauerhaus in seiner schwarzen Montur und mit Samthut. Er ließ eine Bitte aufschreiben für die verstorbene Base oder den Vetter und erkaufte sich mit den zwanzig Pfennigen dafür das Anrecht auf die Gremeß. Etliche „Zwoaring“ (Zweipfennigstücke) brauchte er noch zum Opfergehen. Besonders die großen Bauern erachteten es für sich als Ehre, wenn bei der Leiche von Großvater oder Großmutter zahlreiche Trauergäste kamen. Die Zahl der Leichengänger zeigte die Angesehenheit.
Verdient mußten sie schon werden, die Gremeß und das eventuelle Räuscherl. Eine Wegstunde oftmals zum Trauerhaus, eine Stunde Leichenzug zum Friedhof, zwei Stunden für Beerdigung, Bittenverlesen und Totenämter, das machte Hunger und Durst für Gremeßessen und den Leichentrunk. Und den Toten war die letzte Ehre erwiesen.
Mein Vater sah ihn einmal, im Hochsommer ist's gewesen, um fünf Uhr nachmittags an unserm Hof vorbei heimzugehen, den Gremeßmann. Ein wenig wackelig hatschte er daher, und der Hacklstecken war Stütze.
„Na“, meinte er, „heut ist's aber spät geworden!“
„Ja mei“, der Gremeßmann, „weißt's eh, der Verblichene hat halt selber 's Bier so gern mögn, da habn wir ihn scho einweichen und sein Quantum a no mittrinken müssen!“

OKTOBER

Gilbhart – Weinmond

Oktober muß geben dem Wein seine Kraft,
daraus man dann keltert den fröhlichen Saft.

Hält der Oktober das Laub,
gibt's zu Weihnachten Staub.

Oktober und März
gleichen sich allerwärts.

Schneit's im Oktober gleich,
wird der Winter weich.

Ist der Oktober warm und fein,
so kommt ein scharfer Winter hint'drein!

Wer an Lukas Roggen streut,
es im Jahr drauf nicht bereut.

Ursula bringt's Kraut herein,
sonst schneit Simon-Judä drein.

Wenn's Sankt Severin gefällt,
bringt er mit die erste Kält'.

Der Nußbaum

Unser Anwesen war eingekränzt von einem weiträumigen Obstgarten. Der höchste Baum war wohl der Gelbbirnbaum. Seine „teigigen" Birnen wurden im Dörrofen zu zuckersüßen Kletzen. Unser Knecht, der sich, wenn die Früchte reif waren, zum Beuteln bis in den höchsten Gipfel hinauftraute, behauptete, von dort aus könne man die Pörndorfer Kirchturmspitze sehen. Die Pfarrkirche hat zwar einen hohen spitzen Turm, aber sie liegt eine gute Wegstunde entfernt im tiefeingeschnittenen Kollbachtal. Ob er uns gefoppt hatte, konnten wir nicht nachweisen, da sich keiner so hoch hinaufwagte.

Der großkronigste Baum aber war unser Nußbaum zwischen Stadel und Saustall. Im Sommer warf er tiefen Schatten, im Winter reckte er seine Äste wie weite Arme in den frostigen Himmel. Niemand konnte sagen, wann er gepflanzt worden war. Auch mein Großvater kannte ihn nur als mächtigen Baum. Waren die Eisheiligen gut überstanden, so begann er als letzter seine Blätter zu treiben, und bald hingen tausende von grünen Würsteln von den Zweigen, die sich aber bald schwarz färbten und abfielen. Der einhäusige Windblütler stäubte. Hatten die Fruchtblüten davon abbekommen, so entwickelten sich die grünen Nüßlein, gleich oft drei bis vier an einem Stiel. Wir durften auf eine reiche Nußernte hoffen.

Im Hochsommer, wenn es recht heiß war, stellte der Vater den Wagen mit dem Grünfutter für die Kühe in den Schatten des Nußbaumes, damit es nicht „abschwülte" (verwelkte). Auch die Hühner hielten da gerne ihren Mittagsschlaf.

Erst wenn es an das Pflücken der späten Apfelsorten ging und viele Bäume schon geleert waren, öffnete die Herbstsonne die grünen Schutzhüllen der Nüsse, und auf dem Holzschupfendach am Stadel dran konnten wir es scheppern hören. Wenn nachher die ersten Herbststürme beutelten, begann es Nüsse vom Baum zu regnen. Ein ganzes Körbel voll klaubten wir Kinder jeden Tag nach der Schule zusammen. Unser Nußbaum trug mittelgroße Früchte mit sehr schmackhaftem Kern. Die Nüsse kamen in ein Dörrofenlädel und wurden über dem großen Küchenherd getrocket. Am besten aber schmeckten sie uns frisch. Mit dem Hammer schlugen wir sie auf der Gred auf und zogen den Kernen die gelbliche Haut ab. Die weißen Kerne und frisches Bauernbrot dazu, das war schon ein Genuß! Die etwas mühselige Arbeit wurde damit belohnt. Unsere Finger färbten sich beim Umgang mit den frischen Nüssen bräunlich. Weil diese Bräune meist einige Tage nicht wegzubringen war, konnten wir bei den Schulkindern erkennen, wer mit Nüssen zu tun gehabt hatte – aus eigenem oder auch fremdem Garten.

Eine große Plunze (Sack) voll konnte nach der Ernte in der Oberen Stube verwahrt werden. Zu Niklo, zu Weihnachten und zu den winterlichen Brotzeiten würde es also Nüsse geben. Einen Nußknakker haben wir nicht gekannt. Die nicht allzuharten Schalen wurden aufgeschlagen, zwei zusammen in den Händen aufgedrückt, mit dem Messer aufgestochen; sie mit den Zähnen aufzubeißen hat mancher auch probiert, obwohl dies gewiß nicht ratsam ist.

In den strengen Wintern der vierziger Jahre erfroren die Blüten und auch die Triebe. Sehr spät grünte das Innere der Baumkrone, überragt von dürren Ästen. Der Nußbaum ist eben ein Gewächs des Welschlandes. Als eines Tages ein Holzhändler kam und gutes Geld für den Stamm des Nußbaumes bot, war das Ende des alten Hausbaumes gekommen. Allzuviel Leben hatte er ja nicht mehr in sich, und einige Nachfolger waren schon vor etlichen Jahren gepflanzt worden. Im Spätherbst, als seine letzten Blätter gefallen waren, wurde der Nußbaum ausgestockt und mit Heuseilen umgezogen. Die weitesten Äste hatte der Knecht von einer Leiter aus zuvor abgesägt. Die Äste ergaben Brennholz für den Kachelofen in der Stube, der Stock, welcher mit der Stockbüchse gesprengt wurde, ebenfalls; der Stamm mit einem unteren Durchmesser von etwa achtzig Zentimetern wurde verkauft.

Als der Vater später erfuhr, daß aus den damals überall aufgekauften Nußbaumstämmen Gewehrkolben gemacht wurden, sagte er: „Hätte ich das gewußt, so hätte ich den Stamm lieber aufgescheitert!"

Geisterstunde

Folgende Geschichte wurde öfters bei der Tischrunde am Ofentisch beim Postwirt erzählt:
Der Wastlinger Franz, ein gewandter Spengler, hatte auf einem Neubau Dachrinnen montiert, kupferne; geglänzt haben sie wie Gold, und die Sonne hat hergeleuchtet. Froh ist er gewesen, wie's auf d'Nacht worden ist. Er ist nochmal um das ganze Haus gegangen, hat sein Werk betrachtet und für gut befunden. „Jetzt han ich mir a Maß verdient!" hat er sich gedacht und ist zum Postwirt hinein. Die Wirtin hat ihm eine frische eingeschenkt, das eben angezapfte Faßl ist ja aus dem Eiskeller gekommen. Ein Ofentisch voller Stammgäste ist beieinander gesessen, und recht unterhaltlich ist es gewesen. Bei einer Maß kann's nicht bleiben, wer stünde schon gern nur auf einem Bein?
Draußen ist es längst finster gewesen, über die Leute ist's gegangen, über besondere und seltsame, und zuletzt sind noch etliche Geschichten gekommen, wo einem gleich „oartler" (ängstlich) werden könnte. Kurz vor Mitternacht sind dann die letzten aufgebrochen, und der Wirt konnte die Haustür verriegeln. Da Wastlinger ist auf seinen „Hennersprenger" (Kleinmotorrad) aufgesessen; der hat noch ein jedesmal heimgefunden, auch wenn der Lenker ein wenig wackelig obengehängt ist. –
Wie er mit seinem Schnackler über den Griesbacher Berg hinauffährt, Steinberg zu und zum Retzerkreuz hinkommt, schlägt's von der Kirchturmuhr her zwölfe. Den Franz hat es aus dem Halbschlaf gerissen, und da merkt er, daß ihn einer nach hinten zieht, allweil weiter hin bis zum Gepäckträger. „Gnockt eppa gar da Sparifankerl hint oben und ziagt an?" kommts dem Franz in der Geisterstund. Angstschweißtröpferl perlen auf seinem Hirn. Das Motorradl bremst, und von hinten zieht es und zieht, bis es stehen bleibt und mit dem Franz umkippt. Was muß er da feststellen? Die Rucksackschnur hat es ins Hinterrad eingezogen und den Fahrer vom Motorradl herunter. Ganz erleichtert löst er die Schnur heraus, sie ist richtig aufgewickelt, und es kommt ihm kein Schelterer aus, und stocknüchtern ist er, wie er daheim zur Seinigen in die Schlafkammer schleicht.

Leut gibt's!

„Leut gibt's!“ sagt man oft, und gut ist es, daß Unterschiede sind, wäre es doch sonst recht langweilig und „luusad“.
„Unser Herrgott, der hat schon einen Tiergarten erschaffen auf dieser Welt!“ stellt mancher fest und meint damit gar nicht die Tierwelt. Meine Mutter hat oftmals geschimpft, wann wir aus der Reihe getanzt sind: „Geh, seids doch nöt gar so extrö!“ Jeder Mensch ist eine einmalige Ausgabe, „ein Individuum“, wie der Studierte sagt.
Da gibt es den Dicken, oft gar *Wampatn*, ist einer zu klein geblieben, den *Derpotzten*, dann den Zaundürren, den Himmellangen, der aus der Dachrinne trinken könnte, und den Muskelprotz, mit dem man lieber nichts zu tun hat. Pykniker, Astheniker und Athlet, so findet man sie im Lexikon.
Recht unterschiedlich sind die Leute auch nach Charakter und Temperament. Die vier klassischen sind bekannt: der aufbrausende Choleriker, der träge Phlegmatiker, der Sanguiniker – ein Strohfeuerl – und der manchmal hintersinnige Melancholiker. Unser altbairischer Dialekt kennt nach Gemüt, Geist und Willen viel mehr Typen:
an *Gradoa* gegenüber einem hinterfotzigen *Wadlbeißer*, an *Pantofflheld* oder auch *Pascha*, an *Betbruder;* an *eiskaltn Brockn*, an *Wehleidign* und an *Haglbuachanön*, an *Siebmgscheitn* oder Besserwisser gegenüber dem *Doik*, dem *Lattürl*, dem *Hoapal*.
Da gibt es an *Griesgram* und an *Hanskasperl* – an *Charaktermenschn* und an *Halloderi* – *a guatö Haut* und an *Geizkragn* oder *Ruach;* da steigt der *Hagestolz* oder die feine *Büchslmadam* daher neben dem *Schlamperl*. Der eine ist a *Überdüber* (Draufgänger), der andere a *Angsthas*, a *Tränzhaferl*. Unsere Sprache kennt an *Noutigl*, a *Bißgurrn*, an *Hinterdrucktn* und a *Karfreitagsratschn*. –
Auch der Beruf prägt den Menschen körperlich und charakterlich und färbt ab: *a damischer Bader, a buckliger Schneider, a wampater Metzger*, so kann man hören.
Und wenn die Leute beieinandersitzen, früher beim Hoagarten, heutzutage bei der Party, bei Hof- und Straßenfesten, ob in der warmen Stube drinnen oder draußen auf der Gredbank, auf der Terrasse, nachher wird über die Leut und ihre Eigenheiten geredet.

Ich denke zurück an die Zeit als „Studentlein“ – so sagte man damals – am humanistischen Gymnasium zu Passau: Unsere Lehrer, „Professoren“ betitelt, sie waren Pädagogen aus Leidenschaft, jeder hat seinen Spitznamen gehabt: da Zamperl, da Gnaukerl, da Boyhansi, da Tschul, da Benesch, d'Feser Nanni, da Held Sepp, da Glas-Vati, da Watschi. Aussehen und Eigenheiten haben diese geprägt.
Da bekamen wir einen neuen Zeichenlehrer aus dem Schwabenland. „Na, Bueba, waas zeichner mer denn, zeichner mer an Baurahof!“ „Bauernhof“ war damit unser erstes Zeichenthema bei ihm. Mit dem Bleistift ging es an den Entwurf. Der Heuschneider Emmeram, heute ein großer Holzbildhauer, damals mein Banknachbar, er hatte bald einen niederbayerischen Vierseithof skizziert gehabt. Bei mir ist es langsamer gegangen. Da steht auf einmal der neue Professor neben mir, neigt sich herab und meint: „Aba Bue, du hoscht jo nix dort, zeichnescht halt a ‚Scheiishaus‘ hi!“ Gut so, ich habe ein niederbayerisches „Scheißhaus“ entworfen, und der neue Professor hatte seinen Spitznamen „Scheißhaus“.
Bei unserem Geschichtslehrer, welcher recht spannend erzählen konnte, ist in seinem Vortrag oft das Wörtlein „nicht“ vorgekommen: „Ich habe schon das letztemal erwähnt, nicht, die Zimbern und Teutonen, zwei germanische Stämme in der Völkerwanderungszeit, nicht, die haben die nordische Heimat verlassen und sind gegen die Römer gezogen, nicht, haben vereint gesiegt und wurden getrennt geschlagen, nicht ...“ Wir Schüler haben mitgezählt und für jedes „nicht“ ein Stricherl gemacht, und er war der Professor „nicht“.
Unser Latein- und Griechisch-Professor, ein Altphilologe ersten Ranges, hatte den Spitznamen „Büffö“. Er hat die antiken Dichtersprüche ausgedeutscht: „Vor den Erfolg haben die Götter den Schweiß gesetzt!“, das hieß beim Büffö: „Gschundn muaß da Mensch wern, daß er epps Gscheits wird!“ Oder den Griechenspruch „Das Beste zwar ist das Wasser“ hat er ergänzt: „Aber a Maß Bier is a nöt zwider!“ Er war ein passionierter Jäger. Hatte er einen kapitalen Bock umgelegt, so durften wir tags darauf in der Schule ebenfalls „Böcke schießen“ in seiner Stunde. Hatte er aber gefehlt, so hieß es für uns gut aufpassen, sonst hätte es Sechser gehagelt.
Ein origineller Mensch war auch der „Joager-Max“ aus meinem Heimatdorf. Im Sommer hat er daheim in seiner kleinen Werkstatt Fahrräder geflickt und zusammengerichtet, im Herbst ist er als Dampfheizer

mit der Dreschmaschine gegangen. Obwohl er nur ein kleines, untersetztes Manndl war, hat er um die Wette den Dampf auf einer Seite aufgehoben. Gerne hat er die Weiberleut getratzt, hat ihnen, wenn sie barfuß im Stadel oder auf dem Dreschwagen waren und ihre Holzschuhe herunten in Reih und Glied standen, Staucherfett mit der Presse hineingedrückt. Gelurt hat er, wenn sie dann herauskamen und hineinschlüpften, und er hat sich mentisch gefreut, wenn sie recht lamentiert haben. Im Winter ist er mit seiner Holzkraxen von Hof zu Hof gezogen und hat den Bäuerinnen die rinnenden Haferl, Reinen und Pfannen geflickt. Gerne war er über Land, weil die Seinige daheim, wie er behauptete, Haare auf den Zähnen habe.–

Manche Menschen fühlen sich besonders hingezogen zum Vieh, so gibt es die Roosnarren, die Hunds- und Taubennarren. So einer war der Goarl von Ludersdorf. Der ganze obere Stock seines Bauernhauses war ein einziger Taubenkobel, und seine Tauben sind bei allen Fenstern aus und ein. Wie einen freistehenden Kobel hat man ihn manchmal in der Mitte seines Hofes stehen sehen, eine Hand voll Weizen in der Hutdelle. Die Tauben kamen von allen Seiten angeflogen, setzten sich auf die Hutkrempe und pickten die begehrten Körnlein auf. Er konnte, wie der Taubengirgel, mit Recht sagen: „Ich mag mein Weib schon, aber a Taubn ist halt a Taubn!"

Vom Reithuber Löis, einem landauf, landab bekannten Viehhändler, werden allerhand Stückl erzählt: Ewig hat er lamentiert, wenn es ihm nicht gelänge, daß er die Bauern ein wenig „um d'Luusa haue", so müßte er vom Draufzahln leben, was gar so schlecht ginge. – Von der Früh bis auf d'Nacht war er auf der Achse von seinem Gäuwagerl, hat seinem Pfarrer öfters eine Maß gezahlt, damit er für ihn bete, weil er dazu ja so wenig Zeit habe. Handelschaften wurden auch am Wirtstisch ausgetragen. Einmal ist es ihm dabei Nacht geworden, er hatte ziemlich in das Bierkrügel geschaut und schwer aufgelegt, und sein Bräunl hatte allein heimsuchen müssen. Weil der Kutscher am Wagen oben gar nichts mehr gesagt und schließlich zu schnarchen angefangen hat, ist er einfach auch stehengeblieben. Etliche Bauernburschen sind herbeigeschlichen, haben das Pferd ausgespannt und davongeführt, haben den Lois dann aus dem Schlaf gebeutelt und sind abgehauen. Der Händler rieb seine Augen, schaute und meinte schließlich: „Bin ich's, nachher hamms mir mein Roos gstohln, bin ich's nöt, nachher hamms mir ein Wagl hergestellt!"

Sitten, Suchten – Tugenden, Untugenden haben manche Leute. Auch sprachliche Eigenheiten haben sie sich manchmal angewöhnt: Mit „verstehst, hast ghört!“ ist beim Eckenhart Peter jeder Satz angegangen. „Wann ich sag“, so hat der Pfaffinger Schmied angefangen, und „hat er gsagt, sagt er“ so hat der Urlbinger verzählt.

Bei anderen Leuten erkennt man sie eher, die Besonderheiten, als bei sich selbst. Aber gut ist es, daß es besondere Leut und Originale gibt, wär es doch sonst ein wenig einschichtig auf dieser Welt.

„Moarschanzgerl“

Mein Geburtsort Moserholz, ein Weiler, von Wald umgeben, wie der Name schon sagt, hat eine gute Obstlage. Auch unser Anwesen war von einem Garten umgeben mit teils alten, vom Sturm und Wetter zerzausten Bäumen. Hiesige Sorten, vom Vater oder Großvater selber gepelzt, gediehen darauf.

Südlich unserer Wagenschupfe stand der Moarschanzgerlbaum. Er hatte schon harte Winter überstanden, manchem Sturm getrotzt, allerhand Jahre auf seiner verkrüppelten Krone. Sein Stamm war gebeugt, und er sah aus wie die Loher Lina, welche Arbeitslast niedergedrückt hatte. Wenn unser Moarschanzgerlbaum einmal ein Jahr ausrastete und keine „Bonner Weinäpfel“, wie seine Früchte eigentlich hießen, trug, dann diente er uns Kindern in der Sommervakanz als Spielhaus. Das Hinaufkraxeln auf seinen buckligen Stamm war keine Kunst, und mit etlichen Bretteln waren bald Sitze in seinem verzweigten Geäst errichtet und eine Spielstube gestaltet. Hatte er aber im Wonnemond prächtig geblüht und im Sommer reichlich Früchte angesetzt, so war er uns Kindern als Spielbaum verboten. Dafür warteten wir auf seine gelblichen, wie poliert glänzenden, säuerlich schmeckenden, recht saftigen Moarschanzgerl.

Und das hat auch der Herr Pfarrer von Emmersdorf getan, ein graukopfiger, mit seinen Pfarrkindern eng verbundener Herr mit freundlichen Augen hinter seiner goldgeränderten Brille. Kaum waren die Eismänner ohne Gefahr vorübergegangen und Fruchtknoten schälten aus, da „friemte“ er sich bei unserem Großvater an: „Gell, daß ich fei wieder meine Moarschanzgerl krieg!“

Der Herr Pfarrer war ein guter Prediger, aber auch ein technisch interessierter Mann, auch bei der Auslegung der Glaubenswahrheiten schlug sich das manchmal nieder. Er reparierte Uhren und Radios für die Leute um Gotteslohn oder auch mal um ein Rankerl Geselchtes. Sein stolzer Besitz war ein Motorradel. Damit holte er seine Moarschanzgerl im Herbst. Wie heut seh ich ihn noch vor mir: Ein Schikappel auf, mit dem Schildl ins Genick hinein, am Buckel den Rucksack, vollgestopft mit Äpfeln, so hat er den Motor angetreten, hat sich breit daraufgesetzt, ein großes Kreuz über seinen ganzen Körper geschlagen, die Kupplung gezogen, Vollgas gegeben und gach ausgelassen. Das Motorradl hat einen Hupferer getan, die Moarschanzgerl hats durchanandergebeutelt, so daß sie „moar" (weich) wurden, und der Hochwürden ist davongebraust. Wir Buben haben ihm nachgelacht.

„A Kreuz ist's mit unserm Herrn Pfarrer und seinem Motorradl", hat die Bruckmann Zenz gemeint, „kaum daß'd Gelobtseijesuschristus sagst, ist er schon wieder beim Teufi!"

Störschuster und Schneider

A gwandter Schuster, a weichs Leder dazua,
da brauchst koa Angst ham, da druckt dich koa Schuah!

„Auf d'Stör gehn", so schreibt Schmeller, „wird auf dem Lande von Näherinnen, Schneidern, Schuhmachern, Sattlern und dergleichen Stubenarbeitern gesagt, wenn sie in der Wohnung eines Bestellenden gegen Kost und Taglohn ein Handwerk treiben."

Wenn hier von Störhandwerkern erzählt werden soll, da müssen wir in eine Zeit zurückdenken, in der es für die Handwerker noch kaum Maschinen gegeben hat, in eine Zeit, in welcher sie ihr ganzes Werkzeug in der „Kraxn" mittragen konnten. Die Störhandwerker haben dafür gesorgt, daß der Hof stets in Ordnung war, sie haben Leut und Hof zusammengerichtet und zusammengeflickt, das Gewand und Schuhwerk der Hofbewohner, die Einrichtungsgegenstände und den Hof selber. So sind Zimmerer, Schreiner, Glaser, Hafner, Sattler, Schneider und Schuster auf die Stör gekommen. Die Störhandwerker haben auf dem Hof das Essen gkriegt, welches der Bauer als Selbstversorger nicht hoch gerechnet hat, und einen Taglohn, der meist gering war.

Eines Tages habe ich unsern Schuster in Griesbach in seiner Werkstatt aufgesucht: Otto Hofmeister, „Hofmoaster Ottl" sagen die Leute zu ihm, obwohl er schon auf den Achtziger zugeht. An der Wand hängt sein Meisterbrief von 1937 und der seines Vaters von anno 1907. Auf die „Schusterbrücke" fielen durchs Südfenster die schrägen Herbstsonnenstrahlen, und der Ottl ist auf dem dreibeinigen Schusterstuhl gesessen, in der Hand einen durchgelaufenen Weiberleutschuh, im Mund seine Zigarre. Und dann hat er mir erzählt vom Störgehen:

„Meister, Gsell und zwei Lehrbuben, so sinds ausgerückt, oft schon um sechse in der Früh, jeder einen Rucksack auf dem Buckel: die Leisten, ausgeklaubt nach der Schuhgröße der Kundenfamilienmitglieder, Holznägel in Säckerln drin, die andern in Schuhcremeschachterln, Mauskäppchen, Hufeiseln und Platten, Schwärze, Garn, Pech, Borsten, Zangen, Hämmer und Messer, das Maßbandl und Dreifuß, nichts

hat man vergessen dürfen. Nach der sauren Suppe ist's um sieben Uhr aufgegangen: klopfen, nähen, schlagen, raspeln und Pechdraht drehen. Der Bauer hat mit Rindshaut, Schweins- und Kalbsleder versorgt, die Bäuerin mit einem Haufen zerrissener Schuhe. Der Schusterstein zum Lederklopfen war in jedem Haus da. Auf Lichtmeß sind die von den Dienstboten ausgetragenen Jahr-Schuh und die Lederpantoffel gemacht worden. Die Kost für die Störhandwerker war auf den meisten Plätzen gut: um Neune Brotzeit, um Drei Käsleibchen oder Geselchtes und Bier, mittags Fleisch, auf d'Nacht Maultaschen, Rupfhauben oder eine sonstige Mehlspeis. Einmal allerdings sind dem „Hausmensch" (Hausmagd) die Knödel vor dem Einlegen in die Wiednadeln der Holzkiste gefallen, da hat es nachher gewürzte Knödel gegeben. – Gegessen wurde beim großen Bauern am Herrentisch, nicht am Dienstbotentisch. Der Taglohn (1930) betrug für den Meister 5 Mark, 3 Mark für den Gesellen, für die Lehrbuben gab es vielleicht zum Schluß ein Trinkgeld. Gleich eine ganze Woche waren die Schuster oft auf einem Platz. Hätt sich wirklich einmal ein früher Feierabend geschaut, so hat die Bäuerin schnell noch hinter der Stiege ein Paar Schuhe von einem ‚Zrißanderl' hervorgesucht, damit dem Schuster sein Taglohn ja voll abgedungen worden ist."
Zum Reichwerden ist es nicht gewesen, das Störgehen, meinte der Ottl, hart auch manchmal, aber mit einem Fabrikarbeiter hätte er nicht tauschen mögen. Und hie und da setzt er sich noch auf den Dreifußhocker in seiner gemütlich warmen Werkstatt und hilft, daß wieder auf des Schusters Rappen geritten werden kann. Eine Hausfrau hat ihm vor etlichen Tagen alles, was sie an zerrissenen Schuhen daheim gefunden hat, gebracht, denn, so meinte sie: „Man weiß nicht, Ottl, wie lange du es noch dermachst!"
Und sollte es einmal soweit sein, daß er es nicht mehr „dermacht", unser Schuster Ottl, dann ist wieder ein Handwerk in unserm Dorf ausgestorben, ein Handwerk, von dem man einst rühmte, es habe goldenen Boden.

„Ja d'Sau wächst, aber der Stall wächst halt nicht mit!" hat der Holzweber-Schneider zum Mittlhammer Valentin gemeint, wie er ihm eine neue Hose angemessen hat, weil die alte zu eng geworden war.
Alle Jahre im Auswärts oder im Herbst ist der Schneider Karl von Roßbach zu uns daheim auf die Stör gekommen. Die Handwerfel-

Nov. 83

Nähmaschine auf seinem Buckel, so kam er mit dem Hacklstecken anmarschiert und hat auf unserm großen quadratischen Stubentisch die Schneiderei aufgeschlagen. Die Mutter hatte etliche Wochen zuvor beim Stoffkramer Anzugstuch, Manchesterstoff, Unterfutter, Steifleinwand, Knöpfe und Zwirn eingekauft. Arbeit gab es grad gnug für den Schneider. Ein Kommunion- oder Firmanzügl, Schuljoppen, eine Montur und eine Werktagshose für den Vater, für den Großvater einen Überzieher, eine Joppe zum Umrichten und einen Anzug zum Wenden, für den kleinen Bruder eine Dreiquartelhose. Nach der Frühsuppe hat der Schneider Karl losgelegt: anmessen, zeichnen, zuschneiden, heften, trennen, wenden, anprobieren, maschinnähen und bügeln. Die Mutter bot ihre ganze Kochkunst auf und hat dem Störschneider aufgetischt: mittags Schweinernes, abends Schmalzgebackenes. Auch wir Kinder haben von dem Festessen abgekriegt; dazu gab es allerhand zu sehen am Schneidertisch – freilich hat uns die Mutter zurückgedrängt, wenn wir in unserer Neugier dem Schneider zu nah auf den Leib rückten.
Nun sagt man, der Schneider wäre im Gegensatz zu anderen Störhandwerkern oftmals wegen seiner körperlichen Schmächtigkeit nicht der angesehenste Handwerker gewesen. – Ganz anders beim Schneider Karl: eine scharfgebügelte Hose an, schneeweißes Hemd, das Leibl darüber, das Maßband umhängen, volles, geschneckeltes Haar, wenn er lachte, leuchteten Goldzähne hervor – ein nobler Mensch. Und Respekt hatten wir Kinder vor ihm, bis er uns eines Tages in Roßbach begegnet ist, wie er mit Mistwagen und Kühen heimzureiste – er hatte ein landwirtschaftliches Zeugl – da spannten wir, daß er auch grad einer wie unsereins ist.
So wie der Schneider Mannerleut und Buben auf dem Hof gewandet hat, so richtete die Nahterin Dirndl und Weiberleut scharf zusammen. Die Lohmann Nanni und ihre Gesellin, die Binder Lena, sind zu uns gekommen: Gewänder, Kittel und Blusen gab es zu nähen, Kinderkleidung war herauszulassen oder zu weiten. Und hie und da kamen die Männer dran für ein neues Hemd. Ein bißl „gschamig“ taten sie beim Kragenweiten- oder Stoßlänge-messen. Großeinsatz war für die Näherinnen, wenn es im Hause eine Braut auszustaffieren gab.
Gewiß einmal im Jahr hat der Sattler seine Werkstatt in der Bauernstube aufgeschlagen, Arbeit hat genug auf ihn gewartet: Roßkummete, Ochsenbüffel waren recht mitgenommen worden bei Feld- und Holz-

arbeit und die Waglgeschirre bei der Ausfahrt. Manchmal war ein neues Stück nötig. Der Sattler hat dem Bauern sein Leder, dem Seiler seine Stränge und Seegras verarbeitet. Ist eine Braut im Haus gewesen, so sind die Strohsäcke genäht und die Sessel gepolstert worden. Und mir, dem ABC-Schützen, hat er den ersten Schulranzen gemacht und mit der Schablone einen schneidigen Schimmel draufgemalt.

Wies den alten Faltermeier gefragt haben, ob's früher schöner war, auf dem Hof zu leben, da ist seine Antwort gewesen: „Leichter hamms die Jungen heutzutags, aber grüibiger und unterhaltlicher ist's früher gewesen, weil viel mehr Leute da gewesen sind, die Kinder, die Ehehalten und auch die Störhandwerker, 's ganze Jahr über!"

NOVEMBER

Nebelung – Nebelmond – Windmond

November hat Gänse und Schweine gemäst,
da essen und trinken wir alle aufs best.

Im November viel naß,
bringt dem Bauern viel Gras.

Tritt der November hart herein,
so braucht nicht viel dahinter sein!

Sitzt November fest im Laub,
wird der Winter hart, das glaub!

Novemberschnee tut den Saaten weh.

Im November ist hinter jeder Staude ein anderes Wetter.

Ist's zu Allerheiligen rein,
tritt Altweibersommer ein.

Ist es um Martini trüb,
wird der Winter auch nicht lieb.

Wie das Wetter um Kathrein
wird der nächste Hornung sein.

Meine Heimatkirche

Viele, oft gewaltige Gotteshäuser haben die Christen in einer fast zweitausendjährigen Geschichte gebaut, der Zeitepoche stilistisch angepaßt, Türme mit Spitz- und Kuppelhauben, zum Himmel zeigend. Wer würde nicht beinahe beim erstmaligen Eintritt in den Petersdom zu Rom erschauern. Ich habe die Kirche mit dem höchsten Turm zu Freiburg gesehen, schon oft die hochgotische Halle des Martinsdomes zu Landshut mit dem höchsten Backsteinturm betreten und glanzvolle, oftmals mit großem finanziellen Aufwand restaurierte Barockkirchen Altbayerns bestaunt. Kommt man bei schwüler Sommerhitze in die Kühle des sakralen Raumes oder aus dem Gewühle einer verkehrreichen Stadt in seine feierliche Stille, es tut wohl.
Kunstwerke und Ausstattung weisen uns hin auf Maler, Bildhauer, Stukkateure und Handwerker, die hier geschaffen; man weiß, daß im Laufe der Jahrhunderte Generationen in Lob-, Bitt- und Dankgebet Gottes Nähe gesucht haben und setzt sich in einen Kirchenstuhl. Mancher Besucher versinkt in Betrachtung, vielleicht in Andacht. Aber noch vielseitiger können Gefühle sein, wenn man seit langem Fortsein wieder einmal die Heimatkirche betritt.
Letztes Allerheiligen war ich nach dem Besuch des Elterngrabes auf dem Friedhof um die Kirche im Gotteshaus. Die Pörndorfer Pfarrkirche ist dem Apostel Bartholomäus geweiht und im 13. Jahrhundert in romanischem Stil erbaut worden. Um 1500 gaben die Pörndorfer ihrer Kirche ein gotisches Aussehen, und später wurde sie innen barockisiert. 1969 wurde angebaut, der Außenaufgang zur Empore, manchmal von einem Pfarrer als „Vorhölle" bezeichnet, verschwand. Der zu meiner Kinderzeit noch vorhandene neuromanische Hochaltar wurde entfernt und ein kleinerer Barockaltar aus einer Nebenkirche erworben und darin das Bild des Kirchenpatrons untergebracht. Das jetzt ganz frisch renovierte Gotteshaus wird somit von drei barocken Altären und der Kanzel geschmückt, auch die vier ehemals übertünchten barocken Deckengemälde, das „Ave Maria" darstellend, wurden freigelegt und erneuert. Die „Bruderschaft vom guten Tod" aus dem Jahre 1527 bescherte die Bruderschaftsstangen, welche wieder aufge-

stellt sind. Und so saß ich in meiner Heimatkirche, in welcher ich Taufe und Erstkommunion empfangen, freute mich über die erneuerte Innengewandung und sinnierte ein wenig zurück: Sicher, das heimatliche Haus und der Hof herum liegen eine gute Wegstunde weit entfernt. Dort lebt der Bruder; einige Schulkameraden, die Eltern und die Nachbarn von einst sind längst tot. „Heimkommen", tut man das nicht auch in die Heimatkirche, in der man einst zusammen mit den Angehörigen und den Leuten aus dem Dorf das Kirchenjahr in all seinen Varianten mitbegangen hat?

Da kamen wir vom einstündigen Gang durch eisige Winterkälte in die ungeheizte Kirche, die einem doch fürs erste warm vorkam, zum Engelamt mit ausgesetztem Allerheiligsten, von Weihrauch umflort; in den Stühlen viele Wachsstöckellichter. Wir umstanden mit unserem Fünferl-Kerzl die Krippe vor der Christmette. Wir Buben trugen Weihrauch und Kreide zur Dreikönigsweihe. Bauern und ihre Ehehalten füllten das Gotteshaus zu Lichtmeß bei der Kerzenweihe und der Lichterprozession. Gerangel gab es manchmal mit unseren langen Palmbüschen am Palmsonntag. Zusammen mit meiner Mutter betrat ich am Karfreitag die Düsternis unserer Kirche und sah vorne das Heilige Grab von bunten Lichtern bestrahlt. – Wir kamen von der Prozession der Auferstehungsfeier am Karsamstag zurück in das jetzt österlich geschmückte Gotteshaus mit dem Auferstandenen am Hochaltar. Junge Birken verwandelten zum Prangertag den Kirchenraum in einen Frühlingswald. Wir beteten beim „Schauerrosenkranz" vor den Sonntagsgottesdiensten um Segen für die Fluren. Früchte des Gartens und der Felder zierten den Altar beim Erntedankfest. Wir freuten uns nach dem feierlichen Kirchweihgottesdienst nach Hause zum „Kirterbratl". – Kirchenschmuck und Meßgewandfarbe wechselten mit dem Ablauf des natürlichen und des Kirchenjahres. – Wir beteten für unsere Verstorbenen zu Allerseelen und trauerten beim Seelenamt für Großeltern und Eltern in der Heimatkirche.

Von der Wiege bis zum Grab will das Gotteshaus dem christlichen Menschen auch eine Heimat sein.

Sankt Martin, a Feuerl im Kamin

Der heilige Martin, Bischof und Bekenner, steht am 11. November auf dem Kalenderblatt. Er ist bekannt, der Volksheilige, meist dargestellt auf dem Schimmel, wie er mit dem Schwert den Mantel teilt und aus Barmherzigkeit die eine Hälfte dem Armen reicht.

Im Meßbuch lesen wir: Martinus, als Sohn eines römischen Offiziers um 316 n. Chr. geboren, wurde Soldat, später Einsiedler und Mönch, zuletzt Bischof von Tours. – Martinus missionierte in Gallien, gründete das erste abendländische Kloster und gilt als Patron der Franken. Wie die Legende zu berichten weiß, wollte er aus Bescheidenheit dem hohen Bischofsamt entfliehen; er versteckte sich in einem Gänsestall. Die schnatternden Gänse aber haben ihn aufgebracht. So wird der Heilige oftmals als Bischof mit einer Gans unter dem Arm dargestellt. Weil um den Martinitag die Gänse ihre Schlachtreife erreicht haben, gibt es den Martinigansbraten.

„Sankt Martin, a Feuerl im Kamin!“ sagt der Volksmund. Liegt an dem Tag schon gar Schnee, so heißt es: „Der Heilige kommt heuer auf einem Schimmel geritten!“ Wärmt aber die Novembersonne noch ein wenig mit ihren schrägen Strahlen her, so weiß man: „Der Martl muß für sein Roß noch ein Bäuschl Heu trocknen!“ Die Wetterregel verkündet:

Bringt Martin Sonnenschein, so tritt ein kalter Winter ein. – Ist's aber um Martin trüb, so wird der Winter gewiß nicht lieb!

Mit dem Martinstag begann einmal das bäuerliche Wirtschaftsjahr. Die Feldfrüchte waren in Scheunen und Kellern, der Pachtzins war fällig. Auf der Tenne draußen schlugen ab jetzt die Dreschflegel, in den abendlichen Stuben surrten die Spinnräder.

Im alten Bauernkalender gilt der 11. November als Termin für den Winteranfang. *Sankt Martin setzt sich schon mit Dank zum warmen Ofen auf die Bank.* Gach geht es nun dem Winter zu. Naßkalt, nebelig und kurz sind die Tage, und nicht nur der Mensch freut sich auf das Feuerl im Kamin oder Kachelofen und auf warme Behausung, auch das Vieh mag auf die Streu im Stall. So wurde um diese Zeit eingetrieben, und der Dorfhirt hat am Martinitag – Martin ist der Vieh- und

Hirtenpatron – seinen Lohn kassiert. Besonders in Niederbayern und der Oberpfalz war es so der Brauch. In Griesbach gibt es den Hirtensteig und das ehemalige Hirterhaus steht dort.

> Unser Hüater hat ghüat mit Gartn und Zoarn,
> hat dennat koa Kuah und koan Stier verloarn!
> Glück hinei und Glück hinaus,
> an Hüater sei Zeit is aus!

Josef Schlicht erzählt vom Martinitag: Der Hirte trat entblößten Hauptes vor die versammelte Bauernschaft: „Manner, wenn's enk recht is, so hüat i wieder!" ... Der Dorfführer erhob sich: „Also, Manner, ös habts es grad g'hört, unser Hüata möcht wieda hüatn. Hat oaner a Klag gegen ihn?"
Potz Wetter, da ging's los in der ganzen Runde: „Mir hat a grad halbat in mein Hof neiblasn, dös muaß anders wern!" „Und mir hat a mein Klee halbat abg'ghüt, dös leid i nimma!" „Mir hat a nöt auf mei blassete Kuh auf'gschaut, wie's auf da Woad draußt kaiblt (gekälbert) hat!" „Bei mir hat a so wüatad (wütig) blasn, daß mei Bäurin in d'Froas g'falln is!" „Zu mir kommt a z'früah; wenn er austreibt, sand d'Küah no nöt ablaßn!" „Und zu mir kimmt a z'spat; bis a dahertreibt, steigt's Viach in die Gärten rum!"
Da hat's dem „Kuhfürsten" den Schweiß herausgetrieben, die Bauern aber haben mit arger List geschmunzelt. Jedem recht machen, das kann keiner, auch der Hüter nicht! So ist er doch wieder gedungen worden für das nächste Jahr. Der Martinitag aber wurde mit dem saftigen Martiniganserl beschlossen.

„Mei, so a Martiniganserl, wanns z'fett werd, schmeckts nimma, außa ma hat gnuag Bier, nachert laß mas höit schwimma!"
Grad um diese Zeit haben die Wirte landauf, landab zum „letzten alten Bier" eingeladen. Auch heutzutage wird dieser Brauch noch in Ehren gehalten: Einladung zum „Alten Bier" oder zum „Satthaben" kann man lesen. Mancher aber kann mit Bier nie satt kriegen, er genießt ein jedes, auch das letzte alte.

Der Hüter hat einst etwas gegolten bei den Leuten. Bei Viehkrankheiten hat er Sympathiemittel verordnet: Den Hühnern aufgeschnittene Hufspäne ins Wasser hinein, dem kranken Hund eine Gerte aus

Weiden um den Hals und dem Mutterschwein, das nicht ferkeln mochte, Pillen in den Trank. Aber auch der Altbayer selbst, wenn er einen Wehdam verspürte, hat nach dem Hüter geschickt, wenn seine Leibspeis, der „Bettlmoa", s'„Oarschmalz" oder die „Biersuppn" nicht geholfen haben und der Bader nicht mehr weiter wußte.

Der Martinitag, er hatte schon wahrhaft Bedeutung einst! So hat die Stadt Landshut den Heiligen für ihre Hauptkirche mit dem höchsten Backsteinturm zum Patron erkoren, und auch Namen wie Martinsbuch oder Martinskirchen zeugen von seiner Beliebtheit.

Zum Kramer gehn

Es gab im Laufe eines Monats vielerlei Arbeitsaufträge für uns Kinder, einer aber war uns immer recht willkommen: „Morgen müßts zum Kramer gehn, der Zucker geht aus, Gewürze gehn auch ab und manch anderes!"

Unser Kramer war in Habach, eine gute viertel Stunde Weges von daheim enfernt. War gutes Wetter und die Wege trocken, so gingen wir durch das Ederholz hinab beim Mittelhammer Berganwesen vorbei „über ecks". Sonst war unsere Richtung nach dem Ederberg unten durch den Hof vom Hasen Karl. Der hatte einen stationären Rohölmotor mit Transmission zum Stadel. War dieser gerade in Betrieb, wir haben ihn ja schon von weitem „bellen" hören, so blieben wir Kinder stehen und schauten ein „Örtel" (eine Zeitlang) zu. Da kam der Karl heraus mit seinem „Schaber" um und meinte: „Gehts wieder zum Kramer und tragts enka Geld fort?"

Wir kamen hinauf zur Fahrstraße und beim Binder vorbei. Dort ließen wir unsere Mostfässer, den Fleischzuber und die „Krautbodan" (Krautfaß) richten, wenn sie zerlechselt waren. War der Binder gerade im Hof heraußen beim Faßauspecheln, so gab es wieder für uns zu staunen. Nach der Habacher Kapelle, sie ist etwa so groß wie die Moserholzer daheim, sahen wir schon das Anwesen vom Kramer stehen: ein großes gemauertes Haus, links die Gaststube und das Nebenzimmer, rechts von der Flöz der Kramerladen und daneben der Eingang zum Lagerkeller; davor das lange hölzerne Kegelbahnhäusel, von einem „Kösslingbaum" (Kastanie) überschattet. Unser Habacher Kramer stand wirtschaftlich auf drei Beinen: Er betrieb ein Gasthäusel, wir sahen daheim öfters das mit Bierfässern beladene Pferdefuhrwerk der Gergweiser Brauerei zu ihm vorbeifahren. Die Kramerin war Näherin und kam alljährlich mit der Binder Lena auf die Stör, und blecherne Reklametafeln an Haustür und Hauswänden zeigten den Kolonialwarenladen an. Alle Monate einmal wurde mit einem Lastwagen Warennachschub gebracht. Konnte dieser bei schlechten Straßenverhältnissen nicht den Habacher Berg hinaufkommen, so lud er unten im Tal beim Lenznbauern ab. Dieser transportierte mit dem Pferdefuhrwerk weiter und kaufte sich eine Maß.

Angekommen, zogen wir an der Ladenglocke. Der Kramer kam und sperrte den Laden auf. Dieser war nicht groß, aber recht voll: in der Mitte der lange Ladentisch mit den Gurtel-Gläsern, der Tellerwaage und dem „Stranitzen-Ständer“ (Ständer mit verschieden großen Papiertüten dran). Dahinter stand an der Wand das Regal mit Seifen, Waschpulverpackeln, Kaffeerollen, Malzkaffeepäckchen, Zuckerhüten – an der Seitenwand hingen Kuhketten, Maulkörbe, Sensen, Striegel und Roßbürsten. In der einen Ecke standen der Salz- und der Zuckersack, in der anderen stand das Petroleumfaß – Habach war noch nicht elektrifiziert.
Meine Schwester hatte unsern Bedarf auf einen Zettel aufgeschrieben. Der Kramer legte die Packeln auf den Tisch, wog die „offenen Waren“ in Stranitzen ab, rechnete auf einem Zettel mit Tintenbleistift, welchen er zuerst auf der Zunge benetzt hatte, zusammen. Wir zahlten, er steckte das Geld in eine versperrbare Schublade des Ladentisches. Ein Zehnerl hatte uns die Mutter als Botenlohn mitgegeben. Für einen Pfennig bekam man damals zwei Gurtel, der Kramer legte noch etliche mehr in das Tüterl. Wir verpackten unseren Einkauf im „Zögerer“ und im Rucksack, sagten „pfüad Gott“, der Kramer drauf „an andermöi wieder!“ und machten uns auf den Heimweg.
Die Mutter lobte uns, weil der Auftrag richtig erfüllt war, sie fragte nach der Kaufsumme und jammerte, daß alles so teuer sei.
Vor einigen Tagen besuchte ich unsere ehemalige Kramerin. Mit ihren 88 Jahren denkt sich noch recht genau an frühere Zeiten zurück. Das alte Haus ist weggerissen, auch die Kegelbahn und der Kösslingbaum sind verschwunden. Ein neues Gebäude steht auf der anderen Seite der jetzt geteerten Straße, immer noch mit einem Lebensmittelladen, der die umliegenden Anwesen mit dem versorgt, was ihre Bewohner beim Großeinkauf in der Stadt vergessen haben. Eine Gaststube gibt es auch, in der zum Wochenende etliche Tische voll Wirtshausgeher kommen, wie der junge Wirt und Kramer mir erzählte. Der alte Kramer ruht längst im Friedhof zu Emmersdorf.
Weil gerade ein spätnovemberlicher Hoagartentag war, packte die alte Kramerin, unsere ehemalige Näherin, die Geschichte vom Mord in Oberbubach aus, die ich als vierjähriger Bub erlebt, aber nur mehr in schwacher Erinnerung hatte:
„Ende November 1931 ist es gewesen, an einem Sonntag zur Kirchenzeit. Da kam ein fremder Mann zu mir ins Nebenzimmer und verlangte

ein Packl Tabak. Von allen, die ich im Wandschränkel hatte, sagte ihm keines zu, und er bettelte, ich solle doch im Laden vorne nachschauen, ob da nicht seine Tabakssorte vorrätig sei. Ich tat es, er lehnte sich über den Ladentisch und ich bemerkte, daß unter seinem ordentlichen Mantelärmel ein recht dreckiges Hemd hervorschaute. In dem Augenblick kam die Zeuningerin mit den Kindern in den Laden, und der Fremde verließ ihn eiligst ohne Tabakkauf. Der Krahmann, welcher gleich darauf ebenfalls hereinkam, fragte mich, was der Fraundorfer aus Salksdorf bei mir gewollt habe. Ich sagte es ihm und daß er mir fremd sei. Am Sonntag darauf, dem 6. Dezember, wurde in unserer Gaststube ein furchtbares Geschehnis erzählt: Beim Kramer in Oberbubach – eine Wegstunde von uns entfernt und zur Pfarrei Thandorf gehörend – seien vormittags unter der Kirchenzeit die Kramerstochter und ihre dreijährige Nichte, welche in der an den Laden angrenzenden Wohnstube mit den Niklosachen gespielt hatte, grausam erstochen worden. Die Ladenkasse sei ausgeraubt, das vielleicht noch vermutete Geld vom Verkauf einer Kuh und etlichen Schweinen ein paar Tage zuvor aber nicht gefunden worden. Der Fraundorfer aus Salksdorf – ein Mann mit keinem guten Leumund – hatte die seit langem in Auftrag gegebene Montur beim Waldherr-Schneider abgeholt und sich anschließend beim Wirt in Emmersdorf eine Maß gekauft. Der Wirt hatte dabei Blutspuren am Hemd des Gastes entdeckt. Es folgte die Verhaftung und nach einem mehrtägigen Indizienprozeß das Todesurteil. In Deggendorf war er der letzte, der mit dem Fallbeil geköpft wurde. Ein Schöffe, welcher bei der Hinrichtung anwesend war, hat mir erzählt, der Fraundorfer habe bis zuletzt die Tat geleugnet, er habe den priesterlichen Beistand angenommen und gebeichtet. Nachdem das Beil gefallen war, habe der Gefängnispfarrer, der die Beichte gehört und bei der Vollstreckung anwesend war, mit dem Kopf genickt."

So hat unsere ehemalige Störnäherin und Kramerin berichtet und hinzugefügt, sie würde es wohl nicht mehr gekonnt haben, wenn damals nicht gerade die Nachbarin, die Zeuningerin in den Laden gekommen wäre.

Acht Tage nach dem grausigen Mord, so erfuhr ich von der Oberlaimbacher Kramerin, heute auch schon bald achtzig, da sei sie beim Haushüten in der Kirchenzeit daheim gewesen und es habe an der Ladentür geklopft. Eine Männerstimme verlangte an der verschlossenen Tür: „A Packl Tabak, aber ich bin nicht da Fraundorfer!"

Von Hoagartenleuten und ihren Geschichten

Nach Allerheiligen, wenn draußen auf den Feldern zusammengearbeitet ist, wenn herbstliche Stürme brausen, die verdorrten Blätter an den Zweigen surren, der Regen gegen die Fensterscheiben peitscht, manchmal mit ersten Schneeflocken vermischt, dann strebt jeder nach dem Tagwerk der warmen Stube zu.

So ist es in unserer Zeit, so war es früher.

Die Tischrunde ist heutzutage meist klein, für abendliche Unterhaltung aber ist groß gesorgt durch Zeitungen, Radio, Fernsehen. In der bäuerlichen Stube damals versammelten sich drei Generationen mit den Ehehalten, das gab mancherorts eine stattliche Zahl. Daß die Zeit nicht lang wurde, dafür hatten sie selber zu sorgen. Der Stubenkachelofen, den ganzen Sommer über kalt und unbeachtet, jetzt kam er zu Ehren, und wir Kinder schürten, daß die Durchsicht glühte, während die großen Leute in den Ställen arbeiteten.

Unsere Großmutter, welche seit Jahren mit ihrem Gehwerk zu tun hatte, saß im Lehnstuhl beim Ofen, der Großvater daneben auf dem Kanapee. Seit 1927 war bei uns daheim das Elektrische installiert – Gleichstrom ohne Zähler. Aber die Stubenlampe hat mehr geglüht als geleuchtet, solange im Versorgungsgebiet die Hof- und Stallampen eingeschaltet waren.

Obwohl der Großvater recht konservativ war und vom neumodischen Zeug nicht viel wissen wollte, hatte ihm die Großmutter soviel vorgeredet gehabt, daß er einen Radio kaufte. Der Empfänger mit den Röhren und der Lautsprecher, das waren zwei voneinander getrennte Kästen, und vom Haus über den geräumigen Hof bis zum Stadeldach hinauf war die Kupferdrahtantenne gespannt. Unsere Großmutter, ein „frommes Leut", sie wollte hauptsächlich an den Sonn- und Feiertagen vormittags den Gottesdienst hören, selber konnte sie ja nicht mehr zur Kirche kommen. – Der Empfang hat meistens geklappt, aber zum Feierabend, da die Leute gerne Musik aus dem Radio gehört hätten, da hat der schwache Strom aus dem überlasteten Netz das Radio nicht zum Tönen gebracht. So mußte man sich selber unterhalten. Die Weiberleut sind beim Nähkörbel gesessen. Es hat genug zum Flicken,

Stopfen und Besetzen gegeben, weil die Mannerleut rechte „Zrißanderl“ waren.
Vor einem Menschenleben auf dem Lande, einer Zeit ohne Auto und Telefon, die Wege und Straßen vom Herbst bis in den „Auswärts“ oftmals schlecht passierbar, Doktor und Tierarzt weit weg, da sind nachbarlicher Zusammenhalt und Hilfsbereitschaft fast lebensnotwendig gewesen.
Und ein-, zweimal in der Woche sind Hoagartenleute gekommen: die Nachbarn, der Wieser, der Ziegler, die Schneiderbauern Nanni und ihr Mann – die Kirche schaute bei diesem Paar über den Turm hinaus –, der Weber Karl. Auch Störleute, wie der Schneider Karl von Roßbach und der Seppenpeter Schuster, sind bei recht schlechtem Wetter über Nacht dageblieben und haben sich damit den harten Weg auf d'Nacht heimzu und in aller Frühe herzu gespart.
Unser Obstgarten hatte dafür gesorgt, daß die Mostfässer im Keller gefüllt waren, und in den kleineren war die Gärung bereits vollendet. Der Vater brachte einen Krug voll, es wurde gekostet und begutachtet: „A schöne Farb und a stark!“ Die Mutter kam mit einer Schüssel Äpfel und der Großvater mit einem Hut voller Nüsse von der oberen Stube herab. Der Brotlaib lag bereit. Es wurde ein wenig gebrodelt und dabei erzählt. Ein Geschichtl unseres Nachbarn, des Zieglers, möchte ich wiedergeben: „Im Herbst ist es gewesen“, so begann er, „ich bin mit einem Pack neuer Stricke vom Seiler von Arnstorf heimzu gefahren. Weil ich mir beim Schloßwirt noch eine Maß gekauft hatte, ist es mir nächtlich geworden, und vom Kollbach herauf kroch der Nebel. Von Münchsdorf auf Osterndorf geht es getal hinab, ihr wißt es ja, da ist mein Drahtesel von selber gelaufen, und der Karbidlampenschein ist fast zu kurz geworden bei dieser rasanten Fahrt. Von Osterndorf steigt's nachher gach bergauf, mein Radel aber ist schneller und schneller geworden, dabei habe ich gar nicht getreten. Da spann ich's, ein anderer tritt für mich! Ganz oartler (ängstlich) wird mir. Ich drehe mich um und sehe ihn, den Sparifankerl mit seinen glühenden Augen. Das Radel rennt, ich komme mit dem Leiten (Lenken) kaum mehr mit. Da lasse ich die Lenkstange aus, greife zurück, erwisch ihn bei der Gurgel, drücke zusammen, so stark ich bin. Das Radl bremst, wird allweil langsamer, je fester ich drücke, bleibt stehen und – fällt mit mir um ... Ich aber liege vor meinem Bett heraußen und hab mein Kopfpolster in den zusammengepreßten Fäusten.“

O, is dös Wasserl guat!

Der Weber Karl tat einen tiefen Schnauferer, alles lachte und: „Trinkts amal!“ forderte der Vater auf. Der Wieser aber meinte: „Mir träumt grad vom Teufel, wenn ich a Wasser getrunken hab, nöt a Bier, wie da Ziegler beim Schloßwirt.“

Ein gern gesehener Gast zum Hoagarten war der Schneiderbauern Girgerl, ein Rentner, welcher bei der Schneiderbauern Franzl, einer entfernten Verwandten, im Quartier war. Leidenschaftlich gern spielte er mit Karten: „Sabeln“ um ein Zwanzgerl das Bot. Sein ganzer Stolz war der gepflegte Schnurrbart. Hatte er gute Karten in der Hand, so drehte er mit der andern seinen Bart hinauf. Hatte er einen rechten Mist bekommen, so zog er seinen Bart mit seiner Unterlippe ein und biß darauf. – Eines Abends, es ist schon auf die Heimgehzeit zu gegangen, da hatte der Girgerl sein zuerst verspieltes Geld zurückgewonnen und noch etliches dazu. Recht zufrieden setzte er sich noch ein Zeitl aufs Kanapee und nickte bald ein. Der Ziegler-Knecht, der heute beim „Sabeln“ geschröpft worden war, hat den Girgerl betrachtet und seinen Schlaf des Gerechten. Er holte sich aus Mutters Nähkorb die Schere, schlich sich auf seinen besetzten Socken hin zum Kanapee, ein Schnitt, und der Girgerl ist barteinseitig gewesen. Wie ein Gestutzter ist der um seinen Stolz gebrachte Hoagartengast aufgesprungen, keiner hätte ihm diesen Schwung zugetraut. Ein Griff zum Schnauzer, und voller Wut packte er seinen Hut, der ihm beim Schlaf vom Kopf auf den Stubenboden gefallen war und rannte zur Stubentür hinaus ... Die stehengebliebene Bartseite hat er ein wenig zurückgeschnitten, der Himmelvater hat die andere wieder nachwachsen lassen, und nach einigen Wochen ist der Girgerl wieder beim Kartenspielen dagewesen. Er hat dem Ziegler-Knecht Geld abgewonnen, und beide sind quitt gewesen. Tratzen und getratzt werden – ausschmieren und ausgeschmiert werden – lachen und ausgelacht werden – das hat zum Hoagarten gehört.

„Langweil ist die dümmste Weil!“ sagt ein alter Spruch, aber Langweile, Abbiegen, Abteiben, das ist beim Hoagarten kaum aufgekommen. Was heute die Betthupferl-Krimis im Fernsehen sind, das waren damals die grusligen Geschichten, welche die älteren Alten zu erzählen wußten. In den Vakanzzeiten durften wir Kinder länger aufbleiben, haben „zugeluust“ und sind zu den Großeltern gerückt.

Unglück, Naturkatastrophen, Leute ausrauben und umbringen, das hat es schon allweil gegeben. Mündlich wurden solche Geschehnisse weitergegeben. So wurde einige Male von dem verheerenden Wolkenbruch über dem Kollbachtal erzählt, bei dem unserm Kramer und Stoffkaufmann die ganze Ware, Kaffeerollen und Seifenpackln, fortgeschwommen sind. Und einen Häusler hat es mit seiner „hölzernen Hirwer“ (Haus) zu weitest fortgetragen. – Von Brandstiftungen wurde berichtet, wie von der beim Zeuninger in Habach, bei der das ganz aus Holz gebaute Anwesen niederbrannte. – Auch das eine Wegstunde lange Holz zwischen Haidenburg und Aidenbach mit den Marterln, welche von Überfällen berichteten, kam in den Hoagartengeschichten vor.

Je grusliger es dabei zuging, desto anheimelnder war es in der warmen Stube mit vielen Leuten im Haus.

Die Wanduhr schlug zehn, und der Schneiderbauern Nanni fiel es ein: „Leut gehts heim, daß die Leut ins Bett gehen können!“ Hund und Katzen wurden hinausgelassen, der Mendo hat sich in der strohgepolsterten Hütte verkrochen, die Katzen auf dem Heuboden oben. Wer hätte sich nicht auf den nächsten Hoagarten gefreut!

Wie Moserholz um seinen Pfarrer kam

So, wie in einem Pfarrdorf die Kirche mit dem zum Himmel strebenden Turm Wahrzeichen und meist Mittelpunkt ist, so war es in meinem Heimatweiler Moserholz mit den zwölf Hausnummern die Wieser-Kapelle gleich neben unserem Anwesen. Nur einmal im Jahr kam der Pfarrer von Pörndorf und hielt Messe darin. Unser Nachbar, der Wieser, erzählte an einem abendlichen Hoagarten, daß Moserholz einst einen eigenen Pfarrer gehabt hätte und wie es darum gekommen sei. Er selber habe die Geschichte von keinem geringeren als von dem Prälaten aus Passau, einem entfernten Verwandten von ihm.

„Es ist schon viele Jahre her", so begann der Wieser, „da hatte unser Moserholz einen eigenen Pfarrer und natürlich auch einen Mesner. Weil die Einkünfte und Stolarien in so einer kleinen Pfarre recht gering waren, schaute sich der Pfarrer um einen Nebenverdienst. Er beschäftigte sich mit Korbzäunen. Es litt ihm auch keinen Kalender. So flocht er jeden Tag ein Körbel, waren sechs fertig, dann wußte er, heute ist Sonntag und feierlicher Gottesdienst zu halten.

Eines Sonntags wartete der Mesner vergeblich in der Kapelle auf den Pfarrer. Schließlich mußte er gehen, und er fand den Pfarrer noch in seinem Bett. Als er ihn auf die sonntägliche Pflicht aufmerksam machte, meinte der Pfarrer: ‚Aber Mesner, du irrst dich, ich habe erst fünf Körbe gezäunt, der Sonntag ist erst morgen'. Da mußte der Mesner reumütig beichten, daß er dem Pfarrer eines stibitzt habe, weil er so nötig ein Futterkörbel brauchte.

Eines weiteren Sonntags kam der Pfarrer wieder nicht zur Messe. Der Mesner traf ihn krank im Bett an. Der Patient bat, der Mesner möge zum Bader nach Aidenbach gehen und ihm Medizin holen. Vorsorglich gab er ein Fläschchen mit seinem Urin mit. Dienstbeflissen und bedacht auf das Seelenheil der Moserholzer, machte sich der Mesner auf den Weg von über zwei Stunden. Beim Schloß Haidenburg wollte er in Sorge um den kranken Pfarrer den Weg abkürzen. Er stieg über den Zaun einer Koppel, in der die Kühe des herrschaftlichen Gutes das letzte Drittelgras abweideten. Dabei entfiel ihm das Fläschchen, und die Flüssigkeit lief aus. Da sah er, wie gerade eine Kuh den Schwanz

hob, um abzulassen; der Mesner fing auf, das Fläschchen war wieder gefüllt. –
Die spätherbstliche Sonne neigte sich schon abwärts, als er das Baderhaus in Aidenbach betrat. Er schilderte die Krankheitsanzeichen seines geistlichen Herrn, und der Bader überlegte und untersuchte dann recht genau den mitgebrachten Urin, hielt das Fläschchen gegen das Licht, roch daran und erhitzte den Inhalt über der Kerzenflamme. Und sodann konstatierte er: ‚Also, Mesner, ich kann nichts anders feststellen, als daß der Ablasser dieses Urins ein Kälbchen kriegt!' Dem Mesner fuhr der Schrecken in die Glieder. Er machte sich auf den Heimweg. Da es im Spätherbst war, stiegen Nebel auf, und es brach die zeitige Nacht ein. Zum Pfarrer heim mit der Diagnose des Baders traute er sich nicht recht, dann lag vor ihm das lange, tieffinstere Schöbacher Holz mit den Marterln von Raub und Totschlag am Weg. So kehrte er beim Schöbauern ein und bettelte um eine warme Suppe und ein Nachtquartier. Beides wurde gerne gewährt, letzteres auf der Ofenbank in der warmen Stube. Körperlich vom weiten Weg, seelisch von der Aussage des Baders ganz ‚derschlagen', schlief er bald und fest ein. So vernahm er auch nicht, daß es beim Schöbauern in dieser Nacht im Stall Nachwuchs gab. Weil es im Kuhstall etwas zugig war, legte der Schöbauer das neugeborene Kälbchen unter die Ofenbank, auf welcher der Mesner schlief und wirr von Pfarrer und Kuh träumte. Es war noch morgendliche Düsternis draußen, und die Schöbauernleute schliefen nach der nächtlichen Aufregung – und eine solche gibt es bei einer Kälbergeburt allemal – fest in ihren Betten. Da wurde der Mesner vom Kälbchen, das schreiend nach der Muttermilch verlangte, aufgeschreckt. Es war ein fürchterliches Erwachen, und zur Besinnung kam er nicht recht. Durch seinen Kopf aber raste es: kranker Pfarrer – kriegt ein Kälbchen – ein Kälbchen frisch geboren – unter der Ofenbank! Auf und davon machte er sich, irrte stundenlang durch den Schöbacher Wald und traute sich erst gegen Abend heimzu.
Da hörte er die Kapellenglocke läuten. Der Pfarrer von Moserholz – er hatte kein Kälbchen gekriegt –, er war zu seinem Schöpfer heimgeholt worden. – Ob der Mesner Mitschuld hatte, oder ob es einfach so Gottes Wille war? Und so ist Moserholz um seinen Pfarrer gekommen, und ihr wißt es jetzt", damit schloß der Wieser seine – mehr als „unglaubliche" – Geschichte.

Beim Postwirt

Wenn die Postwirtin erzählt, da lohnt es sich „aufzumerken“. Sie ist schon weit drin im neunten Lebensjahrzehnt, geistig recht rüstig, nur ihr Gehwerk nicht mehr ganz rar. Noch genaueste Erinnerung hat sie an vergangene Zeiten, klagt aber auch, daß es ihr heute manchmal schon schwer fällt, etwas zu behalten. Ebenfalls aufmerksam zugehört habe ich an einem Winternachmittag mit Hoagartenwetter draußen, drinnen im gemütlichen Stüberl ihres sauberen Austragshauses vis a vis vom Postwirtshaus. Da kann sie jederzeit hinüberschauen auf ihre ehemalige Wirkungsstätte, kann sehen, welche Gäste jetzt ein- und ausgehen im inzwischen aufwendig modernisierten „Brauereigasthof zur Post“.

Der 21. November 1922 – Inflationszeit –, war für sie ein bedeutender Tag. Als junge Braut verließ sie den großen Hof zu Gabelkofen, die Eltern, die Geschwister, zwölf waren es gewesen, zehn Dirndln und zwei Buben; fünf Mädchen und ein Junge sind im Kindesalter gestorben. Als angetraute Wirtin zog sie nach der feierlichen Kopulation in der heimatlichen Kirche im „Gasthaus zur Post“ ein.

Wie ihr Schwiegervater zu erzählen wußte, war im vorigen Jahrhundert eine bedeutende Ökonomie dabei gewesen, ein dreitenniger Stadel stand gegenüber, zwölf Rösser im Stall, bei der späteren Bäckerei war der Backofen, und der „draußere Wirt“ war als Sommerkeller dazugehörig. Ein mächtiger Misthaufen – an dem erkennt man den Bauern – lag neben der Straße, und Fuhrwerke mußten manchmal durch die Odellacke fahren. Bei ihrer Einheirat gehörten noch 35 Tagwerk Grund dazu, und im Stall stand „ein Paar Roß“.

1883 hatte der Schwiegervater, ein Bauernbündler, von Pilsting kommend, hergekauft, und er brachte um 1900 die Poststelle ins Dorf, Eisenbahnverbindung gab es schon seit 1876. Bisher war die Post zweimal in der Woche von Mamming aus gekommen. Eine ledige Schwester des Wirtes fungierte nun als Postfräulein. Jeden Tag war für einige Stunden der Postschalter geöffnet. Der erste Postbote kam aus Roding in der Oberpfalz. Sein Dienst begann wochentäglich um sechs Uhr in der Frühe am Bahnhof, der im Wald genau zwischen Griesbach und Steinberg lag. Dort hatte er die Post abzuholen, welche der Morgenzug mitbrachte. Waren es mehrere Packl, so benötigte er den Schubkarren, um sie zur Poststelle zu transportieren. Nach dem Sortieren begann sein Dienstgang, Fahrradel besaß er keines: Vom Hofbauern hinaus nach Ruhsam, über Schmidlkofen nach Gablkofen, weiter über Anterskofen nach Günzkofen, Reitholz, hinauf nach Edenthal und Gschaid, hinunter nach Ludersdorf. Gegen zwei Uhr nachmittags erreichte er die Poststation. Nur gut war es für ihn, daß zur selbigen Zeit noch verhältnismäßig wenig geschrieben wurde und viele keine Zeitung abonniert hatten. So konnte er manches Anwesen übergehen. Um ½ vier Uhr war der Postbote nochmals am Bahnhof zur Stelle, um die zweite Tagespost abzuholen. Diese mußte er anschließend noch im Dorf austragen. Ob er schon vom Achtstundentag geträumt hat?

Telegramme wurden per Telefon von Frontenhausen her übermittelt und zu Fuß und – wenn recht pressant – auch mal auf dem Pferderükken zugestellt. Große Aufregung gab es bei einem Postraub. Der Einbrecher, aus Teisbach stammend, ergatterte eintausend Reichsmark, welche tags zuvor über einen Wechsel einbezahlt worden waren. Zigeuner, welche in derselben Nacht im Stall logierten, hatten sich gewundert, daß, wie sie annahmen, der Wirt erst so spät ins Bett gehe. Zigeuner kampierten mit Planwägen öfters auf dem Hofplatz, sie gingen hausieren oder führten am Abend Kunststücke mit ihren Pferden vor.

Bis zum Jahre 1950 hat die Wirtschaft den Namen „Gasthaus zur Post" zu Recht getragen. Als das Postfräulein in Pension ging, kam die Poststelle in ein Privathaus, und der Name war nun nur mehr ein historischer.

Vor ihrer Einheirat, so berichtete die Wirtin weiter, hat ein Bruder des Wirtes im Gasthof eine Metzgerei betrieben bis zu seiner Verunglükkung mit 32 Jahren.

57 Jahre hat die Erzählerin als Wirtin in der Gaststube begrüßt und mit „ein andersmal wieder!" verabschiedet, aber vor allem als Köchin am ansehnlichen Küchenherd gestanden. Der Wirt hat nun einmal fürs leibliche Wohl des Menschen zu sorgen, so wie der Pfarrer für dessen Seelenheil und der Schulmeister für die geistige Ausrüstung. Kirche, Pfarrhof, Schulhaus und Gastwirtschaft sind des Dorfes Zentrum. Weit über einhundert Hochzeiten mit manchmal mehr als hundert

Gästen hat die Wirtin „ausgekocht“, Junggesellenabschied und „Schenk“ (Stuhlfest) gingen voraus. Das war noch ein Speisezettel und erst gar die Portionen! Voressen – meist Lüngerl – zuerst, Rindfleisch mit Blaukraut und Kren, Kalbfleisch mit zweierlei Gemüse in der Mitte, Schweinernes mit Knödel und Sauerkraut hintennach, auf d'Nacht „böflamod“ (gedünstetes Soßenfleisch) mit Hasenöhrl und nochmals Schweinefleisch drauf. Gut, daß jeder ein „Bschoadtüchl“ dabei hatte. – Jetzt verstehe ich auch die spitzige Frage unseres Großvaters daheim: „möchts a böflamod?“, wenn wir Kinder nicht recht wußten, was wir uns zum Essen wünschen sollten.
Mit „doppelten Tellern“ waren die Tische gedeckt, die Bedienungen trugen die Speisen in Schüsseln und auf Platten auf. Die Messer und Gabeln waren mit Sandstein und Kork auf Hochglanz geputzt worden. Ja, so ein Hochzeitsessen, das war ein Stück Arbeit im Schweiße des Angesichtes! Die Tänzer drehten sich im Saal, welcher bis 1949 im oberen Stockwerk lag. Die gewachselten Bretter bogen sich, und die schweren Tragbretten ächzten. – Meist schon nach einem Jahr gab es Kindlmahl, und auch „goldene Hochzeiten“ waren auszurichten.
An eisigen Schlankltagen im Fasching kamen Schlittage-Gesellschaften aus Mamming, Bubach oder Reisbach an, voran der springende Kasperl. Natürlich wurde auch zum Gegenbesuch gerüstet.
Etliche Jahre wurde im Hof ein Maibaum aufgestellt, einmal ein so mächtiger, daß die Wirtin schon glaubte, sie brächten ihn nimmer in die Höhe. An heißen Sommertagen lockte der Schatten weitästiger „Kösslingbäume“ (Kastanien) die Durstigen auf die Bänke darunter. Die Burschen maßen ihre Künste auf der Kegelbahn daneben, der Kegelbub verdiente sich ein Paar Knackwürste mit Semmel und Kracherl. Am Herz-Jesu-Fest kehrten die Prozessionsteilnehmer ein. Nach Frühgottesdienst, Beichte, Andacht und Prozession hatten sie eine frische Maß verdient. Sechs „Herren“ (Geistliche) waren da, reger Beichtbetrieb herrschte, auch während des Gottesdienstes, und einige besonders „Schwerbeladene“ kamen während der lauten Predigt in den offenen Beichtstuhl bei der Kanzel.
Mit Schafkopfrennen und Ausschank des „alten Bieres“ klang das Jahr aus.
Der Kriegerverein, die Schützen und ab 1936 der Obstbauverein hatten ihre Herberge im Postgasthof. Ereignisreicher Höhepunkt war die Fahnenweihe des ersteren im Jahre 1929 unter Anwesenheit von Prinz

Alfons. – Parteiversammlungen in der braunen und der Zeit danach gab es, 1939 mußten Arbeitsdienstler verpflegt werden, welche zur Erntenothilfe aus Künzing abgeordnet worden waren. Melkkurse, Vorträge und Säuglingspflegekurse wurden im Wirtshaus ebenfalls abgehalten.

Jeden Donnerstag war Gesellschaftstag. Das braune Fasslbier – anderes gab es nicht –, es wurde auf Filzln kredenzt, welche alle Wochen mit Aschenlauge gewaschen und gepreßt werden mußten. Als die Literflaschen aufkamen – ein Ständer mit zwanzig wog einen halben Zentner – da gab es zu schleppen. Wer im heißen Sommer kühles Bier wollte, der mußte im grimmigen Winter Eis ernten – Spiegeleis war gefragt, nicht Schneeis –, im Eiskeller zerstoßen und mit heißem Wasser überschüttet, das hielt bis zur nächsten „Eisernte". Der Eisschrank in der Gaststube, ebenfalls mit Kellereis gefüllt, brachte Arbeitserleichterung, bis vor zwanzig Jahren die Kühlanlage kam. Besonders in den heißen Sommerwochen gab es reichlich Geschäft an der Straßenschenke. Die Dörfler holten mit der „Krugel", die Auswärtigen in Flaschen das Bier, welches abgezogen werden mußte mit dem Schlauch, manchmal auch ein Fasserl Scheps (Dünnbier).

Die Stammtischler tranken das Bier jeder aus seinem persönlichen Krügel, und sie hatten ihre Hüte auf. Ertönte am Abend die Glocke zum Gebet, so entblößten sie ihr Haupt, und die Wirtin betete den „Engel des Herrn" vor, der Wirt wünschte „guten Abend", und die Hüte kamen wieder auf den ganztägigen Platz.

Bier macht „gschmatzig" (redselig), Weizgeschichten wurden aufgetischt, so die von den „Höi-höi-Mannern", die im Zieglstadel übernachten wollten und die Seele eines Grenzsteinverrückers erlösten, weil sie auf deren Frage „Wo muß i'n denn hintun" antworteten, „wo du ihn hergnommen hast!". – Manche waren auch zum Singen oder zu lustigen Spielen aufgelegt, wiederum andere aber wurden grantig, streitsüchtig und waren gar zum Raufen bereit. Der Vater des Wirtes hatte von Messerstechereien zu berichten gewußt.

Als ich schon aufbrechen wollte, kam die Schwester der Postwirtin herein, Hauptlehrerswitwe und pensioniertes „Schulfräulein". Im November 1922 war sie als Mädchen zum Lehrerstudium in Seligenthal in Landshut. Zur Hochzeit ihrer Schwester, der Wirtin, durfte sie heimreisen, und beinahe eine halbe Weltreise wäre es geworden. Der Zug brachte sie nach Neumarkt, wo sie drei Stunden Aufenthalt hatte. Als

sie die Fahrkarte von dort bis Griesbach lösen wollte, erfuhr sie mit Schrecken, daß ihre Barschaft um einige Tausender zu gering war, Inflationszeit war ja. Einen stattlichen Mann mit Lederjoppe und einem Steckerl unterm Arm – vermeintlich ein Viehhändler – pumpte sie bettelnd an. „Aber selbstverständlich, Dirndl, kannst etliche Tausender haben!“ war sein erlösender Satz. Auf die Frage der Bittstellerin um dessen Adresse, damit sie das geliehne Geld „fleißig“ zurückschikken könnte, meinte er, „da betest mir an Vaterunser dafür“, er wußte wohl, was die Tausender am nächsten Tag noch wert sein würden! Dem Schrecken folgte ein zweiter. Auf freier Strecke zwischen Neumarkt und Griesbach ging die Lok kaputt, und der Zug stand und das etwa drei Stunden, bis eine von Plattling telefonisch angeforderte Zugmaschine kam. Ankunft am Heimatbahnhof war statt um neun Uhr abends zu Mitternacht. Glücklicherweise hatten die beiden Knechte, welche sie abholen sollten, solange gewartet. Um ein Uhr früh war sie daheim bei Eltern und ihrer Schwester, welche am selben Tag heiraten sollte.
Ob sie es wohl einmal bereut hat, durch Heirat Postwirtin zu werden? „Ja mei, so is höit gwen!“ damit schloß sie, und ich glaubte etwas Wehmut herauszuhören.
Sie, die heute trotz bester Betreuung durch die Ihrigen manche Stunde in Einsamkeit durchlebt, denkt wohl oft zurück an die Wirtshauszeit, in der sich beinahe rund um die Uhr etwas rührte.

Laufende Bilder

Ein recht eindrucksvolles Erlebnis in der Volksschulzeit war die erste Filmvorführung, ein Stummfilm war es. Ich ging in die „kleine Schule", zweite Jahrgangsstufe.
Es war an einem nebligen Novembertag, der Stundenplan sah Unterricht bis drei Uhr nachmittags vor. In der letzten Stunde haben wir von der „kleinen" in die „große" Schule hinabgehen dürfen. Die Fenster waren mit Decken verhangen, die große Schultafel ist vorne in der Mitte vor dem Katheder gestanden, ein weißes Leinentuch war darübergehängt. Als wir uns alle eng zusammen in die Viersitzerbänke gedrückt hatten, über einhundert Kinder in einem Raum, hat der Hauptlehrer das elektrische Licht ausgedreht. Hinter uns begann ein Apparat zu surren, und auf der Leinwand ist es lebendig geworden in schwarzweißen Bildern, bewegten Bildern mit Unterschriften ohne Ton. Den Wettlauf zwischen Hase und Igel durften wir sehen. Wir Kleinen kamen vor lauter Staunen kaum dazu, die flimmernde Schrift zu lesen. Als dem Müllner sein Strom nachgelassen hat – vielleicht schnitt einer im Dorf mit der Kreissäge gerade Holz –, da ist das Gerenne des Hasen langsamer geworden. – Ein tiefes Aufschnaufen konnte man vernehmen, als mit dem Sieg des schlauen Igels die Geschichte und damit der Film zu Ende war. Beim Hinausgehen warf ich schnell noch einen Blick hinter die Schultafel, aber da gab es nichts besonderes zu sehen. Die Großen klärten uns Kleine auf dem Heimweg etwas über die Filmtechnik auf.
Nachahmungstrieb sorgte dafür, daß es etliche Tage darauf bei uns daheim eine Filmvorführung gab: dem Vater seine Radlaterne in einen Schuhkarton eingebaut, vorne ein Loch und davor „Manschgerl" (Figuren) aus Packpapier vorbeigezogen, an der Stubentür ein weißes Tischtuch gespannt.
Fünfzig Jahre darauf: Rekorder, Farbfernseher, Projektoren, Videokameras, in fast jedem Haus!
Aber wer kann sich heute noch wundern wie wir Schulkinder damals bei der ersten Filmvorführung?

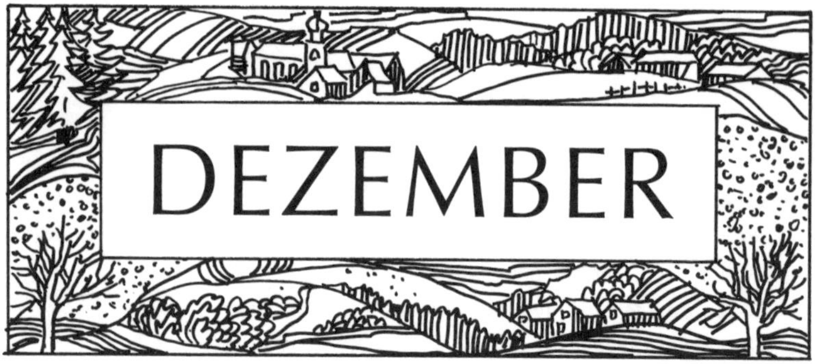

DEZEMBER

Julmond – Christmond – Wintermond

Dezember macht Felder und Fluren schneeweiß.
Das Jahr ist zu Ende, Gott ewig sei Preis!

Kalter Dezember und fruchtbar Jahr
sind vereinigt immerdar.

Donnerts im Dezember gar,
bringt viel Wind das nächste Jahr.

Dezember lind, der Winter ein Kind.

Dezember kalt mit Schnee,
gibt Korn auf jeder Höh'.

Kalter Dezember, zeitiger Frühling.

Sankt Lucia kürzt den Tag,
soviel sie ihn kürzen mag.

Ist's zu Weihnacht warm und lind,
kommt zu Ostern Schnee und Wind.

Windstill muß Sankt Stephan sein,
soll der nächste Wein gedeihn.

Da Niklo kommt

Heiliger, heiliger Nikolas, bring dö braven Kinder was,
laß dö Bösn laufa, dö wern sich scho epps kaufa!

Die Heiligen sind die Sterne am Himmel des Kirchenjahres. Mit dem Advent beginnt es, und gerade in dieser dunklen Zeit leuchten helle Sterne: Andreas, Franz Xaver, Barbara, Lucia, Thomas.
Gewiß am meisten aber funkelt der vom heiligen Nikolaus. Obwohl über das wirkliche Leben des Heiligen wenig bekannt und er mehr eine legendäre Gestalt ist, wird Sankt Nikolaus schon seit dem 11. Jahrhundert verehrt. Viele Nikolauskirchen gibt es, im Passauer Bistum allein an die dreißig. In Griesbach und in Untergünzkofen steht die Figur des Heiligen im Bischofsornat mit Buch und drei Goldkugeln. Das altehrwürdige Kirchlein in Fränkendorf, Pfarrei Ruhstorf, ist ihm geweiht. Viele Berufs- und Standesgruppen haben sich ihm anvertraut, so die Pilgersleut und Reisenden, die Schiffer, die Flößer, die Bäcker, und Sankt Nikolaus gilt als zuverlässiger Fürsprecher und Helfer beim Heiraten und in Wassersnot.
Der Legende nach hat der Heilige um 300 n. Chr. als Bischof von Myra in Kleinasien gelebt. Er war ein großer Wohltäter der Armen und der Kinder. So habe er drei Schwestern, Töchter eines verarmten Edelmannes, vor Sünde und schwerem Schicksal bewahrt, indem er ihnen bei Nacht drei Goldkugeln zum Fenster hineinlegte. Mit diesem Heiratsgut konnten sie sich ehrbar verheiraten und brauchten nicht nach des Vaters Willen in ein Freudenhaus.
Sankt Nikolaus steht am 6. Dezember auf dem Kalenderblatt. Nach altem Brauch besucht der Heilige am Vortag die Kinder. Einige Zeit vorher meldet er sich an. Ein wenig zwiespältig – auf das Gewissen kommt es an, ob mehr mit Freude oder Angst – wird der Nikolaus von den Kleinen erwartet.
Oft ist es um diese Zeit schon Winter gewesen. Einmal aber, so denke ich zurück, war nur eine aperne Gefrier an einem nebligen Adventstag. Um drei Uhr war die „ganze Schule“ (vor- u. nachmittags) aus, und wir Schulkinder sind auf unserm einstündigen Schulweg „heimgestan-

derlt“ (immer wieder stehen geblieben). Der Reitbauer hat über den Zaun zu uns herausgerufen: „Seids rechte Bangatn gewesen, nachher kommt der Arnstorfer (von Arnstorf) Niklo zu enk, er bringt nichts als eine lange Gartn (Gerte), die Spitzbuben aber steckt er in sein Sack!“ Der Schneiderbauern Valentin drauf: „Der Nikerl ist ein alter Mann, der uns Buben nicht derwischen kann!“ – „Ja, wart nur, du Sprüchbeutel“, der Reitbauer zurück, „grad vorher hab ich ihn gesehen im Holz hinten beim Gartnschneiden, ein ganz schiacher Gsell, da wirst spitzen!“

Jetzt hat der Spring Karli geprahlt: „Ich hab mein Schnappmesserl scho im Hosnsack, steckt er mich wirkli eini in sein Sack, der Nikerl, nachher schneid ich ihn einfach auf und spring ihm davon!“ –

„Na ja“, meinte da der Reitbauer, „heut meld er sich an, morgen kommt er, wir werden's scho sehn, wer übermorgn nimmer dabei ist bei den Schulkindern. – Könnts überhaupt den Vaterunser richtig beten?“ –

„I scho“, schreit der Scharl Wigg, „Vater unser, der du bist, der Vater fährt Mist, d' Mutter kreit (kratzt) oa, san mir glei wieder doa!“

Ja, soviel Schneid haben wir Buben noch gehabt, den Dirndln aber hat der Reitbauer verheißen, zu ihnen käme, wenn sie recht brav gewesen seien, der Reicherstorfer Niklo, der viele schöne Sachen einlege.

Wir Kinder sind weiter auf dem hartgefrorenen Schulweg, und grad „gnedig“ ists uns eingegangen beim Mutmaßen, wie der heurige Niklobesuch ausfallen werde. Auf einmal, am Stafflmoar-Moas (Jungwald) vorbei, ist der Schneiderbauern Vali ganz abrupt stehen geblieben, und die Farbe ist ihm aus dem Gesicht geschossen. „Luusts amal“, keuchte er, und mäuserlstill ist es auf einen Schlag geworden. Im Jungholz hörte man ein Rascheln, und die birkenen Bäumchen bogen sich. „Da Niklo tut Gartn abschneidn“, wisperte das Heindl Reserl. Wie gestutzt rannten wir Kinder heimzu und erzählten ganz aufgeregt ... Die Stafflmoar-Knechte waren beim Besenreisigschneiden gewesen. –

Am Adventhimmel haben die Sterne der Heiligen geleuchtet, durch die Nächte des Advents aber sind einst grausige Gestalten gegeistert, denen man nach dem Gebetläuten nicht gerne begegnet ist und die ihren Ursprung in vorchristlicher Zeit haben: die Habergeiß, die Luzier mit der Sichel, der blutige Thomerl und der Begleiter des heiligen Nikolaus, der Klaubauf oder Krampus, auch Knecht Ruprecht.

Nikolo bumbum

2. Nikolo bumbum, der Nikolo geht um!
Macht's eahm auf, er klopft scho o, mir grüaß' ma di, du heil'ger Mo!
Geh eina glei ins Haus und laar dei Sackerl aus!

3. Nikolo bumbum . . .
Sag'n ma dir a Sprücherl auf, a Liaderl sing ma aa no drauf.
Laß fei koa Ruat'n da, du liaber Nikolo!

4. Nikolo bumbum . . .
Äpfel, Birn und Mandelkern und Zuckerzöpfö eß' ma gern.
Muaßt heut no so weit geh, mir dank' ma dir recht schö!

Text und Melodie: Ferdinand Neumaier. Aus: Sing mar a weng.

In viele Stuben auf dem niederbayerischen Land kam einst am Vortag des Niklofestes, am 5. Dezember, nur ein wilder Geselle mit Pelzmantel, Pelzkappe und schweren Stiefeln, Kette, Gerte und Sack dabei, und den Heiligen kannten die Kinder nur vom Hörensagen und von Bildern auf Lebkuchen, die er in den Nikloteller in der Flöz draußen einlegte. Ein tiefes Aufatmen war es, wenn das Niklo-Gericht überstanden war, und ein Jubeln über die gefüllten Teller: Äpfel, Kletzen, Speitel, Nüsse, Lebkuchen, Plätzchen, Schiefergriffel für die Schulkinder, bunte Sacktüchel; und man getraute sich die Sachen gar nicht recht anzulangen, da sie ja ein Heiliger vom Himmel gebracht hatte. „Der Niklo soll in einer viertel Stunde all das nachholen, was die Eltern das ganze Jahr über bei ihren Kindern versäumt haben", hat der alte Falterbauer gebrummt.
Sankt Nikolaus, oft auch als „Weihnachtsmann" betitelt, er ist heute volkstümlicher denn je. Als Werbefachmann lacht er in allen Größen und Farben von Plakaten, er beschenkt die Kinder in Kaufhäusern. Schon gleich nach Allerheiligen steht und liegt er – aus Schokolade, Lebkuchen oder Marzipan – reihenweise in den Schaufenstern. –
Kaum ein Verein ohne Niklofeier mit Packerln und Versen. Niklostudenten bieten ihren Dienst an, kommen in würdigem Ornat, loben und tadeln in gereimter Form. Die ABC-Schützen in der Schule werden von ihm und dem Knecht Ruprecht aufgesucht. Im Kreidekreis stehend, vernehmen sie Lob und Tadel, versprechen Besserung und freuen sich über das Geschenkpackerl, mutmaßen danach, wer dahintergesteckt hatte hinter Mitra, Bart und Rauchmantel, Larve und Pelzwerk. –

’s Christkindl-Packl

„Alle Jahre wieder …“ kam es, gemeint ist aber hier nicht das Christkind, sondern das Christkindl-Packl.

Meines Vaters älteste Schwester, die Tante Anna, hatte in München einen „Tante-Emma-Laden“. Alles, was man so zum Leben braucht, vom Zucker bis zum Salz, von den Pfefferminzkugeln bis zur Schokolade, das gab es bei ihr zu kaufen, und die Ladentür ging fleißig.

Wir daheim waren Selbstversorger. Gselchtes, Bauernbutter, Schweineschmalz, Dörrobst, das hatten wir anzubieten; die Waren der Tante aber mußten wir erwerben. So wanderte alljährlich in der vorweihnachtlichen Zeit ein Packl nach München, und die Tante hat sich bestimmt gefreut über die Grüße aus der Heimat.

Ich war im vierten Jahrgang, in der großen Schule also schon, der strenge Hauptlehrer war im Krankenstand, und eine sehr brave Lehrerin tat Aushilfe. Am letzten Schultag vor den Weihnachtsferien, dem Tag vor dem Heiligen Abend ist es gewesen: Weihnachtliche Lieder durften wir singen, es kam der Herr Pfarrer und verteilte Fünferlkerzen für die Krippenlegungsfeier vor der Christmette. Nachher bauten wir gemeinsam auf einem Tischl vor dem Katheder das Schulkripperl auf, Stall und Figuren waren aus Pappe mit reizvollen Drucken darauf. Ich hatte vom Gerstlholz silbrige Tannenästel mitgebracht und Föhrenrinde. Die Zweige ergaben den Wald im Hintergrund. Zum Schluß sangen wir, alle um das Kripperl stehend, „O, du fröhliche …“ Das Schulfräulein holte die Gurtlsäcklein herunter, welche wohl das Christkindl über Nacht für die Braven und Fleißigen am Adventskranz an der Schulzimmerdecke aufgehängt gehabt hatte. Gleichmäßig verteilt bekamen aber alle. Gegen 11 Uhr wurden wir in die Ferien entlassen. Wir wünschten „frohe Weihnachten“, und eilig und freudig gestimmt ging es der elterlichen Behausung zu. Dort wartete eine weitere Freude. Der Postbote Maier hatte den Paketabschnitt gebracht, darauf der Absender: Tante Anna aus München. „Heuer dürfen wir das Packl holen“, bettelten meine Schwester und ich. „Das dürft ihr schon, aber erst morgen, heute habt ihr schon über zwei Wegstunden hinter euch!“ so bestimmte unser Vater, und von den Großen hätte wohl eh kaum jemand Zeit gehabt.

Schon zeitig waren wir munter an diesem Heiligabend, es war ein rauchiger, windstiller Wintertag. Eine Schneedecke lag, und „Reim“ an Bäumen und Zäunen hatte eine weihnachtliche Winterlandschaft gezaubert. Nach der Morgensuppe zogen wir die eingefetteten Lederschuhe an, ich die dicke Überjoppe, die Schwester den Schulmantel, jedes eine Wollmütze auf, die Hände in Fäustlingen, welche an einem Bandel über die Schulter hingen – da konnten sie nicht verlorengehen –, so zogen wir beide los. Im Osten begann es rot aufzudämmern, und der Vater meinte noch: „Der Schnee blüht!“

Der Weg bis Emmersdorf war uns vom Kirchgang her schon bekannt. Zunächst ging es an unseren ausrastenden Feldern der Habacher Breiten vorbei, nachher durchs Solla-Holz, aus dem wir letzten Herbst reiche Schwammerlernten geholt hatten. Von Solla aus sieht man ins Sulzbachtal hinunter, zu unserer Mühle, die versteckt aus dem Erlengesträuch hervorlugt.

Irgendwo schrie ein Schweindl jämmerlich. Es mußte wohl als Weihnachter dran glauben. Wir beide waren froh, als es verstummte, froh auch, daß daheim die Hausschlachtung schon vorüber war. Heuer hatte der Körbizäuner-Brandmetzger das Werk vollbracht; ein Fettschwein mit über drei Zentnern lieferte den Weihnachtsbraten. Wir waren Gott sei Dank in der Schule gewesen.

Wir kamen nach Emmersdorf hinein. Aus „unserer Schmiede“ an der Bachbrücke rauchte heute keine Esse mehr. Der Heilige Abend durfte nicht entweiht werden. Die beim Bäcker im Schaufenster liegenden Lebkuchen und Gebäcke „glangerten“ (reizten) uns nicht, wußten wir doch, daß die Mutter – und wir hatten beim Backen mithelfen dürfen – einige große Blechdosen mit Butterleckerln und Lebkuchen verwahrt hielt. Die Christbaumkugeln und Spielsachen in den Auslagen des Geschäftes der beiden Buchnerschwestern waren uns schon einige Blicke wert. Nun ging es ein Stück Sulzbachtal abwärts, und dann lag es vor uns, Haidenburg mit seinem Schloß auf der Höhe. Die Poststelle war in einem Haus am Fuß der Anhöhe untergebracht. Schön warm war es drinnen, und erst jetzt spannten wir, daß wir durch einen schneidig kalten Wintervormittag gewandert waren. Einige Postkunden waren vor uns, die einen holten Post, andere gaben – wohl schon etwas verspätet – noch welche auf. Wir zeigten dem Postfräulein unseren Abschnitt, es war eine untersetzte Frau mit strenger Haarknotenfrisur, die uns durch die Augengläser recht dienstlich anschaute.

Schnell hatte sie aus der Menge der am Boden stehenden Pakete das unsere herausgefunden. Wir nahmen es, sagten, wie uns aufgetragen, „schöne Feiertage“ und waren draußen.
Jetzt erst musterten wir das Packl, wir wußten ja, daß es ein Christkindl-Packl war: Säuberlich in braunes Papier verpackt und mehrfach über Kreuz verschnürt, sein Gewicht fast einen viertel Zentner. Ich konnte das gut schätzen, weil ich meinem Vater bei der Äpfelernte Halbzentner-Kistel tragen geholfen hatte.
Zwei „Packlträger“ (Holzgriffe, welche man an der Schnur einhaken konnte) hatten wir mitgenommen, die wurden an beiden Seiten befestigt. Froh gestimmt, beladen mit dem Christkindl-Packl, machten wir uns sodann auf den Heimweg. Einige Male setzten wir ab und wechselten, damit auch der andere Arm zum Tragen kam und der eine ausrasten konnte. „Ein ganz schönes Gewicht, was wird wohl drinnen sein?“ meinte die Schwester.
Es war schon zwölf Uhr mittags vorbei, als wir mit dem Packl daheim in die Stube traten. „Tuts gleich die Schuhe herunter und wärmts euch am Kachlofen, ich bring nachher die Erdäpfelsuppe“ – bei der die Leute an Heiligabend gefastet hatten –, so empfing uns die Mutter. Das Packl verschwand sofort nach oben. Uns schmeckte die heiße Suppe nach dem harten Gang, und die Mutter gab uns dazu ein frisches Schweineschmalzbrot. Das Fast- und Abstinenzgebot war ja ab 12 Uhr vorbei. Es wurde uns empfohlen, wir sollten uns auf dem Kanapee ausrasten, da es ja um ½ 11 Uhr nachts aufbrechen hieß zur Mitternachtsmette. Wir trieben uns aber lieber draußen umeinander in den Ställen und im Hof, wo überall aufgeräumt und vorbereitet wurde für die festlichen Tage. Die Männer kehrten die Ställe aus, striegelten und bürsteten die Rinder und sorgten für reichlich Streu.
Um es kurz zu machen: Mit der Mitternachtsmette ist es für uns zwei Christkindlpacklträger dieses Jahr nichts geworden. Der Schlaf hatte uns übermannt, und draußen hatte es zu schneien begonnen. Wir marschierten am Weihnachtstag zum Festgottesdienst und zur Krippe.
Unter dem Christbaum in der oberen Stube aber lagen begehrenswerte Sachen: Orangen, Feigen, Datteln, Pralinen, gefüllte Schokolade, ein Auto, ein Puppenküchenofen; auch am Baum hingen Zucker- und Schokoladesterne, welche nicht aus Mutters Küche waren. Und wir glaubten zu wissen, warum das Packl ein solches Gewicht gehabt hatte.

Der Brunnengraber

Schon der altgriechische Lyriker Pindar tat den Ausspruch: „Wohl ist Wasser das Beste!" Der „Büffel" (Spitzname), unser Latein- und Griechischlehrer am Gymnasium, ergänzte ihn: „und a Maß Bier ist a nöt zwider!".

Wasser ist das Urelement des Lebens, und die Wasserversorgung war schon immer ein Problem. Zu meiner Kinderzeit versorgte daheim der 22 Meter tiefe Hausbrunnen mit gutem, und im Sommer recht frischem Wasser. Das hölzerne Geschöpf aus Deichen (durchbohrte Stämme) holte das Naß aus der Tiefe, und an uns Kinder erging nicht selten der Auftrag: „Daher, Wasser schöpfen!"

Der alte Rieger war unser Brunnenrichter. Brunnengraber und Brunnenrichter waren gefragte Spezialisten damals.

Der Brunnengraber mußte zuerst die Wasserader suchen und deren Ergiebigkeit und Tiefe abschätzen. Mit Recht war er stolz, wenn beim Graben sich seine Voraussagen bestätigten. Die Wünschelrute in seinen Händen hatte ihm dazu verholfen.

Als ich noch in die „kleine Schule" ging, war in der vorweihnachtlichen Zeit das Schicksal eines Brunnengrabers weitum Tagesgespräch. In Aldersbach wollte ein Hausbesitzer, der bisher wohl das Wasser bei Nachbarn hatte holen müssen, einen eigenen Brunnen. Wasser aus diesem hätte ein Christkindlgeschenk werden können, aber es kam anders. Der Brunnengraber hatte in der Nähe des Hauses, an einem Hang stand es, eine starke Wasserader geortet. Bald war alles herbeigeschaft, was zum Brunnengraben nötig ist: der Brunnentrieb (eine aus Holz gezimmerte Seilwinde), die Kübel, der kurze Spaten und der Pickel, Eisenreifen und Bretter zum „Auspelzen" (Verschalen). Brunnen wurden damals von unten herauf trocken (ohne Mörtel) ausgemauert. Zwei Mann waren da am Brunnentrieb und einer zum Wegtransport der Erde. „Zu Weihnachten habt ihr euer eigenes Wasser!" verhieß zuversichtlich der Brunnengraber, der als solcher weitum einen guten Ruf hatte. Die Erdschichten waren günstig, und Meter um Meter arbeitete er sich in die Tiefe, immer näher zum Wasser. Die Brunnenröhre wurde mit Brettern und den Eisenreifen ausgeschalt.

Über zehn Meter tief war sie schon, da passierte es. Vielleicht waren Lastwägen dran schuld, die auf der nahen Straße vorbeiratterten und das Erdreich erschütterten, oder der Brunnengraber hatte in der Freude, bald am Ziel zu sein, zu wenig Sorgfalt beim „Auspelzen“ walten lassen: Ein Krachen und Bersten, der Brunnen war zu, der Brunnengraber verschüttet.

Schreien, Jammern, Wehklagen, und wie ein Lauffeuer verbreitete sich die Kunde vom Unglück. Noch am gleichen Tag erzählte bei uns daheim der Gemeindediener ganz aufgeregt: „In Aldersbach ist ein Brunnengraber verschüttet worden!“ Am Tag darauf wurde berichtet, daß Ingenieure zu Hilfe gerufen worden seien und diese eine Sprengung des Berghanges erwogen hätten, aber den Plan wegen der Gefährlichkeit wieder verwarfen. Wenn sich eine genügend große Luftblase gebildet hätte, könnte er vielleicht lebend geborgen werden, so hoffte man. Tag und Nacht wurde nun von oben her gegraben, Bagger und Schubraupen wie es sie heute gibt, waren damals nicht zur Hand. Es mußte besonders sorgsam abgestützt werden, damit zum einen Unglück nicht noch ein zweites hinzukäme. Dann erreichte uns die Nachricht, man sei bis zum Brunnengraber vorgedrungen und habe ihn kauernd zwischen Schalbrettern aufgefunden – erstickt! Welch ein Tod für den fleißigen Mann, welch ein Schicksal für seine Familie, welch ein Schrecken für die Bewohner dieses Hauses! Und Schatten lag auf dem kommenden Weihnachtsfest weitum.

Ist nicht oft gerade in der Vorfreude auf ein großes Fest im geheimen eine gewisse Angst, es möge doch nicht gerade da Unglückliches passieren!

’s Christkindl im kraustn Haar

Jetzt kimmt dös größer Fest im Jahr,
jetzt kimmt dö schöner Zeit,
denn d’Mettnnacht steht vor da Tür.
U mei, is dös a Freud!

(Max Peinkofer)

Weihnachten – Christfest – Heiliger Abend! Die Tage der Vorbereitung und Erwartung, die Wochen des oft so geschäftlichen Rummels sind vorbei, Käufer und Verkäufer atmen auf. –

Die bleiche Wintersonne kam über den Horizont gekraxelt, machte der langen Mettennacht Platz. Vielleicht bringt diese für manchen Menschen einige Stunden des Verhaltens und der Rückbesinnung in die Tage der Kindheit. Auch in diesen Zeilen soll dies getan werden.

Rechtzeitig ist Feierabend gemacht worden. Mit Leib und Seele richtete sich der Christenmensch, er fastete zu Mittag bei einer Erdäpfelsuppe, und auf d’Nacht wurde in der Stube der freudenreiche Rosenkranz gebetet. Nach hartem Warten läutete endlich das Glöckerl, und die Kinder durften in die Christkindlstube, zu der man schon tags zuvor den Schlüssel verlegt hatte. In den weit aufgerissenen Augen spiegelten sich die Christbaumlichteln. Nach dem ersten Wundern und Staunen rannten sie zu den Christkindlsachen: Für die Buben ein Paar Holzschimmel an ein Wagel gespannt, für die Dirndl eine Wiege mit einer „Dogga“ (Puppe) drin. Keines im Haus ist vom Christkindl vergessen worden: Wollene Socken oder Strümpfe, ein Seidentüchel, Kittelzeug, ein Fürtüchel (Schürze), Sacktücheln und etwas zum Knabbern gab es da. Anders kannte man es nicht, und so war man’s zufrieden.

Die Hausbewohner freuten sich auf die folgenden Stunden um den großen Tisch, der zur Ofenbank gerückt wurde, hin zum Kachelofen mit der Durchsicht, in der Bratäpfel prutzelten und aus dem „Wurzelqwöier“ (Stockholz) – auch Mettenstöcke genannt – bachelnde Wärme ausstrahlten. Nach der Abendsuppe brachte die Hausfrau „Leckerl“ (Plätzchen) und Kletzenbrot, der Hausherr stellte einen Krug mit heißem Most mit Zucker und Gewürzen drin auf den Tisch zum Aufwärmen für den Mettengang. Mancher von den Alten wußte eine Mettengeschichte zu erzählen, daß in dieser Nacht Brunnenflüsse und Waldbäche Wein spendeten, daß man auf einer Kreuzstraße den Sparifankerl beschwören könne und die Leichenzüge des kommenden Jahres zum Freithof (Friedhof) ziehen sehe, daß die Rösser im Stall in die Zukunft sehen und sprechen könnten. Zum Gruseln war dies schon, man dachte an den bevorstehenden Mettengang, fühlte sich aber jetzt recht geborgen in der warmen Stube.

Die Hausfrau werkelte noch in der Kuchel, bereitete das Boanafleisch (Knochenfleisch), die Leberwürste und das Sauerkraut vor, weil ja die Mettengeher hungrig heimkommen in früher Morgenstund. Eine säumige Bäuerin, welche öfters das Hinterste vor dem Vordern tat, hat sich einmal das Weihnachtskrapfen-Backen auf die Mettennacht aufgehoben. Gerade wie sie mit dem Spieß die goldbraunen Nudeln in der Pfanne umdrehen wollte, klopfte es ans Küchenfenster, zwei feurige Augen glotzten herein, und sie vernahm eine knarzende Stimme: „Alte Frettn, geh in d'Mettn, back deine Krapfen nach der Mettn!"

Bevor die Mettenleut sich zum Kirchgang rüsteten, holte der Bauer das Hausgewehr aus dem Kasten in seiner Schlafstube, der Ahndl sein Terzerol. Wie ein Prinz sollte ja das Christkindl empfangen und „angeschossen" werden. Die größeren Buben böllerten mit den Stopslbüchsen. Hat schon eine Mette gegeben in der Mettennacht!

Die Hausschußwaffen wurden wieder geladen, die Kinder gingen zu Bett und träumten von den Christkindlsachen, und die nicht mehr ganz mobilen erwachsenen Familienangehörigen blieben daheim zum Haushüten. Auch in der Heiligen Nacht ist das Böse im Menschen nicht gebannt!

> Ös Hirter, ja gfreut enk, ös seids auserkorn,
> den Heiland zu sehgn, der im Stall is geborn!

Und so wie die Hirten nach der Botschaft des Engels auf Bethlehem zu sind, um ihre „Weisat"-Gaben darzubringen, so kommen die Kirchengänger zur Christmette, die heutzutage manchmal von der Mitternachtsstunde vorverlegt ist. Die Stadtbewohner gehen über Plätze und Straßen, von Weihnachtsbeleuchtung erhellt, die Landleute fahren bequem im Auto zur Christmette. Die Kirchen sind bis auf den letzten Platz gefüllt, und der Pfarrer freut sich über den guten Besuch. Aufge-

bot an Stimmen und Instrumenten umrahmt den nächtlichen Gottesdienst. Das Wetter der Mettennacht kann kaum mehr beeinträchtigen. Ganz anders früher.
Man hatte sich im Kalender orientiert: „Lichte Mette – finstere Stadel, finstere Mette – lichte Stadel!“ Die Mondleuchte ersparte die Laterne und verhieß ein fruchtbares Jahr. Auch bei klirrender Kälte, bei Schneesturm oder Regengüssen wurde der Mettengang angetreten. Es ging auf dem Kirchen- und Schulweg über „ecks“ der Pfarrkirche zu, nicht auf der längeren Fahrstraße. Von Haus zu Haus wurde der Mettenleutzug länger. „Bist brav gewesen, hat dir das Christkindl ebbs bracht?“ hörte man fragen und als Antwort drauf: „Dös alte Spielzeug neu angstrichen“ oder „d'Dogga mit am neuchn Gwandl!“ Froh gestimmt waren die Kirchgänger, besonders wenn das Wetter einigermaßen manierlich war. Dann kam das Pfarrdorf in Sicht, die Kirche mit den hohen erhellten Fenstern, und die Glocken huben zu läuten an. Obwohl die Kirche ungeheizt damals, auf die Nachtkälte draußen kam es einem schier warm vor drinnen. Die Matutin oder Mitternachtsvesper, auch „Bumperlmette“ geheißen, ging dem Ende zu; sie war hauptsächlich eine Sache von Pfarrer und Chor. Es folgte die Krippenlegungsfeier. Der Pfarrer in glänzendem Ornat – begleitet von Ministrierbuben und den Kindern – trug das Christkindl, dabei dreimal das „Ehre sei Gott in der Höhe“ singend, durch die Kirche und legte es in die Krippe.
Über feierliche Krippenlegungen, besonders in Klosterkirchen, kann man nachlesen, unsere nüchterne Zeit wußte damit nichts mehr anzufangen. Ich selber denk zurück, daß wir Kinder mit einem brennenden Fünferl-Kerzl um das Kripperl am Altar standen, beteten und sangen.

„In der Kirche drin, da is so liacht,
es funkelt der Altar.
Im Kripperl drin liegts 's Kind und spielt
mit seine kraustn Haar!“
(Max Peinkofer)

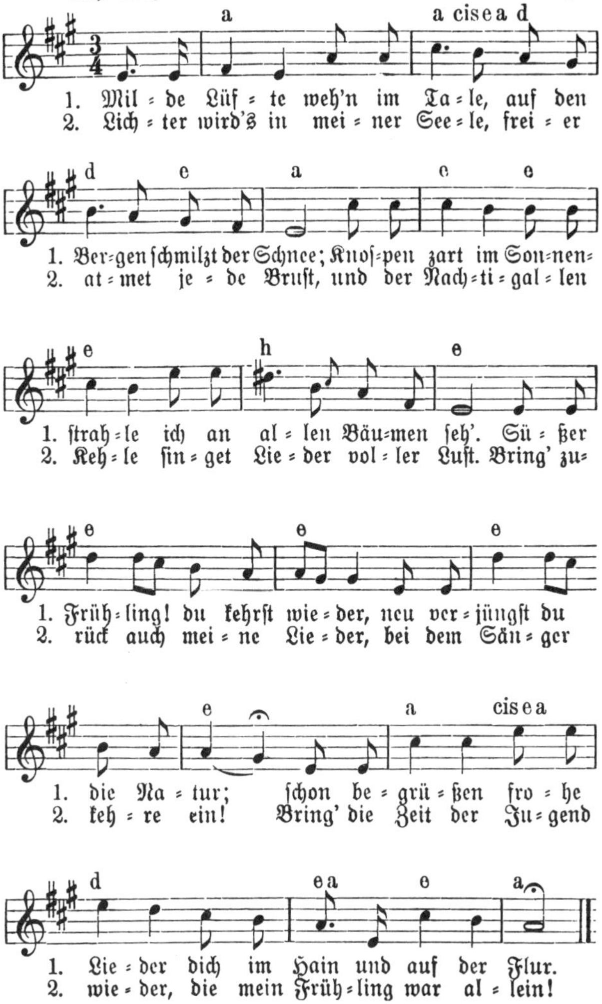

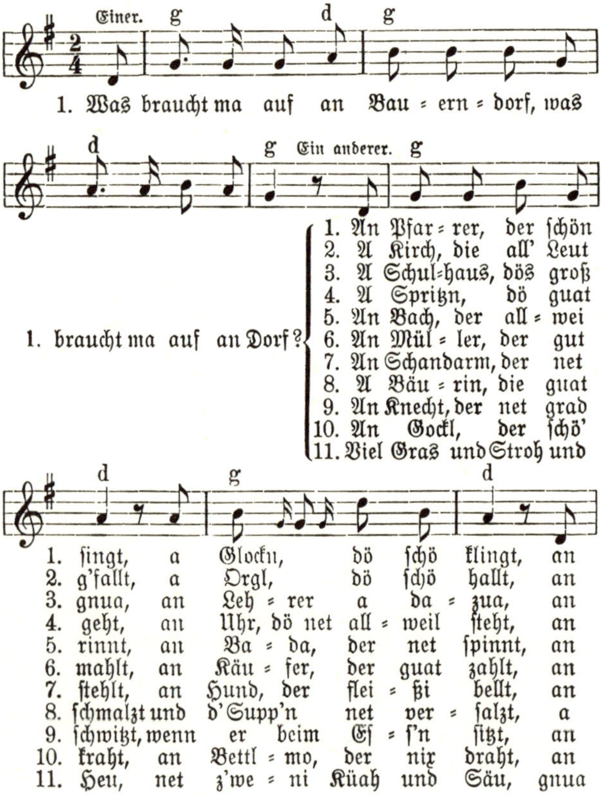

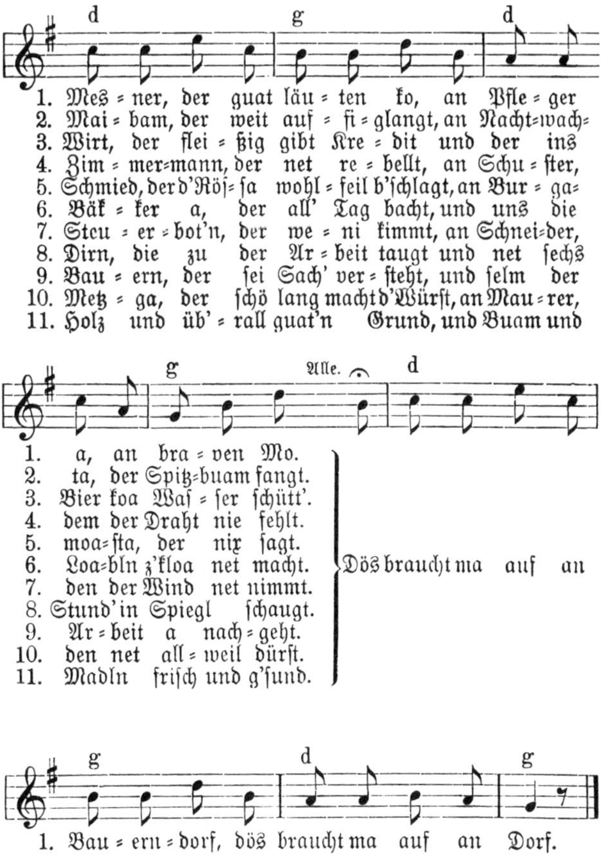

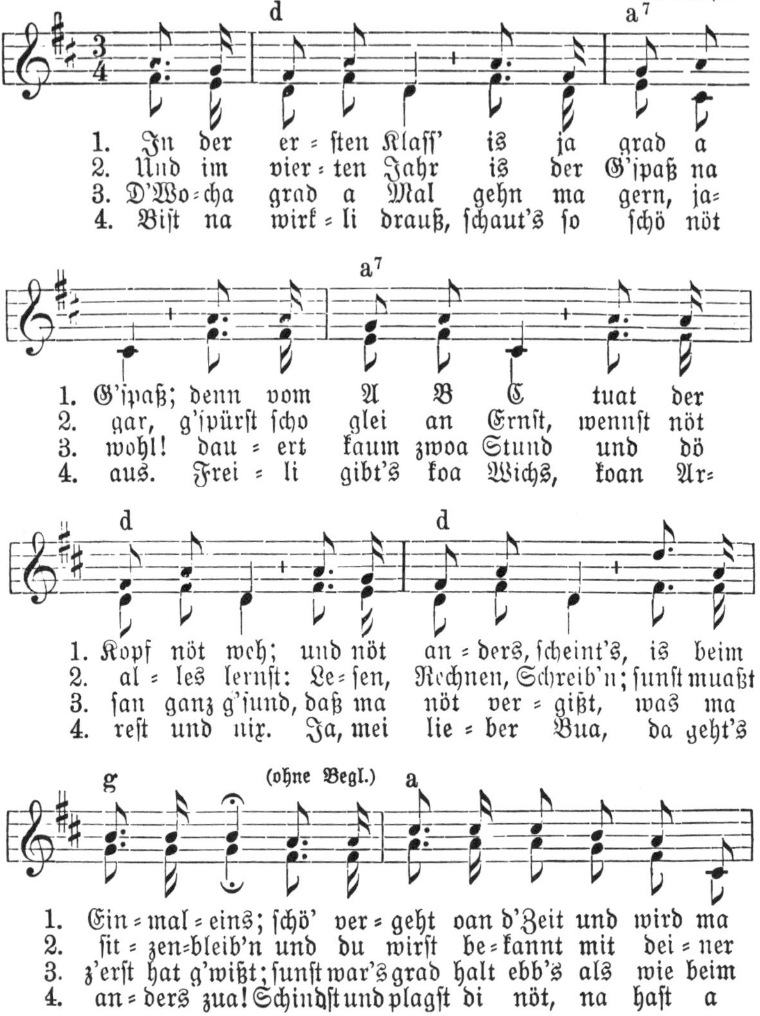

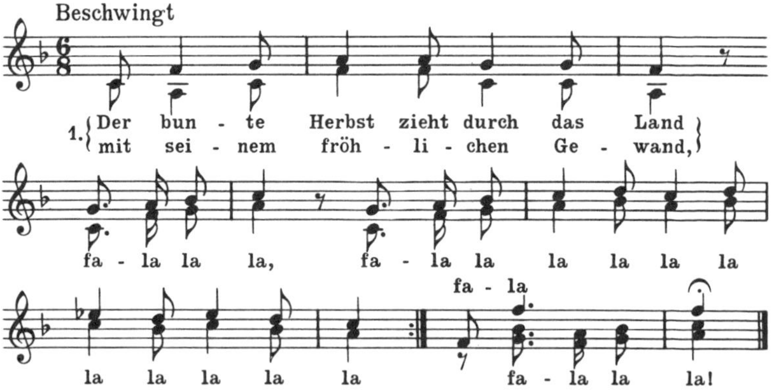

1. { Her - bei, her - bei zu mei - nem Sang, Hans, Jör - gel,
Franz Dra - ke nann - te sich der Mann, der vor drei -

Mi - chel, Stof - fel, und singt mit mir das Eh - ren - lied dem
hun - dert Jah - ren von Eng - land nach A - me - ri - ka als

Stif - ter der Kar - tof - fel! } Juch - he, va - le - ra!
Ka - pi - tän ge - fah - ren.

Va - la - dri, vi - tral - la la! von England nach A -

me - ri - ka als Ka - pi - tän ge - fah - ren.

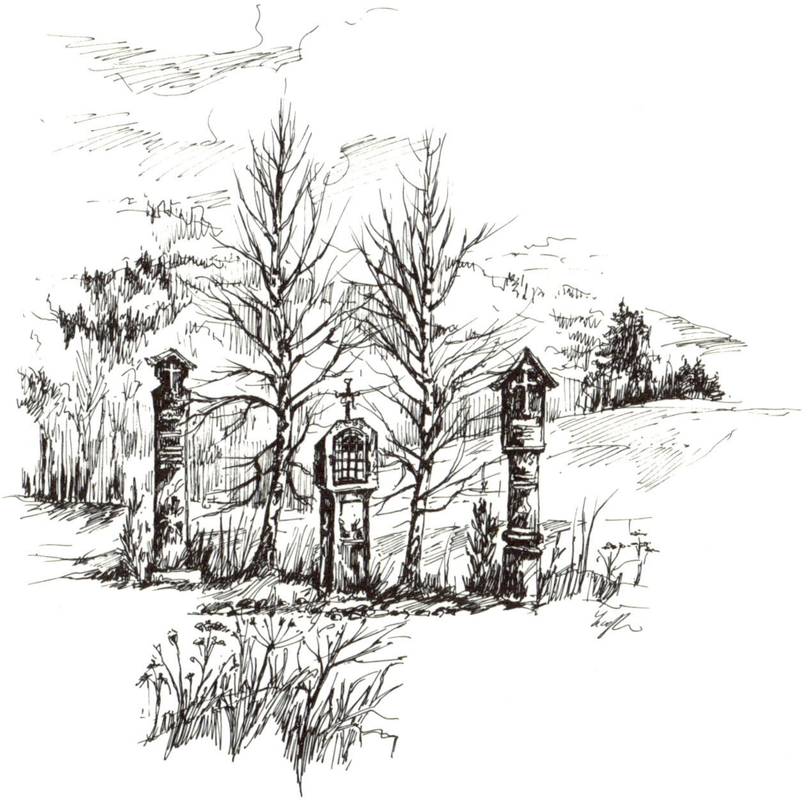

Wias gwen is in früherer Zeit

(Jahresablauf in Sprüchen und Wetterregeln)

Wias gwen is in früherer Zeit?
Gwiß nöt öis schlechter wia heut!
Dö Winter hand rechtzeiti kemma und ganga,
zu Sebastiani hat a grimmige Kältn oagfanga.
Daselmt, wia ma gschaut hat an Pauli Bekehr,
geht's halbert hinum, geht's halbert her.
Und da Auswärts is gwen nimmer weit
wanns zu Lichtmeßn gstürmt hat und gschneit.
Da Blasius hat am Winter dö Hörndl abgsteßn,
und Ende Februar da hat's draußt kracht,
weil da Matheis dös Eis brocha oder no oans gmacht.
Wanns nachher um Kunigund
warm worn is von unt'.
Und zu Mariä Verkündigung,
da kehrn dö Schwalberl wieder um.
An Georgi war dös Korn so houch,
daß da Kroah drinn ums Versteck war frouh.
Und oana vorm Schaf dö Woll hätt g'ehrt,
wann er's vor Pankrats und Servats hätt gschert.
„Um Sunnwendn facklt da Habern", hat's ghoaßn,
schlechts Wedda an Mariä Heimsuchung hat langa Regn verhoaßn.
Und da heilige Kilian
hat gestellt die Schnitter an.
Zu Jakobi is gwen dö Jackerl-Äpfi-Zeit,
auf Laurenti hand dö erstn Birn nimma weit.
Um Barthlmä, da hand d' Wedda hoamganga,
und später braucht ma sich koans mehr verlanga.
Gleich nach Maria Geburt
hand dö Schwalberl wieder furt.
Und an Mariä Namen
sagt der Summa sei „Amen".
Schon zum Micheli-Kirta is kocht worn dös Allerbest,

auf'n Weltkirta is zuabaut gwen und a groß Fest.
An Allerheiligen sitzt der Winter auf den Zweigen!
Ob gestern oder heut, sterbm müssn alle Leut!
Am Leonharditag, da hands dreimöi um d'Kircha umigrittn,
da Martini hat mit da Sunn um a Bäuschi Heu no gstrittn.
Am Fest der heilinga Kathrein
hat ma Fiedel und Tanz gstellt ein.
D'Mutter hat an Radio abtriebm, jetzt in da gschlossna Zeit:
„Na", hat's gsagt, „da braucht der Mensch koa Lustbarkeit!"
In da langa, langa Andreasnacht
hat ma gschaut, was 's Wedda für a Gsicht hat gmacht.
Jetzad, so um dera Zeit
da is gwen fürn Jager soweit:
Durchitriebm werd 's Feld und 's Höiz,
a schöne Streck is an Weidmann sei Stöiz!
Hundert Fasanagickerl und no mehrer Hasn
wanns auf d'Nacht zum Knödlbogn blasn.
Aba, o mei, Sankt Hubertulus,
mit dera Zeit, da is heut Schluß!
Zu Barbara hat ma a netla Zweigl abbrocha.
Zum Niklotag dö erstn Lebzeltn boacha.
Nöt scho an Stolln im Herbst is dös Best,
was bleibat sunst für's Christkindlfest?
Nach Luzier und Thomerl ar a wengal rastn,
vorm Heilinga Abend gehörig fastn!
Nach da Weihnachtsfreud und am Johanniswein
kimmt in da Silvesternacht 's neuchö Jahr herein.

So is gwen in früherer Zeit!
Nöt öis war schlechter als wiea heut!
Heilingafest hand dö Wegzoacha gwen
auf da Wanderung durch Jahr dahin.
Ja, ehvor ma dö Maschina hat erfundn,
da hamm sich dö Leut gwiß mehrer gschundn!
Aba mit eahnanö Maschina heut,
bleibt für d' Feiertag kaam mehr Zeit!
Nöt öis is besser heut und früahast nöt ois schlecht,
Wer *dös* behaupt, der hat ganz gwiß recht!